DIREITO PENAL ANTIRRACISTA

LUCIANO GÓES

DIREITO PENAL ANTIRRACISTA

coordenação
Lívia Sant'Anna Vaz
& Chiara Ramos

Copyright © 2022 by Editora Letramento
Copyright © 2022 by Luciano Góes

Diretor Editorial | Gustavo Abreu
Diretor Administrativo | Júnior Gaudereto
Diretor Financeiro | Cláudio Macedo
Logística | Vinícius Santiago
Comunicação e Marketing | Giulia Staar
Assistente de Marketing | Carol Pires
Assistente Editorial | Matteos Moreno e Sarah Júlia Guerra
Designer Editorial | Gustavo Zeferino e Luís Otávio Ferreira
Ilustração da capa | Luang Senegambia Dacach Gueye
Coleção Juristas Negras
Coordenadoras | Lívia Sant'Anna Vaz e Chiara Ramos

CONSELHO EDITORIAL JURÍDICO

Ana Paula Azevêdo
Benilda Brito
Maria Aparecida Silva Bento
Deise Benetido
Dora Lucia Bertúlio
Eliana Alves Cruz
Eunice Prudente
Gabriela Barreto de Sá
Jaqueline Gomes de Jesus
Lívia Casseres

Luciana de Souza Ramos
Luciene Nascimento
Maria Alice Pereira da Silva
Maria Sylvia de Oliveira
Nilma Lino Gomes
Preta Ferreira
Silvia Souza
Thiffany Odara
Wlamyra Albuquerque

Todos os direitos reservados. Não é permitida a reprodução desta obra sem aprovação do Grupo Editorial Letramento.

Dados Internacionais de Catalogação na Publicação (CIP) de acordo com ISBD

G598d   Góes, Luciano.

         Direito penal antirracista / Luciano Góes ; coordenado por Lívia Sant'Anna Vaz, Chiara Ramos. - Belo Horizonte, MG : Casa do Direito, 2022.
         268 p. ; 15,5cm x 22,5cm. – (Juristas Negras)

         Inclui bibliografia.
         ISBN: 978-65-5932-236-7

         1. Direito. 2. Direito penal. 3. Sistema. 4. Mulheres Negras. I. Vaz, Lívia Sant'Anna. II. Ramos, Chiara. III. Título. VI. Série.

2022-2232   CDD 345
                                     CDU 343

Elaborado por Odílio Hilario Moreira Junior - CRB-8/9949

Índice para catálogo sistemático:
1. Direito penal 345
2. Direito penal 343

GRUPO ED.
LETRAMENTO

Rua Magnólia, 1086 | Bairro Caiçara
Belo Horizonte, Minas Gerais | CEP 30770-020
Telefone 31 3327-5771

CASA DO DIREITO

CASA DO DIREITO
é o selo jurídico do Grupo Editorial Letramento

editoraletramento.com.br   •   contato@editoraletramento.com.br   •   editoracasadodireito.com

SUMÁRIO

10 **PREFÁCIO**

14 **APRESENTAÇÃO DA COLEÇÃO JURISTAS NEGRAS**

17 **INTRODUÇÃO**

30 **GENOCÍDIO: UMA RECONCEITUAÇÃO NEGRA (MAIS QUE) NECESSÁRIA**

43 **OLHAR DOGMATIZADO: ASPECTOS CONTEMPORÂNEOS E (DES)CRIMINALIZAÇÃO**

58 **DIREITOS HUMANOS E EPISTEMICÍDIO: A DECLARAÇÃO UNIVERSAL DO RACISMO ANTINEGRO**

81 **EM DEFESA DA DIGNIDADE HUMANA NEGRA: DIREITO NATURAL À ANCESTRALIDADE COMO FONTE (ANTI)JURÍDICA**

108 **RACISMO: ASPECTOS CRIMINOLÓGICOS E ALGUMAS MANIFESTAÇÕES**

119 **MANIFESTAÇÕES RACISTAS**

120 RACISMO REVERSO

124 RACISMO ESTRUTURAL

127 RACISMO INSTITUCIONAL

132 RACISMO AMBIENTAL

136 RACISMO RELIGIOSO

148 RACISMO ALGORÍTMICO

156 **ASPECTOS DOGMÁTICOS E (ANTI)PUNIÇÃO LEGAL**

170 **INJÚRIA RACISTA: O (ANTI)COMBATE LEGAL(IZADO) AO RACISMO BRASILEIRO**

175 **A DIFERENCIAÇÃO JURÍDICA-DOGMATIZADA ENTRE O CRIME DE RACISMO E O CRIME DE INJÚRIA RACISTA**

194 **AFROCENTRANDO A DISCUSSÃO: A DESLEGITIMAÇÃO DA DIFERENÇA ENTRE INJÚRIA RACISTA E RACISMO**

210 **BASES CRIMINOLÓGICAS E PRINCÍPIOS ANTIRRACISTAS PARA UMA JUSTIÇA AFRODIASPÓRICA**

242 **CONSIDERAÇÕES INFINDÁVEIS**

255 **REFERÊNCIAS**

Até que os leões contem suas próprias histórias, os caçadores serão sempre os heróis das narrativas de caça.

Provérbio bakongo

Dedico este trabalho aos meus orixás e guias, minha ancestralidade e ao meu povo (mais velhas e velhos, irmãs, irmãos, às minhas mais novas e aos meus mais novos), que, de alguma forma, lutam e se fazem presentes em minha existência, me dando a certeza de que, porque nunca estou só, meus passos seguem no caminho certo.

Esta obra é uma celebração da nossa resistência, mais um brado por nossa libertação.

Adupé, ubuntu, axé!

PREFÁCIO

"[…] quilombo é o espaço que ocupamos.
Quilombo somos nós.
[…]
Quilombo hoje é o momento de resgate histórico.
Está presente em nós, entre nós, no mundo.
Zambi-ê!"

Beatriz Nascimento – A luta dos
quilombos: Ontem, hoje e amanhã

Quando recebi de Luciano Góes o convite para prefaciar esta obra, ainda não imaginávamos que ela faria parte da Coleção Juristas Negras. Uma coleção disruptiva, matrigestada por mulheres negras e comprometida com a produção, diálogo e disseminação de saberes contra-hegemônicos, a partir de uma perspectiva interseccional. É da encruzilhada que encadeia raça e gênero – e outras tantas diversidades – que, em solo fertilizado pelas que vieram antes de nós, cultivamos sementes para o florescimento de um afrofuturo pluriversal.

Seria, então, um espaço somente para (e por) mulheres negras? Não! A resposta veio, logo neste segundo volume, incontestável, como *aláfia* soprada pelos búzios. Só hoje compreendo que aquilo que não podíamos prever já estava *orientado* nos caminhos entrelaçados pela ancestralidade. Um (re)encontro ancestral que, como tal, é atemporal, não conhece as amarras da (i)lógica colonial/colonizadora do tempo-espaço.

Assim, "A Justiça é uma mulher negra" – primeiro livro da coleção – e "Direito Penal Antirracista" são escrevivências que, antes mesmo de nos (re)conhecermos, se encruzilhavam enquanto eram concebidas. Publicadas em momentos diferentes, embora escritas ao mesmo tempo, as obras são surpreendentemente (?)

conectadas por uma cosmopercepção afrodiaspórica que lhes é peculiar e que traduz a completude entre Oyá e Xangô – o casal da justiça –, não por acaso, representados respectivamente nas capas dos livros. [1]

Oyá é a rocha que sustenta os pés do seu Xangô e, nas alturas, é o raio que ilumina o seu Orí; é o vento que sopra (em) sua direção; é água, é fogo e, ao seu lado, também é trovão; é ela quem incendeia as lâminas do seu oxê e, dançando, espalha justiça por todo o Aiyê. "Ocupando ao lado de Xangô, em plena sintonia e completude, o trono da justiça afrodiaspórica pluriversal, Oyá rompe com o racismo patriarcal, enfrentando as opressões coloniais."[2] Mas essa relação é fundada na ética da reciprocidade. Por isso,

> A justiça afrodiaspórica regida por Xangô não é, de modo algum, patriarcal ou falocêntrica, pois sua lógica só encontra sentido e completude na presença de Oyá (chamada por Xangô de Iansã, pois ela era tão radiante quanto o entardecer), com quem Xangô possui uma relação de complementariedade e interdependência, dividindo seus domínios elementares (fogo e raios), o trono e a vida.[3]

Apenas nessa relação de completude recíproca, que (re)conecta mulheres negras e homens negros, é que é possível resgatar a dignidade do povo negro. Então, sim, nós, juristas negras, abrimos caminhos e seguimos de mãos dadas com Luciano Góes, reverenciando sua (re)existência e regando com dendê o seu padê epistemológico.

A escrita a(la)fiada de Luciano Góes ecoa como (en)canto ancestral de resgate e firmamento da humanidade negra; queima o *contrato ra-*

---

1 A inclusão de autores negros na Coleção ainda era uma dúvida entre as Juristas Negras e certamente, não seria agora, salvo pela força dos ventos ancestrais. O pertencimento da obra Direito Penal Antirracista à nossa roda é tão (in)esperada – promovendo, mais uma vez, o (re)encontro entre Oyá e Xangô – que, em sua introdução, Luciano Góes pede que, na estante das/os leitoras/es, sua obra seja guardada ao lado da "A Justiça é uma mulher negra", mesmo que isso interrompesse a sequência lógica de coleções "normais". E o objetivo desse pedido era para que a complementariedade do casal, o amor entre eles que se manifesta como um quilombo eterno estruturado na fúria revolucionária, e o axé, sigam em movimento, em uma insurgência epistêmica mesmo quando fechados, abrindo caminhos, juntos e sempre.

2 VAZ, Lívia Sant'Anna; RAMOS, Chiara. *A Justiça é uma mulher negra*. Belo Horizonte: Letramento, Casa do Direito, 2021, p. 276.

3 GÓES, Luciano. *Por uma justiça afrodiaspórica: Xangô e as mandingas em busca do reconhecimento da dignidade humana negra*, p. 508. *In* Revista Culturas Jurídicas, vol. 8, núm. 20, mai./ago., 2021.

cial, tal qual labaredas (anti)jurídicas vivificadas por ventos palmarinos revoltos(os); destrói para (re)construir; desordena para (co)ordenar caminhos rumo a uma justiça afrodiaspórica.

Mandigando o projeto genocida antinegro do Estado brasileiro, o jovem advogado, professor e pesquisador é *ponta de lança* quilombista. Como a flecha certeira de Oxóssi, tem alvo (pre)destinado pela ancestralidade. O menino preto que um dia só queria seguir os passos do pai, um broqueiro, tornou-se, ele mesmo, a própria pedra que Exu atira hoje para "matar a branquitude" de ontem.

Não à toa, o intelectual negro Góes teve sua obra "A tradução de Lombroso na obra de Nina Rodrigues: o racismo como base estruturante da Criminologia brasileira" premiada em 2º lugar, na categoria Direito, do 59º Prêmio Jabuti, em 2017. Além disso, o autor está entre os criminólogos que compõem o "Atlas do Pensamento Criminológico Brasileiro: um mapeamento de autores e obras", ocupando seu lugar de "negro-vida"[4] que, enfrentando o "negro drama",[5] (re)nega a (im)posição de "negro-tema".[6]

Assentada num realismo racial marginal, sua Criminologia *Améfricaladina*[7] – que é, por isso, genuinamente nossa – é ebó arriado e (a)firmado para minar as raízes racistas do sistema de (in)justiça penal.

---

4 "O negro-vida é algo que não se deixa imobilizar; é despistador, protéico, multiforme, do qual, na verdade, não se pode dar versão definitiva, pois é hoje o que não era ontem e será amanhã o que não é hoje." (RAMOS, 1957, p. 215). RAMOS, Alberto Guerreiro. *Introdução crítica à sociologia brasileira*. Rio de Janeiro: UFRJ, 1995.

5 (…) Nego drama/Cabelo crespo e a pele escura/A ferida, a chaga, à procura da cura (…) Nego drama/Eu sei quem trama e quem tá comigo/O trauma que eu carrego/Pra não ser mais um preto fodido (…) Periferias, vielas, cortiços/Você deve tá pensando/O que você tem a ver com isso?/Desde o início, por ouro e prata/Olha quem morre, então/Veja você quem mata/Recebe o mérito a farda que pratica o mal/Me ver pobre, preso ou morto já é cultural/Histórias, registros e escritos/Não é conto nem fábula, lenda ou mito. Trechos da música *Negro drama* dos Racionais MC's.

6 Guerreiro Ramos nos alerta para a abordagem unilateral empreendida por pesquisadores brancos sobre o "problema do negro", (RAMOS, 1995: 163), tratado, nessa perspectiva, sempre como negro-tema" (RAMOS, 1995: 215), como objeto de pesquisa, ocultando-se, dessa maneira, a participação do branco como opressor.

7 Resgatando aqui a categoria *amefricanidade*, cunhada por Lélia Gonzalez que nos recorda que todos nós, brasileiros (não apenas os pretos e pardos do IBGE) somos *ladinoamefricanos*. GONZALEZ, Lélia. *A categoria político-cultural de amefricanidade. In* Tempo Brasileiro. Rio de Janeiro, nº 92/93 (jan./jun.), 19888b, p. 69-82.

(Per)seguindo esse *odún da justiça* para o povo negro, "Direito Penal Antirracista" é, como diz o próprio autor, um brado por nossa libertação. Com sua pedagogia subversiva e movimentado pela circularidade sankofaniana que nos rege, Luciano Góes resgata nossas matrizes jurídicas africanas, afrodiaspóricas e afro-brasileiras para – revelando o racismo e o genocídio antinegro que alicerçam o Direito Penal – propor a construção de um anti-Direito Penal que, somente assim, poderá ser antirracista. Não há qualquer possibilidade de clamar por justiça a um sistema de injustiça racial coerentemente engendrado para executar e controlar corpos criminalizados como perigosos e, por isso, encarceráveis e executáveis para a manutenção dos privilégios sacramentados pelo Contrato Racial.

É preciso, portanto, subverter a (des)ordem racista/colonial/antinegra que opera e impera no *universo* jurídico da branquitude, programado para assegurar e tutelar uma humanidade exclusivamente branca, construída às custas da desumanização negra. Diante de um sistema de punição e morte do qual não obte(re)mos (e nunca obtivemos) justiça e que segue dominando corpos (e mentes) negras, o esperançar negro está no retorno, tal qual Sankofa, ao nosso passado quilombista para, a partir do resgate de saberes ancestrais, reconstruir nossa humanidade em toda sua *pluriversalidade*.[8]

Que sigamos – com as bênçãos de Oyá e de Xangô e a partir dos passos firmes de nossas/os ancestrais – construir, coletivamente, sentidos multipotentes de justiça e bem viver para o povo negro. Pois, "por menos que conte a história",[9] Palmares vive!!! E o sangue palmarino que corre em nossas veias é *axé de libertação*!

LÍVIA SANT'ANNA VAZ

---

8 Para o filósofo sul-africano Mogobe Ramose, a pluriversalidade do ser é manifestação da sua multiplicidade e diversidade (RAMOSE, 2011, p. 10). RAMOSE, Mogobe. RAMOSE, M. B. *Sobre a Legitimidade e o Estudo da Filosofia Africana*. Ensaios Filosóficos, v. 4, out. 2011.

9 Trecho do poema *Quilombos*, de José Carlos Limeira.

APRESENTAÇÃO DA COLEÇÃO JURISTAS NEGRAS

A Coleção Juristas Negras é uma insurgência epistemológica nascida da encruzilhada identitária que intersecciona gênero e raça no sistema de justiça brasileiro.

Raça e gênero configuram-se como dois dos principais marcos imediatos de identificação – e, ao mesmo tempo, de subalternização – social de uma pessoa, produzindo vulnerações específicas contra mulheres negras que, além de estarem no topo dos índices de violência contra a mulher, compõem a base da pirâmide socioeconômica brasileira.

Embora, nesse sentido, a encruzilhada seja um lugar de dor e solidão, nossa ancestralidade nos ensina que ela também é lugar de encontro, troca e reciprocidade, de onde ecoam vozes potentes e se movem corpos insurgentes em busca da construção de uma justiça pluriversal. E é dessa posição interseccional que nós, enquanto mulheres negras, latino-americanas e nordestinas, propomos essa coleção, que publicará as contranarrativas que vêm sendo construídas por juristas negras, de modo a enfrentar o epistemicídio jurídico e a ampliar os horizontes de discussão sobre direito e justiça numa perspectiva crítica.

A epistemologia jurídica continua a reforçar a concepção de sujeito universal (homem-branco-cis-hétero-cristão) que representa a maior das expressões identitárias de que temos conhecimento, pois diz ser quem teoriza, discursa e decide sobre si, consigo e para si mesmo, entendendo-se como o centro, em uma síndrome narcisística, que nega racionalidade aos saberes não eurocentrados. Este fenômeno, por nós denominado de epistemicídio jurídico, alimenta-se da lógica da colonialidade moderna, promovendo a invisibilização das singulares contribuições decorrentes das lutas emancipatórias afro-latino-americanas e indígenas para a produção de conhecimento.

Esse sistema de dominação, disfarçado de uma suposta ética da alteridade, está assentado no discurso jurídico e delimita, de modo unilateral, "[...] o lugar do outro no Direito."[10] Pode-se dizer que a academia jurídica funciona como uma espécie de *casa grande intelectual*, vigilante e tutora das insurgências da *senzala*. Sob essa ótica, a alegada busca da alteridade, na verdade, oculta relações de poder nas quais o *eu* – sujeito hegemônico que acumula privilégios e se coloca como universal – detém autoridade para outrificar o diferente, demarcando o seu lugar – e, consequentemente, o seu *não lugar*[11] no Direito.

Nesse contexto, não sendo nem homem nem branca, à mulher negra é atribuída socialmente a identidade de *o outro do outro*,[12] a partir da compreensão das subjetividades do *não-ser*. Nessa persistente estrutura racista e sexista do sistema de justiça, cabe ao indivíduo tido como universal definir o lugar da mulher negra no Direito.

A sub-representação – quase ausência – das mulheres negras nos espaços de poder e decisão – especialmente na academia jurídica e no sistema de justiça – tem impactos diretos na forma como a Justiça mantem-se cega às diferenças, perpetuando concepções universalizantes que acabam por manter o *status quo* de dominação do outro. Por isso, as mulheres negras – com suas vivências e epistemologias ancestrais, mas também com seu peculiar olhar desde a encruzilhada – são imprescindí-

---

10 Refere-se a trecho do voto do relator na ADI nº 5543, na qual o Supremo Tribunal Federal declarou a inconstitucionalidade de dispositivos normativos da Agência Nacional de Vigilância Sanitária (RDC nº 34/2014) e do Ministério da Saúde (Portaria nº 158/2016), que consideravam homens homossexuais temporariamente inaptos – pelo período de doze meses, contados a partir da última relação sexual – para doação de sangue. Apesar de festejarmos o voto, o pensamento de Lévinas e a ética da alteridade trazida em sua fundamentação é um ponto a ser largamente discutido ao longo desta coleção.

11 Importa recordar aqui a concepção de não-ser cunhada por Fanon, quando afirma que "[...] há uma zona de não-ser, uma região extraordinariamente estéril e árida, uma rampa essencialmente despojada, onde um autêntico ressurgimento pode acontecer." Cf.: FANON, 2008, p. 26.

12 KILOMBA, 2019, p. 12.

veis para a abertura das instituições à diversidade, em contraponto aos paradigmas epistemológicos andro e brancocêntricos. Então, ousamos repetir que "[...] não são as mulheres negras que precisam da academia jurídica e do sistema de justiça[...]"; "[...] antes são a academia jurídica e o sistema de justiça que precisam das mulheres negras."[13]

Mas, estariam essas vozes sendo escutadas, sobretudo na seara jurídico-política?

O ritual de passagem do silêncio para a fala é um brado revolucionário que impõe um potente processo de mudança, no qual a mulher negra deixe de ser objeto e se transforme em sujeita.[14] Se a condição de sujeitas – de direito – é essencial para que possamos falar, é chegada a hora de erguermos nossas vozes para narrarmos nossas próprias histórias e ocuparmos nosso próprio lugar no Direito. Não mais como outridades do sujeito universal e sim como partes de um mundo pluriversal.

Esta Coleção é, portanto, a oportunidade de um reencontro com tecnologias ancestrais que nos encaminham para epistemologias contra-hegemônicas tecidas por diversas mãos: as que vieram antes, as nossas e as que estão por vir. O futuro é ancestral!

Invocando a escrevivência de Conceição Evaristo: é sobre recolher em si "[...] as vozes mudas caladas, engasgadas nas gargantas [...]"; é sobre a oportunidade de se fazer "[...] ouvir a ressonância, o eco da vida-liberdade."[15]

---

13 VAZ, 2020a.

14 HOOKS, 2019a, p. 45.

15 Desfecho do poema *Vozes-mulheres*, de Conceição Evaristo. Cf.: EVARISTO, 2017, p. 25.

INTRODUÇÃO

*Essas verdades não precisam ser jogadas
na cara dos homens. Elas não pretendem
entusiasmar. Nós desconfiamos do entusiasmo.*

Frantz Fanon, *Pele negra, máscara branca*

Àwúre![16]

Um Direito Penal Antirracista é, antes de tudo, um anti-Direito Penal, já que o Direito Penal demandado por uma sociedade racista será sempre racista, declarando uma igualdade que se expressa enquanto instrumento de controle racial informal sobre uma das maiores populações negras do mundo. Através dele se consolida o projeto político estatal de branqueamento, constituinte da "democracia racial", que, por quase um século mascarou – até hoje mascara – o Estado antinegro brasileiro e sua estrutura jurídica edificada tal qual uma *porta do não-retorno*.[17]

Nesse sentido, o que apresento é um "Direito Penal a toque de atabaque", ecoando as repicadas pretofilosóficas de Muniz Sodré, considerando que, se os princípios basilares do Direito Penal (*ius puniendi*) decorrem

---

16 Em yorubá, bênçãos e boa sorte.

17 A *porta sem retorno*, na Ilha de Gorée, no Senegal, era o local de embarque das pessoas negras escravizadas nos navios tumbeiros, cujo destino incerto marcava a certeza de nunca mais retornar à sua terra, de ver se perder no horizonte sua identidade, seu *eu*, de sentir a todo instante a dor de ter suas raízes arrancadas e jogadas na imensidão do oceano. Essa passagem, que simboliza a sentença branca de condenação do negro ao genocídio, em suas múltiplas dimensões, é lembrada hoje pelo Portal do não-retorno, monumento inaugurado em novembro de 1995 e idealizado pelo artista beninense Fortuné Bandeira, construído na praia para demarcar o fim da Rota do Escravo, projeto desenvolvido pela UNESCO.

da filosofia "clássica" (branca, grega e iluminista). Assim, um Direito Penal Antirracista deve assentar seus fundamentos nas *filosofias afros,* inteligíveis sob a perspectiva da *Arkhé africana* (e também, afrodiaspórica[18] e afrobrasileira), que designa "[...] a especificidade de *processos* que assinalam tanto diferenças para com os modos europeus quanto possíveis analogias."[19]

Como (re)percussão de tais saberes, parto de uma perspectiva do Direito Penal formulada desde as rodas negras sediciosas (terreiros, sambas e capoeiras), através de uma metodologia *sankofaniana*[20] ins-

---

18 Promovido pela Comissão de Relações Exteriores e de Defesa Nacional da Câmara dos Deputados, em parceria com Frente Parlamentar Mista pela Igualdade Racial e em Defesa dos Quilombolas, a Secretaria de Políticas de Promoção da Igualdade Racial da Presidência da República, o Ministério das Relações Exteriores e a Fundação Cultural Palmares, o evento *Encontro África e a Diáspora Africana: Oportunidades para o Desenvolvimento do Continente (EADA),* realizado entre 21 e 23 de novembro de 2013, objetivou desenvolver a economia criativa e a diversidade cultural, com o fortalecimento das trocas, o combate à pobreza e a inclusão social. Após o *EADA,* foi convencionado que: "de acordo com a União Africana, a Diáspora Africana é entendida como povos de origem africana que vivem fora do continente, independentemente da sua cidadania e nacionalidade e que estão dispostos a contribuir para o desenvolvimento do continente e a consolidação da União Africana". Cf.: BERNARDO JR., Lucio. Documento final do Encontro de África e a Diáspora. Câmara dos Deputados, 3 dez. 2013. Disponível em: https://www2.camara.leg.br/atividade-legislativa/comissoes/comissoes-permanentes/credn/noticias/documento-final-do-encontro-de-africa-e-a-diaspora. Acesso em: 26 fev. 2022.

19 SODRÉ, 2017, p. 16.

20 Na filosofia africana, o ideograma *Sankofa,* que estampa a primeira página deste livro, integra o *Adinkra,* conjunto de símbolos de origem *Akan* (povos da África ocidental, sobretudo Gana e Costa do Marfim), dispostos como elos entre os capítulos. Na língua *twi* ou *axante,* a palavra – que pode ser lida como "volte e pegue o que ficou para trás" (*san* – voltar, retornar; *ko* – ir; *fa* – olhar, buscar e pegar) – é originária do provérbio ganês *"Se wo were fi na wo sankofa a yenkyi"* ("Não é tabu voltar para trás e recuperar o que você esqueceu (perdeu)". Simbolicamente, é representada por um coração estilizado ou por pássaro mítico com seus pés voltados para a frente e a cabeça virada para trás, pegando um ovo de suas costas. Não esquecer o que nos foi tirado e deixado para trás – pois somos resultado da força ancestral e nosso futuro depende do resgate de toda herança possível em diáspora – é palavra de ordem, (re) significando as raízes africanas que enredam em uma mesma concepção passado, presente e futuro. Nosso futuro está em nosso passado, em nossas raízes, em nossos saberes; o futuro, portanto, é ancestral.

crita em *pretuguês*.[21] Tudo isso considerando que o potencial garantidor e emancipatório do direito é ínfimo em relação à sua natureza genocida, manifestada na tutela intransigente da arquitetura racista-colonial brasileira.

Nesse sentido, o objetivo principal da presente obra é apresentar, de forma introdutória e inconclusiva,[22] como o racismo antinegro se manifesta e programa o sistema de controle racial brasileiro, menos em sua forma explícita (através da ontológica, e portanto, irremediável, seletividade racial), e mais em sua expressão "implícita". Esta pode ser revelada a partir da exposição dos contornos, conteúdo e limites que impõe ao pensamento jurídico e que resultam em mecanismos (i)legais e estratégicos de imunização da branquitude em relação aos crimes raciais (genocídio, racismo e injúria racista).[23] Problematizo, portanto,

---

21 Ao evidenciar as influências africanas que transformaram a língua colonial (português), Lélia Gonzalez (1988, p. 69-82) alumia as múltiplas contribuições negras em nossa sociedade. É avocando a pluralidade de saberes de matriz africana, para o campo jurídico, que busco contribuir na construção de um pluriversalismo jurídico brasileiro.

22 O tom de inacabamento aqui é proposital e se relaciona com a proposta do livro, isto é, apresentar diversas questões raciais escamoteadas pelo "Direito Penal". Assim, muitas das questões relacionadas à tipificação dos crimes raciais, consideradas imprescindíveis, em especial pela dogmática, não serão tratadas aqui, não por desconhecimento, mas pelo fato de que o objetivo é demarcar as limitações do pensamento jurídico envolto na branquitude para efetivar a tutela do povo negro, vítima, direta e indireta, de tais crimes. De todo modo, a gênese infinalizável é assentada em Exú (em *yorubá* significa "esfera"), senhor das encruzilhadas, caminhos, comunicação e movimento, orixá responsável pela multiplicidade de sentidos e sem o qual nada se faz. Regente da circularidade, transforma o final em início, e vice-versa, o ponto final em reticências e vice-versa. Ao saudar o dono do verbo, espero que esse livro abra múltiplos caminhos para o combate ao racismo e genocídio antinegro, no campo acadêmico e jurídico. *Laroyê*!

23 Ao impor o confronto com a violência racista no âmbito das manifestações diretas (individuais e (inter)pessoais), o termo expressa o objetivo do livro ao inverter a lógica branca de evitar, com conceitos vazios, que se afastam de sentidos decorrentes do racismo antinegro, as discussões raciais (como por exemplo "injúria racial", "injúria qualificada", "injúria preconceituosa", e tantas outras denominações). Com essa manipulação, a branquitude foge do centro das rodas antirracistas (tal qual seu diabo da cruz) e se isenta de sua responsabilidade em combater, reduzir e findar com a cólera racial que ela construiu e garante sua hegemonia. A qualificação da injúria como racista, e não apenas racial, a associa direta e antecipadamente aos crimes de

a hegemonia branca que dá tom ao (não) enfrentamento das violências e violações raciais.

Assim, parto dos crimes raciais para deslegitimar o Direito Penal, declarado pela branquitude como *ultima ratio*, mas que, na realidade, em relação ao povo negro, é a *prima ratio*, sobretudo para impedir nossa conscientização racial radical, protegendo a arquitetônica racista pela neutralização de insurgências negras, em suas múltiplas representações. Entretanto, não me limito ao campo das denúncias da desumanização negra perpetradas por normatizações seculares, mas enuncio uma série de epistemologias ancestrais *contracoloniais*[24] manifestadas em *filoso-fias de roda* – guardiãs e legatárias da circularidade[25] –, que aqui serão apresentadas em diversas manifestações de resistência e afirmação do nosso direito a ter direitos.

Não é à toa que inicio com Frantz Fanon, pois é na linguagem que o reconhecimento do colonizado é condicionado à assimilação da língua do colonizador, através da qual se tem acesso à sua cultura. Isso sig-nifica que, em certa medida, o reconhecimento do negro em território branco só será possível por meio de seu branqueamento. Nas palavras de Fanon: "[...] quanto mais assimilar os valores culturais da metró-pole, mais o colonizado escapará da sua selva. Quanto mais ele rejeitar sua negridão, seu mato, mais branco será."[26]

---

racismo, impondo a perspectiva (anti)jurídica afrocêntrica que anuncia princípios ancestrais que cruzam resistência com reexistência negra.

24 Pensado a partir dos ensinamentos de Nego Bispo, o termo contracolonização escapa das rasteiras epistêmicas academicistas "pós-modernas" ao se referir a "[...] todos os processos de resistência e de luta em defesa dos territórios dos povos contra colonizadores, os símbolos, as significações e os modos de vida praticados nesses territórios. Assim sendo, vamos tratar os povos que vieram da África e os povos originários das Américas nas mesmas condições, isto é, independentemente das suas especificidades e particularidades no processo de escravização, os chamaremos de contra colonizadores." Cf.: SANTOS, 2015, p. 48.

25 Circularidade é um valor civilizatório africano que indica movimento, partilha, renovação e pertencimento, tudo ligado à coletividade, concebida sobre relações horizontalizadas, baseadas no preceito da não-discriminação.

26 Cf.: FANON, 2008, p. 34. A importância da obra clássica de Franz Fanon não pode ser resumida, mas já é sinalizada pela postura dos membros da comissão julga-dora do curso de doutorado em psiquiatria que recusaram a tese, cujo título original era *"Ensaio para a Desalienação do Negro"*, exigindo uma abordagem "positivista" (por-

Nessa linha de entendimento, não busco um reconhecimento dogmático, mas o protagonismo negro nas discussões teóricas sobre crimes raciais, e, por conseguinte, um constrangimento em seu terreno colonial. Não se encontrará aqui o que a branquitude[27] quer ouvir, afinal de contas, ela já faz isso (e muito bem), haja vista que, em termos gerais, o que sabemos sobre crimes raciais é o que a branquitude quer que saibamos, pois é ela que (dá) forma (à) a dogmática penal que fundamenta as decisões judiciárias que materializam (su)a justiça. Justiça esta que é simbolizada na deusa grega Themis, aquela de olhos vendados, com espada e balança em mãos, representação clara do processo "civilizatório" que concebeu "*a*" filosofia e "*o*" direito, inferiorizando e primitivizando epistemes negras.

A supremacia branca instituiu a "imparcialidade" e os demais princípios que fundamentam o pedido do povo negro brasileiro por justiça nos crimes motivados por fatores raciais. Mas, que tipo de justiça podemos esperar de um arcabouço legal colonial? Que justiça é essa que, no âmbito de crimes motivados do racismo (o mesmo que estrutura nosso Judiciário), inverte as premissas mais básicas do Direito Penal (em verdade, explicita sua face real), tornando exceção (quase inexistente) o reconhecimento de crimes cometidos diuturnamente pela branquitude? Até quando vamos nos iludir e continuar legitimando, utopicamente (no sentido mais pejorativo da palavra), uma justiça construída por esse modelo de sociedade, acreditando que ela vai, em algum momento no futuro, nos proteger dela mesma?

A partir da minha condição de (apenas mais um) corpo negro a ser violentado, passando pelas experiências de coordenador do projeto de

---

tanto, racista) de Fanon, obrigando-o a escrever outra tese. Três anos depois, a tese foi publicada, e é em sua introdução que encontramos a epígrafe que abre esse livro.

27 Para Lourenço Cardoso "branquitude significa pertença étnico-racial atribuída ao branco. Podemos entendê-la como o lugar mais elevado da hierarquia racial, um poder de classificar os outros como não-brancos, dessa forma, significa ser menos do que ele. Ser branco se expressa na corporeidade, isto é, a brancura, a expressão do ser e vai além do fenótipo. Ser branco consiste em ser proprietário de privilégios raciais simbólicos e materiais. Ser branco significa mais do que ocupar os espaços de poder. Significa a própria geografia existencial do poder. O branco é aquele que se coloca como o mais inteligente, o único humano ou mais humano. Para mais, significa obter vantagens econômicas, jurídicas, e se apropriar de territórios dos Outros." Cf.: CARDOSO, 2014, p. 17.

extensão "Vicente do Espírito Santo – SOS Racismo"[28] e de professor no curso de pós-graduação em Ciências Criminais, da Faculdade CESUSC,[29] à minha construção como negro-intelectual; considerando minhas dolorosas e inesquecíveis experiências, pessoais e profissionais, com o racismo, apresento um panorama das questões raciais para disputar narrativas no campo da dogmática penal, evidenciando o racismo na formação/doutrinação de operadora(e)s do direito, construindo bases para uma educação jurídica antirracista que abre caminhos para a conscientização e politização racial.

Seguindo os pontos escritos pelo preto velho Abdias Nascimento, o presente trabalho se faz (no) eco de brados insurgentes vindos de África, entoando reinvindicações e demandas das milhares de vítimas de crimes raciais, apontando princípios afrodiaspóricos, táticas e estratégias[30] que promovam conhecimentos para o combate ao racismo antinegro. Para tanto, inovo o nosso protagonismo para transformações na realidade racial brasileira que pressupõe "[…] codificar nossa experiência por nós mesmos, sistematizá-la, interpretá-la e tirar desse ato todas as lições teóricas e práticas conforme a perspectiva exclusiva dos interesses da população negra."[31]

Compreendendo o complexo de violências que marcam o cotidiano negro e a luta por mudanças práticas, sem perder jamais o foco estrutu-

---

28 O Projeto de Extensão "Vicente do Espírito Santo – SOS Racismo", da Faculdade Estácio de Santa Catarina, prestava assistência, orientação e acolhimento jurídico e psicológico às vítimas de violência racial. Durante três anos, fui o professor responsável pela formação racial de aluna(o)s dos cursos de Direito e Psicologia que ingressavam, voluntariamente, no projeto, além de advogado responsável pelo núcleo jurídico. Nessa condição, atuei em casos que transcendiam os crimes raciais "típicos", como, por exemplo, na acusação de uma adolescente negra por ato infracional análogo ao crime de tráfico de drogas, no qual seletividade racial e a "construção" de uma carreira criminosa, justificada na sua periculosidade nata, foram determinantes para que ela entrasse na vida adulta com o cumprimento da promessa de prisão feita pelo policial militar que a perseguiu desde os 15 (quinze) anos de idade.

29 Registro aqui minha gratidão ao Professor Sandro Sell, coordenador do curso, pelo convite, confiança e liberdade na construção de uma disciplina afrocentrada e focada no (antir)racismo, a partir da antiga proposta *"Racismo, Tortura e Crimes Hediondos"*. Algumas das problematizações aqui encontradas surgiram em sala de aula, nas valorosas trocas com o corpo discente.

30 NASCIMENTO, 1982, p. 15.

31 NASCIMENTO, 2002, p. 272.

ral, bell hooks ensina que – ao contrário da tradição intelectual branca, pautada na individualidade e orientada no individualismo – a intelectualidade negra se define por seus objetivos aninhados na comunidade e voltados para ela:

> Sem jamais pensar no trabalho intelectual como de algum modo divorciado da política do cotidiano optei conscientemente por torna-me uma intelectual, pois era esse trabalho que me permitia entender minha realidade e o mundo em volta, encarar e compreender o concreto. Essa experiência forneceu a base de minha compreensão de que a vida intelectual não precisa levar-nos a separar-nos da comunidade, mas antes pode capacitar-nos a participar mais plenamente da vida da família e da comunidade. Confirmou desde o início o que os líderes negros do século XIX bem sabiam – o trabalho intelectual é uma parte necessária da luta pela libertação fundamental para os esforços de todas as pessoas oprimidas e/ou exploradas que passariam de objeto a sujeito que descolonizariam e libertariam suas mentes.[32]

Intelectualidade, nesses termos, não é mero *status* voltado ao *ego*, mas um compromisso do tamanho da responsabilidade do mais importante título que eu conquistei: ser *ponta de lança*,[33] concebido e (con)sagrado por benzeduras sublevadas, forjadas nos trilhos da resistência, herança viva que corre em minhas veias. Assim entendida, minha intelectualidade (se) volta para o meu povo, sistematizando ações/narrativas que reforçam os (a)talhos deixados por Frantz Fanon, pois, quem "[...] escreve para o seu povo deve utilizar o passado, fazê-lo com o propósito de abrir o futuro, convidar à ação, fundar a esperança. Mas para garantir a esperança, para lhe dar densidade, é preciso participar da ação, engajar-se de corpo e alma no combate nacional."[34]

Perante as funções racistas da dogmática penal – expressas em sua natureza autopoiética, tradutora do colonialismo para o *juridiquês* que por séculos negou tutela e reconhecimento à dignidade negra, transfigurando vitimização em vitimismo – disputar espaços em território refratário às demandas negras significa sambar no fio da navalha. Necessário, então, compor estratégias malandreadas em rodas criminológicas para desbravar o campo que o Estado racista construiu, não

---

32 HOOKS, 1995, p. 466.

33 A responsabilidade decorrente desse título pode ser compreendida diante de quem me deu, após me levar de volta para casa, me aconchegar em seu abraço, lembrar meu compromisso, de quem sou filho e, entre lágrimas e risos, apontar o caminho revolucionário... *Vovó Conga*. Adorei as almas!

34 FANON, 1968, p. 193.

o deixando em paz na sua velha tarefa de eternizar e manipular seus mitos e desígnios.[35]

Mas é importante frisar que nestas linhas não se encontrará um chamado à "desconstrução", bem ao estilo modista. Antes, é uma interpelação geral à branquitude sobre seu racismo e suas manifestações violentas, tendo em vista que a obra consiste num anti-Direito Penal de raiz, afrocentricamente[36] firmado, que traz uma narrativa muito distante da normalizada lição penal. Então, no sapatear marginal, o anti-Direito Penal quilombista aqui incorporado (rea)firma: na luta contra o racismo antinegro não há conciliação, ou se combate ou se defende, portanto, assume-se ser racista.

Fundamentando outro modelo de justiça, ao questionar a (in)justiça (im)posta, encadeio sentidos multiplicados em suas possibilidades de aplicação, que têm o condão de alumiar o sólido solo para ver brotar novas existências[37], experiências sombreadas e apagadas pelo dogmatismo, já que trazem a chama que aqueceu o coração de nossos ancestrais na resistência contra o embranquecimento promovido pelo catolicismo.[38] É certo que a reação racista – com seu (im)pulso ditador e conservador do *status quo* – será no sentido de continuar deslegitimando as diversas epistemologias conflitantes com as colonialidades. Apontadas como inferiores, elas serão menosprezadas e desprezadas por uma imposição assimilacionista sob a qual o epistemicídio é (re)produzido.

---

35 Essa foi a estratégia defendida por Lola (*"El jardin de al lado", o repondiendo a Novoa sobre la criminologia critica"*), durante importante discussão sobre a (des) orientação epistemológica da Criminologia latino-americana e a do saber criminológico, ocorrida na década de 1980. No debate com Eduardo Novoa Monreal (*¿Desorientacion epistemológica em La criminologia critica?* e *Lo que hay al lado no es um jardim: mi réplica a L. Aniyar*), a Criminologia latina era problematizada por sofrer uma "síndrome de identidade" por se afastar e se opor à Criminologia central (positivista e crítica), mas, era imprescindível manter a etiqueta *"Criminologia"* para demarcar o território crítico conquistado e fortificá-lo, sem jamais deixar de ocupar novos campos e avançar seus marcos.

36 "Afrocentricidade é uma afirmação do lugar de sujeito dos africanos dentro de sua própria história e experiências, sendo ao mesmo tempo uma rejeição da marginalidade e da alteridade, frequentemente expressas nos paradigmas comuns da dominação conceitual europeia". Cf.: ASANTE, 2016, p. 2.

37 HULSMAN; CELIS, 1993.

38 NASCIMENTO, 2016, p. 133.

Consciente dos contra-ataques, a presente autodefesa epistemológica negra é arriada em solo racista como mais um ebó criminológico, com o qual se pede abertura de caminhos e liberação do potencial de criação subversiva. Assentada nas encruzilhadas formadas pelos saberes críticos aqui demarcados, que nos possibilitam, a um só movimento, tacar fogo na *plantation*[39] jurídica/dogmatizada e preparar terreno para um modelo de responsabilização não objetificante e excludente, pois é *orientado*[40] por Xangô, orixá da justiça do panteão yorubano, o grande *Obá* (rei), guardião do ordenamento jurídico *orunico*, símbolo e regente do Direito Penal Antirracista e da justiça afrodiaspórica, propostas jurídicas *quilombistas*.[41]

Seguindo as linhas que enredam afetos às tramas da resistência criminológica, sem os quais o esperançar e a própria luta por um futuro digno perdem sentidos que precisam ser reforçados – principalmente em nosso atual contexto político, no qual devemos continuar reafir-

---

39 SIMAS; RUFINO, 2018.

40 *Orí*, em *yorubá*, significa cabeça, mas, como ensina Wanderson Flor do Nascimento (2007, p. 140): "[...] não apenas a cabeça concreta (*orí òde*), que está acima de nossos pescoços, mas a cabeça espiritual (*orí inú*), a cabeça que de algum modo representa o eu mais profundo. Orí é a sede daquilo que somos, pois é na cabeça que se localizam os olhos, que nos permitem ver, o cérebro que nos permite lembrar, guardar na memória aquilo que vivemos, e a boca, que nos permite falar, dizer o que nos acontece, contar histórias, conversar, que permite que nos alimentemos. É a cabeça que nos orienta. Essa orientação pela cabeça, pelo eu, se dá no seio da comunidade (*Egbé*). É nesta comunidade que a orientação, que pode ser entendida também como deslocamento, como um pôr-se a caminhar." Seguindo a lição de que *orientação* é o sentido para nosso caminhar, penso *orí* enquanto a cabaça-morada do orixá regente de nossa existência em *Ayiê*, fonte principal de nossa energia, guia dos caminhos para o cumprimento de nossa missão e arquétipo de nossas características principais, por isso é também conhecido como orixá de frente, evidenciando a complementariedade de outros orixás que regem e protegem o corpo humano (*àrá*), o coração (*okàn*) etc. Expressão da metodologia utilizada, as palavras derivadas do conceito *orientação* denotam fundamentos éticos-jus-políticos (pré) determinados nos *ilês* (terreiros), por quem zela e cuida de nossas cabeças, ordena os pensamentos e guia nossos passos.

41 "O *quilombismo* é um movimento político dos negros brasileiros, objetivando a implantação de um Estado Nacional Quilombista, inspirado no modelo da República dos Palmares, no século XVI, e em outros quilombos que existiram e existem no país." Cf.: NASCIMENTO, 2002, p. 305.

mando que o amor vencerá o ódio racial – reescrevo aqui, através do *sinto, logo reexisto*, o pedido feito no célebre *"prefácio insubstituível"*.[42]

Assim, para dar concretude a fundamentos aqui elencados, peço à você, leitor(a), que guarde este livro ao lado do livro *A Justiça é uma mulher negra*, de Lívia Sant'Anna Vaz e Chiara Ramos, para que o axé de um se entrecruze às linhas do outro, formando um lindo *xirê* capaz de compartilhar, e assim movimentar de modo circular e incessante, saberes e poderes provenientes de um amor ancestral.

O amor entre Oyá e Xangô, vivo, eterno e incendiário, vivenciado em cada entardecer, incontrolável como tempestade, declarado em cada trovão, celebrado em cada relâmpago, transcendendo o tempo e desafiando o espaço. O transbordamento da complementariedade materializa na bravura, no reconhecimento das dores e cuidado com as feridas, no abraço que se faz quilombo e permite o desarme, no zelo e no *dengo*, o modelo de justiça afrodiaspórica, já que um não existe sem o outro, síntese mais que perfeita de uma ética gestada no *ubuntu*, sua pedra basilar.

Muitas questões trazidas aqui serão apenas levantadas com o objetivo de provocação e incitação ao aprofundamento, a partir do reconhecimento da potencialidade (des)ordeira marginal e da consolidação de saberes afrocêntricos, dando de comer ao corpo de um sistema jurídico pluriversal brasileiro. Celebrando, então, esse *devir-negro*[43], o convite para que essa roda se transforme em *kizomba* é feito com Luiz Carlos da Vila: *"é preciso atitude de assumir a negritude pra ser muito mais Brasil."*[44]

SARAVÁ!

---

42 BATISTA, 2011, p. 9.

43 Pensado de forma positiva (sem jamais deixar-se iludir), esse devir é pensado como um enegrecimento epistemológico que aponta caminhos para evitar aquele estágio ilustrado por Achille Mbembe (que aumentará exponencialmente a violência antinegra), e reduzir os danos coloniais. Cf.: MBEMBE, 2014, p. 18.

44 O samba *"Nas veias do Brasil"* integra o CD "Um cantar a vontade" do filósofo de quintal. Esse álbum, que é um clássico da MPB (Música Preta Brasileira), tem como abre-alas *"Kizomba, a festa da raça"*, que aqui encontra ressonância. *Valeu, Zumbi!!*

AYA

Samambaia

*Simboliza a independência, perseverança
e a resistência contra opressões.*

Pai… espírito Santo da favela
Eu clamo a justiça de Xangô
Proteja os meus irmãos de cor.
Nos quilombos da periferia
Submissos a tirania das correntes do feitor.
Pai… somos o clã da resistência
A ponto de perder a paciência
Soldados que não batem continência
E na pedreira eu vou rezar
Quando os teus raios e trovões aquebrantarem corações
E uma lágrima correr em quem semeia o mal.
Se a voz da consciência cessar os vendavais
A nossa existência se tornará primaz
E toda essa cidade, numa só voz, clamando a igualdade
Oh! Pai rogai por nós!
Felicidade, será tão linda e mais humana a Humanidade.[45]

Espírito Santo da Favela, Edivaldo Gonçalves/
Chico Maneiro/ André Ricardo

---

45 Para fissurar a solidez da escrita como requisito de validade de um saber, conforme a lógica colonial proveniente da cosmovisão, a oralidade, um dos valores civilizatórios africanos, também integra o referencial teórico deste trabalho, expressão da cosmopercepção lecionada pela socióloga nigeriana Oyèrónkẹ Oyěwùmí (1997, p. 39), sob a qual outros sentidos (ignorados pela predileção da visão), e/ou diferentes combinações deles, são privilegiados. Por isso te convido a parar agora a leitura e ouvir esse samba, cujo encontro e o desaguar em lágrimas incontidas confirmaram seu lugar na obra. Venha, faça parte dessa roda e do coro antirracista!

GENOCÍDIO: UMA RECONCEITUAÇÃO NEGRA (MAIS QUE) NECESSÁRIA

Enquanto denegação dessa ladinoamefricanidade, o racismo se volta justamente contra aqueles que, do ponto de vista étnico, são os testemunhos vivos da mesma, tentando tirá-los de cena, apagá-los do mapa.

Lélia Gonzalez, A categoria político-cultural de amefricanidade

Se esta obra seguisse a tradição (transformada em regra) dogmática, iniciaria trazendo significados e concepções, teóricas e legais, para genocídio. Da origem etimológica da palavra – que vem, "obviamente", do mesmo berço que a civilização e o Direito: a Grécia[46] –, passeando pelo conceito literal extraído de dicionários,

---

46 Esta não é apenas a dinâmica jurídica "clássica" de conferir uma "certidão de nascimento", como ensina Muniz Sodré, mas é o marco inaugural da "validade civilizada" de alguma coisa, racionalizada para afirmar ou questionar, desfazendo dúvidas nesse retorno à origem, "[...] ao lugar de onde supostamente proviemos como seres de razão. A etimologia é o recurso erudito desse retorno, apoiado na pretensão de que no arcabouço da língua transpareça o sentido histórico de uma questão problemática. [...] a ilusão filológica consiste em buscar o sentido do mundo no cerne etimológico da língua hegemônica ou então em fazer crer que o conhecimento do grego antigo, em si mesmo, dê acesso ao saber filosófico." Por isso, a lição "a palavra filosofia fala grego", de Heidegger foi relembrada, exclusividade que foi transmitida à sua própria língua, pois o alemão seria a "sucessora

sem esquecer os conceitos legais estabelecidos em diplomas e tratados internacionais, traçando seu trajeto até a tipificação nacional.

No entanto, reinscrito por uma pedagogia preta antirracista, *genocídio* (gênero) é efeito inevitável do racismo, engendrado em uma metodologia outrificante que se desenvolve a partir do olhar branco (limitado por sua *cosmovisão*) sobre corpos diferentes, fenótipos primitivizados, impulsionando a violência física massificada e o extermínio do patrimônio imaterial (espécies) dos povos racializados. A partir dessa sistematização desumanizante, o colonialismo foi gestado, reproduzindo premissas racistas por meio das colonialidades[47] como condição de dominação e controle dos condenados à desterritorialização, ao apagamento de suas histórias e culturas, à sobrevivência em meio processos de aculturação e assimilação.

A escolha de iniciar este livro pelo genocídio, invertendo a violenta lógica colonial[48], é devida à sua (re)produção cotidiana,[49] que marca as nossas vivências, provincianamente resumidas a parcas e rasas linhas legalizadas, menos discutidas do que o próprio racismo. A dogmática penal, norteada pela tipificação do genocídio como hediondo, se vê obrigada a pautar o crime, se limitando a repetir o conteúdo da lei, sem qualquer problematização, o que leva a crer que há um (falso) entendimento uníssono e pacífico sobre o tema (para variar).

---

espiritual". Essa lição explica, muito bem, a preferência jurídica pelos pensadores alemães, (quase) idolatrados. Cf.: SODRÉ, 2017, p. 8.

47 Segundo Ramón Grosfoguel "[...] a colonialidade permite-nos compreender a continuidade das formas coloniais de dominação após o fim das administrações coloniais, produzidas pelas culturas coloniais e pelas estruturas do sistema-mundo capitalista moderno/colonial." Cf.: GROSFOGUEL, 2008, p. 115-147.

48 Quando ouvimos falar de "crimes raciais" o genocídio, normalmente, não é incluído, porém, sua violência multidimensional integra a própria natureza do racismo, é o resultado inevitável e desejado pela branquitude que antes de manusear práticas exterminantes (através das quais projeta e assegura sua supremacia), racializa determinados grupos, inferiorizando-os, ou seja, não existe racismo sem genocídio. Assim, pôr em perspectiva manifestações do genocídio antinegro, rompendo as barreiras brancas que tentam restringir os sentidos de manifestações do genocídio (bem como seus efeitos e responsabilidades) na área jurídica – por enquanto, domínio da branquitude –, permite uma melhor compreensão dos demais crimes racistas, também por suas simplificações e reduções semânticas brancas.

49 Me refiro aos métodos genocidas de produção da morte negra, em massa e de modo informal, não se limitando, assim, ao sucesso da guerra antinegra dita "contra às drogas".

Considerando o sentido antidogmático proposto – já que a dogmática é uma síntese das colonialidades –, genocídio, inicialmente, deve ser compreendido como prática colonial de "higienização de territórios marginais", abrindo caminhos, pavimentados com sangue, para erguer, sobre incomensuráveis corpos, o mundo branco, mantido a salvo pela paz resultante do extermínio dos inferiorizados, de seus conhecimentos e saberes anticoloniais, conflitantes (e, por isso, perigosos) com a ordem e estrutura social/racista branca.

Para reafirmar a natureza desta obra como projeto político coletivo, por representar a continuidade das lutas e sacrifícios de quem me antecedeu, é preciso demarcar sua essência para que não hajam dúvidas sobre os seus fundamentos. Ela é resultado de um *lugar de (sobre) vivência marginal(izada)*[50] que define a postura e a entonação aqui defendidas, resultado da minha negritude, nos termos estabelecidos por Aimé Césaire:

> [...] Negritude, em seu estágio inicial, pode ser definida primeiramente como tomada de consciência da diferença, como memória, como fidelidade e solidariedade. Mas a Negritude não é apenas passiva. Ela não é da ordem do esmorecimento e do sofrimento. [...] A Negritude resulta de uma atitude proativa e combativa do espírito. Ela é um despertar; despertar de dignidade. Ela é uma rejeição; rejeição de opressão. Ela é luta, isto é, luta contra a desigualdade. Ela é também revolta. [...] A Negritude foi tudo isso: a busca de nossa identidade, afirmação do nosso direito à diferença, aviso dado a todos do reconhecimento desse direito e do respeito à nossa personalidade coletiva. [...] Eu penso em uma identidade não arcaizante, devoradora de si mesma, mas sim devoradora do mundo, isto é: apoderando-se do presente, para melhor reavaliar o passado e, mais ainda, para preparar o futuro. Pois, enfirm, como medir o caminho percorrido se não sabemos nem de onde viemos e nem aonde queremos ir?.[51]

A conscientização sistemática e radical da negritude traduz-se em insubordinação epistêmica diante da fortificação de nosso racismo, composta pelas muitas barreiras raciais coordenadas por sua especificidade. Essa tomada de consciência se assenta numa perspectiva afrocentrada como reposicionamento no campo teórico que busca a (re)

---

50 Decorrente das minhas vivências enquanto proveniente do morro, minha fala reflete toda resistência e luta não apenas para sobreviver, considerando as altas chances de ser alvo da política pública de segurança genocida brasileira, mas as estratégias criadas, em meio as tramas racistas, que possibilitam percepções, anseios e esperanças de um homem negro em uma sociedade antinegra.

51 CÉSAIRE, 2010, p. 109-113.

conquista do protagonismo negro sequestrado/roubado, resgatando o pensamento histórico e social de matriz africana, usurpado e controlado durante séculos por pesquisadoras/es brancas/os, sabedoras/es que "[...] a melhor forma de controlar um povo é controlar o que ele pensa sobre si mesmo."[52]

Afrocentricidade é um movimento de (re)posicionamento crítico em relação à violência colonial(izante) que açoita África e seus descendentes, (sobre)viventes em diáspora e silenciados por regras-narrativas (quase) intransponíveis. Não é à toa que doutrinação é palavra de ordem tanto na dogmática quanto no cristianismo. Desse modo, a *afrocentricidade* pressupõe a correção da(s) nossa(s) história(s), deslocando o lugar de enunciação e chegada da fala, representando, "[...] uma forma de ver a realidade que abre novas e mais excitantes portas para a comunicação humana. É uma forma de consciência histórica, porém mais do que isso, é uma atitude, uma localização e orientação. Portanto, estar centrado é ficar em algum lugar e vir de algum lugar."[53]

Tão importante quanto saber de onde se vem é saber para onde ir, e para quem sobrevive nos escombros empilhados pelo genocídio negro, esta relação é imprescindível. Com efeito, se uma perspectiva afrocêntrica é meio para a construção de uma pedagogia negra-jurídica pela qual é possível *reconceituar*[54] os saberes sobre crimes raciais, a marginalidade é pressuposto de tal (re)posicionamento. Não apenas por conferir concretude ao lugar de (sobre)vivência de quem desce o morro para denunciar a estrutura racista academicista, mas por reconceituar o "marginal" desde sua ontologia subversiva, sua presença incômoda, que instala novos significados a partir de nossa *escrevivência*, como nos ensina Conceição Evaristo.

---

52 NASCIMENTO, E., 2009, p. 60.

53 ASANTE, 2016, p. 6.

54 A conceituação é uma das mais eficazes armas coloniais, extraindo todos os sentidos possíveis de uma palavra, estabelecendo apenas o seu, através do qual despolitiza e coloniza nossas mentes de modo que todos os demais sentidos apresentados sejam, imediatamente, rechaçados como inválidos e impossíveis. A reconceituação, assim, é o contragolpe que balança a estrutura de dominação desde nossas experiências, revertendo o processo neutralizante, preenchendo as palavras de potencial emancipatório, porque, segundo Nego Bispo: "[...] chega um tempo que essa palavra nos serve, porque ela cria força, porque ela nos move, anda com a gente. Nossa ancestralidade entra nessa palavra e a movimenta em nosso favor." Cf.: SANTOS, 2019, p. 25.

Mesmo sendo *orientado* pelo paradigma *sankofaniano*, que sustenta esta proposta de encruzilhamento de saberes, para não fugir à "regra" de iniciação ao Direito Penal sigo as lições de Nilo Batista para expor a relação entre sociedade e direito e para reafirmar que não há nada de natural em nosso Direito Penal, já que o poder punitivo é produto humano, condizente com suas relações, estrutura, ideologia e necessidades, cumprindo, pois, "[...] funções concretas *dentro de* e *para uma* sociedade que concretamente se organizou de *determinada maneira*."[55]

Ao assinalar que o Estado, por intermédio do Direito Penal, exige que se cumpram as finalidades estabelecidas, Nilo elenca uma série de questionamentos sobre a ilusória "guerra de todos contra todos" que lastreou as diretrizes básicas do contratualismo, dentre eles: "Por que alguns desejam guerrear contra outros? Se o direito não cai do céu, mas é elaborado por homens, qual a posição dos homens que o editam nessa guerra?". Elencando como objetivos punitivos a preservação da estrutura, a garantia de condições de vida da sociedade e das ordens econômica e social, a tutela prática de bens jurídicos selecionados como relevantes, o autor demonstra que a congruência entre as finalidades do Estado e do Direito Penal não se faz sem motivo.[56]

Todas essas associações e questionamentos se enraízam no *Contrato Social*, como matriz originária jus-filosófica do Estado moderno, e no *jus puniendi* – base do Direito Penal – concebido, por alguns doutrinadores, como o direito legítimo do uso da força, e por outros como sistema de proteção e contenção das arbitrariedades estatais. Do contratualismo extraímos o fundamento para a concessão de parcela da liberdade individual necessária para a construção do Estado, enquanto ente abstrato que determina a vida social a partir da relação direitos x deveres.

Pintado em "tons pastéis", o quadro que apresenta tais construções deve ser recolorido em *vermelho-sangue-negro* para expor a conjuntura escondida: o genocídio incarnado pelo *colonialismo*. Assim, as funções concretas do Direito Penal devem ser observadas e compreendidas *dentro* da (e para a) geopolítica colonial, pois foi esse contexto que lhe deu origem. Dito de outro modo, um modelo branco de sociedade construído a partir do racismo, cuja hierarquização e domínio são reorganizadas e asseguradas por colonialidades que se imbricam e se

---

55 BATISTA, 2011, p. 19.

56 BATISTA, 2011, p. 22.

(re)fortalecem na negação, apagamento e invisibilização de existências e resistências negras.

Todas as questões levantadas por Nilo Batista devem, então, ser refeitas a partir da dominação colonial e seus métodos de silenciamento – e, portanto, de controle –, pois o *jus puniendi* se transforma em direito de dominar, escravizar, punir e matar, mantendo-se tais características através dos séculos. Nesse contexto, o Direito Penal é assentado como instrumento inerente a um Sistema de Controle Racial estabelecido não pela igualdade dos homens, mas antes, pelo pertencimento ou não a determinada raça,[57] sua posição na escala desumanizante, marco da guerra racial inafastável do projeto branco de mundo, cindido em dois compartimentos não complementares e jamais conciliáveis.

Sob essa perspectiva, é imprescindível que se entenda que o (mal) dito Contrato Social é, na verdade, um pacto branco, do qual a raça negra não foi signatária, por ser primitivizada, desprovida da condição precípua de contratar, sendo representada pela branquitude que, em "ato de pura benesse quase santificante", assinou *unilateralmente* o *contrato racial(izante)*. Assim, o pacto é selado, ocultando-se, em parte pelo uso da linguagem do colonizador, a cláusula penal impositora do genocídio como alienação fiduciária, definindo a morte negra como garantia contratual.

Racializando o Estado, a relação direitos x deveres foi concebida em termos coloniais, tendo em vista que não foram assegurados direitos ao povo negro e toda sua liberdade foi retirada, a ponto de legalizar-se e legitimar-se a escravização como condição de nascimento do ente estatal racista. Isso significa que resta apenas a obrigatoriedade de seguir as regras e disposições brancas – como num verdadeiro contrato de adesão – instituídas pela violência racial, a "face noturna" que as luzes da razão iluminista produz, e obscurece, ao projetar seu humanismo como marco intransponível aos olhos "civilizados".

Em poucas palavras, o Contrato Social que positivou a hegemonia branca como norma dogmatizada contém em si o Contrato Racial como seu fundamento e racionalidade operativa. Este organiza, dispõe e traça políticas genocidas antinegritude validam e legitimam estipulações colonizantes, legalizando um ordenamento jurídico desumanizante que entrelaça às (entre)linhas e notas de rodapés do pacto branco original que materializa o *monstro leviatânico*, projeção simbólica da existência

---

57 FANON, 1968, p. 29.

branca cuja subsistência depende de seu egoísmo eurocêntrico, fazendo do corpo negro seu alimento.

De acordo com Charles Mills, é esse contrato que sustenta a supremacia branca, integrada e reconhecida pelo desdobramento do Contrato Racial em diversos outros – epistemológico, moral e religioso, definidores do conteúdo e das premissas do pacto político, reflexo do código de valores pelos quais os cidadãos devem regular seus comportamentos. Firma-se, assim, o monopólio das bases jurídicas racializadas inatas à modernidade e que alicerçam a natureza antinegra da branquitude, mal disfarçada sob discursos da igualdade que só se realiza *entre os iguais* (brancos), sustentada, enquanto sistema político de dominação, pela metamorfose crucial que divide, conceitual e preliminarmente, e transforma a humanidade em "brancos" e "não-brancos":

> O papel desempenhado pelo "estado de natureza" torna-se então radicalmente diferente. No estado do colono branco, seu papel não é principalmente demarcar o estado pré-político (temporariamente) de "todos" os homens (que na verdade são homens brancos), mas sim o estado pré-político permanente ou, talvez melhor, estado não político (na medida em que "pré" sugere eventual movimento interno em direção a) de homens não-brancos. O estabelecimento da sociedade implica assim a negação de que já existia uma sociedade; a criação da sociedade requer a intervenção de homens brancos, que se posicionam assim já como seres sociopolíticos.
>
> [...] o Contrato Racial estabelece uma política racial, um estado racial e um sistema jurídico racial, onde o status de brancos e não-brancos é claramente demarcado, seja por lei ou pelo costume. E o propósito desse estado, em contraste com o estado neutro do contratualismo clássico, é, inter alia, especificamente manter e reproduzir essa ordem racial, garantindo os privilégios e vantagens dos cidadãos brancos plenos e mantendo a subordinação dos não-brancos. Correspondentemente, o "consentimento" esperado dos cidadãos brancos é, em parte, conceituado como um consentimento, explícito ou tácito, à ordem racial, à supremacia branca, o que poderia ser chamado de branquitude.[58]

Os princípios contratualistas "clássicos", concebidos por pensadores brancos, ameaçados por "primitivos" e em prol de sua própria sobrevivência, fazem do Contrato Social a Constituição da branquitude que estabeleceu o genocídio como cláusula pétrea. Estruturada no racismo antinegro, esse modelo de sociedade (re)produzirá discursos sobre a animalidade negra que insculpiram a negritude como inimiga da humanidade, cuja segurança depende do extermínio de seu "lado animal".

---

58 MILLS, 1997, p. 12-14.

Daqui se irromperá a barbárie, sob a suposta necessidade da *"guerra de todos contra todos"* pressuposta na ideia de que, desde o desembarque de corpos negros incivilizados/incivilizáveis em terras racistas, estes vivem para o conflito.

Nesse contexto, fruto da racialização de um ordenamento jurídico "moderno" (e colonial), o Direito Penal é responsável pelo controle e pela ordem racial, promovendo coerção diante do descumprimento do *dever de resignação* e fazendo da morte a linguagem do encontro que funda o Brasil – onde o problema nunca foi o racismo, mas o próprio povo negro. É gestada, desse modo, a política de morte negra como pressuposto para proteção da estrutura colonial/colonizada – objetivo concretizado pela *necropolítica*, [59] esboçada pelo estado de exceção permanente da humanidade negra que enlaça nossos corpos como *pharmakon*[60] do mundo branco. Sob essa perspectiva, o *jus puniendi* se traduz em necessidade de neutralizar o inimigo que não aceita seu "estado natural" de escravizado, de subserviente, (re)construindo instrumentos de violência aptos a dissuadir e imprimir a aceitação, servidão e assimilação branquificante.

Condenado a sobreviver em incessante estado de violência, o povo negro assimila a herança desumanizante que lhe foi (e continua sendo) transmitida, desde o período escravagista até a constituição da nossa (dita) democracia racista. Por outro lado, a branquitude é legatária de todos os direitos e benesses asseguradas por um Estado necropolítico, erguido por mãos negras, que distribui os devidos espólios através da *melaninocracia,*[61] dissimulada hipocritamente pelo artifício da meritocracia, encravada na estrutura brancocêntrica.

Em outras palavras, enquanto o branco é presenteado com o bônus da hierarquia racial, ao povo negro resta o ônus, incluindo o não reconhecimento jurídico das violências e violações vivenciadas, em nível internacional e globalizado. Essa peculiar distribuição de ônus/bônus resulta em respostas bem distintas do Direito Penal conforme a raça. Assim,

---

59 MBEMBE, 2018.

60 MBEMBE, 2017, p. 08.

61 O *colorismo* nos fornece uma chave importante de entendimento da questão, ao problematizar os efeitos da mestiçagem relacionada ao branco, situado como ponto de referência. Nesse sentido, quanto mais melanina, mais distante de direitos e acessos aos mesmos, características da *branquitude*. Ou seja, quanto mais afastado do branco, do que se acha branco, ou dos que podem se passar por branco (*afroconveniência*), menos direitos, acessos ou possibilidades.

como reação ao extermínio de corpos (lidos como) brancos, as normas penais são manuseadas para justificar a tipificação do genocídio, a partir de debates e acordos nada surpreendentes. Essa consternação, no entanto, não ocorre quando se trata do *holocausto negro*, cujos *corpos descartáveis* não merecem proteção da tutela penal.

Ao se debruçar sobre o processo de tipificação, Ana Luiza Pinheiro Flauzina aponta as problematizações jurídicas relacionadas à ideia de genocídio que, originalmente, foi conceituado por Raphael Lemkin, em 1944, após uma análise sobre a modernização nazista das técnicas de extermínio em massa do colonialismo. Para o autor, o genocídio estabelece suas bases sobre duas fases: primeiro se destrói o padrão nacional do povo oprimido e depois se impõe o padrão nacional do povo opressor, determinando uma percepção de extinção ampla (destruição física, socioeconômica, política e cultural).

De acordo com Lemkin:

> De um modo geral, o genocídio não significa necessariamente a destruição imediata de uma nação, exceto quando materializado por assassinatos em massa de todos os membros de uma nação. Significa a configuração de um plano coordenado de diferentes ações que visam à destruição dos fundamentos essenciais da vida de grupos nacionais, com o objetivo de aniquilar os grupos. Os objetivos de tal plano seriam a desintegração das instituições políticas e sociais, da cultura, da língua, dos sentimentos nacionais, da religião e da existência econômica de grupos nacionais, e a destruição da segurança pessoal, liberdade, saúde, dignidade, e até mesmo da vida dos indivíduos pertencentes a esses grupos. O genocídio é dirigido contra o grupo nacional como uma entidade, e as ações envolvidas são dirigidas contra indivíduos, não em sua capacidade individual, mas como membros do grupo nacional.[62]

Fica evidente, então, que o genocídio inclui a aniquilação do patrimônio imaterial de grupos racializados, destruindo as estruturas sociais que caracterizam suas especificidades enquanto povo, de modo a perpetuar o domínio que passa a ser naturalizado pela pressão multidimensional hegemônica. Trata-se do denominado *genocídio cultural* – termo cuja inclusão foi defendida por Lemkin ao esboçar a Convenção para a Prevenção e a Repressão do Crime de Genocídio e que foi rejeitado pela Assembleia Geral das Nações Unidas, em 1947, pois sua amplitude poderia gerar ataques à soberania de países como Estados Unidos e União Soviética, preocupados com as possibilidades, concretas e legais, de que suas práticas pudessem ser tipificadas como genocídio.

---

62 LEMKIN *apud* FLAUZINA, 2014, p. 123.

Assim, o potencial reparatório referente às violências racistas foi decisivo na concepção da Convenção e construção jurídica do genocídio como sinônimo de "extermínio em massa", atrelado ao crime de homicídio, reduzindo e minando seu alcance e degenerando as concepções acadêmicas e populares para imunizar as potências globais genocidas. Resta notório, então, que:

> [...] os delegados estavam restringindo o alcance do genocídio com o objetivo de limitar os fundamentos originais da proteção estrutural da vida dos grupos-alvo conforme propostos por Lemkin. Houve, portanto, um esforço visível para restringir a definição de genocídio ao elemento mais explícito do crime: a confirmação do assassinato em massa com intenção expressa. Se a retórica para justificar a restrição da caracterização do crime foi elaborada com alegações de apropriação jurídica, fica evidente que o estreitamento do conceito de genocídio na Convenção esteve ligado a preocupações múltiplas quanto à extensão da aplicabilidade do instrumento.[63]

Após o manuseio do termo na acusação contra os líderes do Estado nazista, em 1945, pelos crimes cometidos contra o povo judeu, a tipificação do genocídio como "crime contra a humanidade" decorreu da Resolução nº 96 (I) da Organização das Nações Unidas (ONU), aprovada em 11 de dezembro de 1946, nos seguintes termos:

> O genocídio é a negação do direito de existência de grupos humanos, como o homicídio é a negação do direito de viver dos seres humanos; tal negação do direito de existência choca a consciência da humanidade, resulta em grandes perdas para a humanidade na forma de contribuições culturais e outros representados por esses grupos humanos, e é contrária à lei moral, ao espírito e aos objetivos das Nações Unidas. Muitos casos de crimes de genocídio ocorreram quando grupos raciais, religiosos, políticos e outros grupos foram destruídos, totalmente ou em parte. A punição do crime de genocídio é uma questão de interesse internacional.

Em 1948, com os processos e condenações proferidas pelo Tribunal de Nuremberg, instituído em caráter de exceção, a Assembleia Geral das Nações Unidas, considerando a Resolução nº 96/46, estabeleceu na Convenção para a Prevenção e Repressão do Crime de Genocídio tratar-se o genocídio de *crime do direito dos povos*, reconhecendo-se, na própria Convenção, que "em todos os períodos da história o genocídio causou grandes perdas à humanidade". No entanto, tais perdas só foram sentidas, a ponto de desencadear uma tipificação programática no cenário do Direito Penal internacional, após o genocídio antissemita.

---

63 LEMKIN, 2014, p. 125.

Desse modo, somente após Adolf Hitler inaugurar uma política eugênica no seio da branquitude, inimizando os judeus, é que o genocídio – assim como o racismo – se converteu em problema mundial, chamando a atenção para sua extensa gramática de objetificação direcionada à desumanidade, mundialmente naturalizada. Ou seja, o genocídio apenas se tornou problemático e preocupante, impondo enfrentamento e "solução", quando foi transformado em "holocausto", ameaçando, assim, a raça branca. A manipulação do racismo, dentro da Europa, rompeu a imunidade branca à diferença racial, produzindo povos brancos inferiores dentro de um bloco considerado, antes, monolítico pois, até então, a violência racial direcionada, em especial, à raça negra não apresentava qualquer problema para a branquitude.[64]

Ana Luiza Pinheiro Flauzina lembra que o capital simbólico do Holocausto judeu é marco fundamental em termos de políticas reparatórias, dentre elas indenizações financeiras às vítimas, que ultrapassaram 8 bilhões de dólares, decorrentes de ações coletivas nos Estados Unidos, na década de 1990, contra os governos da Suíça, Alemanha, França e Áustria, além de diversas empresas como a *Bayer* e a *Basf*.[65] Vale destacar também o acordo firmado com um banco suíço, "[...] o único grande caso do Holocausto que foi totalmente resolvido através de uma ação de classe privada e não através de um acordo internacional".[66]

Nesse sentido, o "legado moral do Holocausto" foi decisivo para a instituição de indenizações, na medida em que aglutinou meios de comunicação, poderes estatais (executivo e legislativo) e diversas organizações sociais na construção de uma sólida articulação política que definiu, em diversos países, a criminalização da negação do Holocausto

---

64 Importante repetir aqui a advertência feita por Ana Luiza Flauzina (2014, p. 143), sobre a representação do Holocausto como uma "tragédia branca", por tratar-se de uma perspectiva racista que embranquece a raça semita, invisibilizando judeus não-brancos e silenciando suas experiências, dentro e fora da Europa. Enquanto "política de identidade", o Holocausto explicita a assimilação, a distribuição de privilégios e a herança vitimizante, dependendo das possibilidades de ser lido, ou não, como brancos. "Esta dualidade poderosa ajuda a explicar a solidificação de representações do Holocausto como um acontecimento único e as impressionantes políticas de reparação concedidas à comunidade judaica."

65 A fusão entre as duas empresas originou a IG Farben, fundada em 1925, responsável pela produção do gás *Zyklon B* usado nas câmaras de extermínio dos campos de concentração.

66 FLAUZINA, 2014, p. 128.

como reparação histórica. A partir daí, foram criadas organizações como a fundação alemã Memória, Responsabilidade e Futuro que, em 2001, detinha 5 bilhões de dólares para a indenização das vítimas do Holocausto. Nesse mesmo ano, foi criada uma fundação austríaca de 1 bilhão de dólares, também para fins de reparação. Todo o conjunto de políticas reparatórias relacionadas ao genocídio antissemita garante que não haja violação do direito natural à memória coletiva dos judeus, representando:

> [...] o reconhecimento final de que o direito de um grupo existir é composto pelo direito de um grupo a ter um passado, uma narrativa histórica que sustenta a identidade coletiva baseada em padrões culturais, episódios épicos, mitos e também pelas tragédias partilhadas pelos membros de uma comunidade.[67]

A análise dos debates em torno da tipificação do genocídio demonstra o esforço em reduzir sua conceituação no campo jurídico, limitando as possibilidades e alcance de processos de responsabilização de estados e governos que se desenvolveram tendo como fundação corpos negros. Fica, então, explícita a estratégia branca de criar dispositivos legais que, em tese, criminalizam e repudiam ações genocidas, mas que não encontram o respaldo prático. Dessa maneira, desassociam-se do comprometimento alegado em suas justificações inflamadas, supostamente dispostas ao combate, prevenção e punição do genocídio, uma metodologia que resume muito bem a política antirracista brasileira, sempre voltada para a isenção da branquitude.

Foi, portanto, no contexto da guerra mundializada – através das experiências desenvolvidas nos laboratórios coloniais desumanizantes –, aplicadas nos campos de concentração – que se tornou possível condenar corpos (lidos como) brancos à inexistência. Esse tratamento – até então exclusivo para as *raças inferiores* – pode ser traduzido como uma condenação à negrura, pior sentença possível em termos de escala desumanizante.[68] Aplicável a corpos brancos, o extermínio colonial provoca comoção mundial. Como leciona Achille Mbembe, "[...] a conquista colonial revelou um potencial de violência até então desconhecido. Em

---

67 FLAUZINA, 2014, p. 131.

68 Levando em consideração as definições estabelecidas pela Igreja Católica, os indígenas teriam alma, por isso poderiam ser salvos através da catequização, diferentemente dos negros, cuja animalização possibilitou sua escravização sem qualquer risco à salvação branca e suas benesses para com o "próximo" que garantem um pedacinho em seu céu.

síntese, o que se testemunha na Segunda Guerra Mundial é a extensão dos métodos anteriormente reservados aos 'selvagens' aos povos 'civilizados' da Europa."[69]

Esse ineditismo resultou em uma *comoção racialmente seletiva*, que elege o holocausto judeu como maior ato terrorista da história e ignora mais de cinco séculos de desumanização negra no Brasil, negação que sustenta práticas exterminantes e eugênicas, formais e informais, contra a maior população negra fora de África – a maioria (ainda) dominada, taxada de "minoria". Mas esse "sentimentalismo narcísico" (comoção, preocupação e proteção) não é limitado ao genocídio antissemita.

Vemos, novamente, durante a guerra na Ucrânia,[70] alvo da invasão e dos mísseis russos, que a humanidade da branquitude produz uma mobilização mundial, com manifestações (inclusive dentro da própria Rússia) e apoio em diversos setores – econômicos, militares e humanitários que vão do voluntariado até a abertura de fronteiras com acolhimento dos refugiados. Algo nunca visto nas e com as diversas guerras ou contextos sócio-políticos produzidos pelo colonialismo em países africanos.

Na reafirmação da humanidade branca e da desumanidade negra, que não encontra qualquer fronteira, é possível vermos como corpos negros são extermináveis. Enquanto a branquitude consegue, e é auxiliada, a embarcar em trens para fugir da Ucrânia, com destino a diferentes países europeus – todos solidários e muito solícitos – pessoas negras são impedidas de entrar em trens para a Polônia,[71] cenas de um *apartheid* em tempos de guerra. Somos, mais uma vez, obrigados a ceder espaços à branquitude para que ela se salve, enquanto a nós recai a sentença de vidas desprezíveis, em qualquer lugar do mundo e em qualquer situação. Paz é um luxo que não temos!

O genocídio antinegro, portanto, é justificado e legalizado exatamente pelo não reconhecimento de sua manifestação, consequências, permanência e continuidade, pois encontra exclusão de tipicidade, num

---

69 MBEMBE, 2018, p. 32.

70 Deflagrada na madrugada do dia 24 de fevereiro de 2022, com um bombardeio da Rússia que concretizou suas ameaças de invasão, iniciadas em novembro de 2021, mesmo com a contrariedade e advertências de severas sanções por parte da Organização do Tratado do Atlântico Norte (OTAN).

71 BITTENCOURT, Julinho. Ucrânia: refugiados loiros de olhos claros têm prioridade; africanos são discriminados. Disponível em: https://revistaforum.com.br/global/2022/2/27/ucrnia-refugiados-loiros-de-olhos-claros-tm-prioridade-africanos-so-discriminados-110744.html. Acesso em: 27 fev. 2022.

paradoxo apenas aparente, na criminalização primária que repele e deslegitima sua multiformidade, cujos sentidos e dimensões seguem inalcançáveis e incompreensíveis pela dogmática penal, que cumpre, assim, sua função colonizante.

Movimentando o conceito de *genocídio cultural* como *comissão de frente*,[72] ao propor a reconceituação do tipo penal a partir de um saber criminológico afro-brasileiro que destaca as funções não declaradas do Direito Penal racista, busco expor, ainda mais, seus estreitos limites que aprisionam manifestações genocidas em sua razão interna, aquela produzida pela branquitude que a exime das responsabilidades e reparações decorrentes de suas ações e omissões, fazendo o mesmo com o Estado antinegro.

Nesse plano, como ponto de amarração dos sentidos apontados, importa frisar que, apesar vivenciarmos no Brasil o genocídio negro, nos próprios termos jurídicos, isto é, no campo formal (físico) – pois estão presentes todos os requisitos, objetivos e subjetivos, inclusive e sobretudo o dolo, seja por ação, omissão ou eventual – o genocídio do povo negro brasileiro inclui diversos métodos, todos violentos, manifestações diretas do nosso racismo e que precisam ser assim compreendidos para pensarmos na efetivação (ou não) da tutela jurisdicional prometida.

OLHAR DOGMATIZADO: ASPECTOS CONTEMPORÂNEOS E (DES)CRIMINALIZAÇÃO

> *O branco como senhor diz ao preto:*
> *"A partir de agora você é livre."*
> *Mas o preto ignora o preço da liberdade, pois ele não lutou por ela. De tempos em tempos ele luta pela liberdade, mas se trata sempre de liberdade branca e de justiça branca, de valores secretados pelos senhores.*

> Frantz Fanon, *Pele negra, máscaras brancas*

---

72 Responsável por apresentar e destacar alguns pontos importantes do enredo, ela não resume uma escola de samba. Por isso a etiqueta *"cultural"* não pode aprisionar, em seu campo, todas as questões e fatores transcendentais que são atingidas pelas manifestações do genocídio do povo negro.

Estabelecidas as bases primordiais do Direito Penal racista, retorno às linhas legalizadas que tipificam o crime de genocídio, emudecendo todas as suas facetas perante os limites (pré)determinados pela Lei nº 2.889/56 que replica, em seus termos, as disposições estabelecidas na Convenção para a Prevenção e Repressão do Crime de Genocídio da Organização das Nações Unidas, ratificada pelo Decreto nº 39.822/52. Em seu artigo 1º, as diretrizes normativas definem:

> Quem, com a intenção de destruir, no todo ou em parte, grupo nacional, étnico, racial ou religioso, como tal:
> a) matar membros do grupo;
> b) causar lesão grave à integridade física ou mental de membros do grupo;
> c) submeter intencionalmente o grupo a condições de existência capazes de ocasionar-lhe a destruição física total ou parcial;
> d) adotar medidas destinadas a impedir os nascimentos no seio do grupo;
> e) efetuar a transferência forçada de crianças do grupo para outro grupo.

Tomando a letra legal com parâmetro, matar um jovem negro a cada 23 minutos seria suficiente para tipificar o crime de genocídio. Entretanto, passados quase cinco anos desde a denúncia do genocídio negro, realizada pela Organização das Nações Unidas (ONU Brasil),[73] contabilizamos mais de 103 mil corpos pretos e nada foi efetivamente feito pelo Estado para enfrentar o problema e reduzir tais números, nem sequer fazer coro ao *"Vidas negras importam!"*.[74]

Considerando que esta denúncia apenas formaliza, num cenário internacional, o contexto que os Movimentos Negros revelam, há décadas (entre 2012 e 2017, foram registradas 255 mil mortes negras por assassinato), e que o número de corpos é incomensurável, impossível não questionar: importam para quem, *"cara pálida"*? A pergunta certa, porém, é: importam para quê?

---

73 Lançada em novembro de 2017, a campanha *"Vidas negras"* da Organização das Nações Unidas-Brasil, baseada no Mapa da Violência, da Faculdade Latino-Americana de Ciências Sociais (Flacso), demonstrou que a violência brasileira é motivada pelo racismo.

74 Tradução do *Black Lives Matter*, grito que ecoou pelo mundo após o assassinato George Floyd, é hoje uma fundação global. Foi criada em 2013 (após a absolvição de George Zimmerman – segurança de um condomínio e de ascendência hispânica –, pelo assassinato de Trayvon Martin), por três mulheres negras estadunidenses: Alicia Garza (da Aliança Nacional de trabalhadoras domésticas); Patrisse Cullors (Coalizão Contra a Violência Policial em Los Angeles); e Opal Tometi (da Aliança Negra pela Imigração Justa).

Para quem se vê naqueles corpos, nossa conjuntura é aterrorizante, já que minhas chances de ser morto é bem maior que a de qualquer homem branco (3,5 mais chances, segundo o Anuário Brasileiro de Segurança Pública 2022),[75] ainda mais após o resultado das eleições de 2018 quando o racismo deixa de ser "velado"[76] e o genocídio passa a ser transformado em plataforma política. A eleição de Jair Messias Bolsonaro representou o desvelamento do nosso racismo, manifestado por ele com orgulho, ao expor o ódio antinegro, incentivando, motivando e legitimando mortes negras, principalmente do homem negro. Vivemos uma espécie de *pós-democracia racial*, promovida pelo Estado de terror racial brasileiro, de fato e de direito.[77]

Esse estágio se caracteriza não pela superação da democracia racial, no sentido de aproximação em termos de equidade racial, mas demonstra, de modo inegável, o racismo e o genocídio sob os quais orbitam o governo federal e vários governos estaduais eleitos por reproduzirem as falas, posturas e discursos punitivistas do presidente da República. A necropolítica é reformulada como sucedâneo da segurança pública branca, com "políticas de abate", uso de *sniper's*, helicópteros blindados, homicídios por porte "ilegal" de guarda-chuvas, de furadeiras, ou carro metralhado pelo Exército. Por outro lado, as ações e omissões

---

75 FÓRUM BRASILEIRO DE SEGURANÇA PÚBLICA. Anuário Brasileiro de Segurança Pública. 2 ago. 2022. Disponível em: https://forumseguranca.org.br/anuario-brasileiro-seguranca-publica. Acesso em: 17 ago. 2022.

76 Apesar de ser comum ouvirmos a afirmação de que o racismo à brasileira é velado, em verdade, ele nunca o foi, bastando fazer o "teste do pescoço" e procurar a população negra em qualquer espaço (da super-representação em alguns à sub-representação em outros, que pode chegar – e não é difícil nos depararmos com – à inexistência, principalmente nos que detêm algum poder). O "véu" que recai sobre o racismo brasileiro diz respeito a uma comparação em relação ao *apartheid* sul-africano e ao racismo estadunidense. A ideia por traz do "velado" é que nosso racismo não seria tão explícito (?) quanto esses dois modelos e, portanto, bem menos violento (?).

77 Não é obra do acaso que, durante o governo bolsonarista, de janeiro de 2019 a maio de 2021, houve um crescimento de 270,6% de grupos neonazistas espalhados em mais de 530 núcleos extremistas e reunindo até 10 mil pessoas, prontas para ataques ou se organizando para isso. Cf.: FANTÁSTICO. Grupos neonazistas crescem 270% no Brasil em 3 anos; estudiosos temem que presença on-line transborde para ataques violentos. Globo, 16 jan. 2022. Disponível em: https://g1.globo.com/fantastico/noticia/2022/01/16/grupos-neonazistas-crescem-270percent-no-brasil-em-3-anos-estudiosos-temem-que-presenca-online-transborde-para-ataques-violentos.ghtml. Acesso em: 19 jul. 2022.

governamentais, em relação à pandemia causada pela Covid-19,[78] transformaram o vírus em arma eugênica apontada, especialmente, ao povo negro como uma continuidade do sonho, jamais abandonado, de um país embranquecido.

A "atitude suspeita", expressão utilizada para esconder o racismo que criminaliza a vida preta, determina que o "sagrado" *direito de ir e vir* é profanado a ponto de não ser recomendado ao homem negro, cuja morte pode ser, facilmente, forjada por "autos de resistência" (mesmo que muitos subsistam sob o codinome de "morte decorrente de intervenção policial").

Periculosidade e suspeição, não raras vezes, se alinham e baixam em corpos marginais, "confundidos" costumeiramente com o "traficante", autorizando sua sentença de morte. Mais uma vez, recorro ao paralelismo entre os sistemas de controle racial do Brasil e dos EUA por suas programações racistas que se reorganizam, rapidamente, em decorrência das demandas de novos contextos políticos, tutelando os direitos da branquitude ao longo da história sob discursos diferentes, alcançando o mesmo objetivo: o genocídio antinegro para assegurar a supremacia branca.

Nesse sentido, com Michelle Alexander, destaco como a "guerra contra as drogas" estadunidense, com seu discurso racialmente "neutro" e, por isso mesmo, aplicável a nível global, manteve o sistema segregacionista intacto após o colapso da antiga era *Jim Crow*.[79] A "guerra contra às drogas" é, na realidade, uma alteração padronizada nos sistemas racistas, semelhante ao que aconteceu com a escravidão e os linchamentos, devendo ser considerada o principal alvo do movimento negro,[80] não apenas pela segregação penal que, novamente, aproxima

---

78 De acordo com o Relatório da CPI da Pandemia, o número de óbitos entre a população negra é maior do que das demais raças no Brasil, sendo que, a taxa de mortalidade entre homens negros era de 250 por 100 mil habitantes enquanto a de brancos era de 157 óbitos por 100 mil habitantes. Cf.: RESENDE, Rodrigo. Relatório da CPI aponta que população negra foi mais atingida durante a pandemia. Disponível em: https://www12.senado.leg.br/radio/1/noticia/2021/10/29/relatorio-da-cpi-aponta-que-populacao-negra-foi-mais-atingida-durante-a-pandemia. Acesso em: 6 mar. 2022.

79 Conjunto de leis estaduais segregacionistas decretadas pelos estados do Sul dos Estados Unidos que vigoraram até 1965, quando foram substituídas por normas que asseguram o "iguais, mas separados".

80 ALEXANDER, 2017, p. 55.

os perfis das populações em situação de cárcere dos EUA e do Brasil, mas pelo genocídio legalizado, como acontece na Flórida, com a Stand Your Ground Law.[81]

Aliás, por aqui, a legalização do genocídio negro encontra fundamento na guerra antinegra chamada "contra às drogas" que manipula o "direito branco" de exterminar corpos negros, transformados em perigosos incorrigíveis pela comprovação científica do paradigma racista-etiológico que originou o *Direito Penal do autor*, como garantia da *ordem racista democrática* que alinhou discursos progressistas e métodos de dominação, controle e punição da monarquia escravagista.[82] Os contornos da matança do povo negro definidos com a abolição demonstram que nossa desumanização é a raiz mais profunda do sistema de controle brasileiro; seu DNA, transmitido pelo *sincretismo punitivo* que naturaliza desejos senhoriais incontidos de objetificação, mantendo o aparente paradoxo metodológico que produz corpos negros subjugados e mentes brancas tranquilas.[83]

Essa metodologia democrática da gestão punitivista racial – caracterizada pela ação racista que recusa o racismo – pode ser observada pelas chibatadas institucionalizadas pelos brancos da Marinha do Brasil como padrão de modulação, correção e punição, voltado a corpos negros que, impulsionados pelos direitos liberais, se insurgem sob o comando

---

81 A Lei estadual conhecida como *"não ceda terreno"*, foi aprovada em 2005, servindo de exemplo para mais 15 estados estadunidenses. Sob sua imperatividade, foi alterado, substancialmente, o conceito de legítima defesa que recebeu, do ressentimento branco pela "libertação" negra, a legitimidade da Castle Doctrine (Doutrina do Castelo), que, como sugere o próprio nome, o espaço do branco é seu castelo e, portanto, diante de qualquer ameaça, não se recua, se ataca até que cesse a ameaça, ou seja, a morte do inimigo. Essa ordem racista e colonial permitiu que George Zimmerman assassinasse Trayvon Martin, de 17 anos, que caminhava à noite pela calçada, usando o capuz de seu agasalho de moletom como proteção contra a chuva que caía. A legítima defesa antecedente legalizou a morte de Trayvon e, certamente, inspirou o pacote criminoso (intitulado "anticrime") do ex-ministro da justiça Sérgio Moro, cuja legítima defesa poderia ser reconhecida pelo *medo, surpresa ou violenta emoção*.

82 GÓES, 2016.

83 FLAUZINA, 2006, p. 61.

do Almirante Negro, João Cândido, exigindo o fim da "escravidão na Marinha", como explicita o manifesto.[84]

A resposta republicana seguiu a cartilha da abolição, prometendo a anistia que logo se mostrou falsa e, assim como em todos os levantes negros (coletivos ou individuais), o Estado racista demonstrou sua natureza traduzida na obrigatoriedade da subserviência negra. Toda tentativa de subversão da ordem racista, mesmo despossuída da consciência de sua radicalidade – resultado do nosso processo de educação que possibilita a *quilombação* –, impele exclusão, tortura e morte, como efeitos herdados do sistema escravagista e, portanto, inafastáveis de nosso sistema punitivista, não podendo ser, de forma alguma, entendidos como exceção ou como resultados esporádicos ou circunstanciais.

Esse episódio revela a ideologia programática do Código Penal de 1890, promulgado com a urgência que a modernização punitiva republicana necessitava para impedir a desordem racial, buscando conciliar o *Direito Penal declarado* – que confere legalidade do "direito de punir" através do processo desenvolvido pelo sistema de (in)justiça racista – e o *Direito Penal paralelo*, legitimado por premissas racistas-criminológicas intransponíveis e indispensáveis na proteção da sociedade branca. Instituindo a pena de morte paralela como legítima defesa da sociedade, as proibições e restrições filosóficas imaginadas como contenção da arbitrariedade estatal são ignoradas. Assim, os valores e ditames filosóficos não foram capazes de obstaculizar a necropolítica como resposta natural(izada), decretada e executada pelas agências policiais que consolidam a "subcidadania" negra, legalizando o *Direito Penal do autor racialmente construído*.

É, portanto, dentro da lógica punitivista antinegra que a nossa "guerra contra às drogas" mira corpos coisificados de uma "quase gente" cujo único "direito" é (ainda) ser violentada, modernizando o genocídio negro sob discursos que envolvem a maconha. Com efeito, é evidente a manipulação dos discursos e punições sobre o uso e comércio da maconha ao longo da história, de Palmares,[85] percorrendo o século XVII, quando seu plantio e uso se davam nas (e pelas) propriedades escra-

---

84 Documento que elencava as reivindicações dos marinheiros, "cidadãos brasileiros e republicanos", que exigiam: "Desapareça a chibata", sob pena de bombardear a capital do país e embarcações hostis.

85 CARNEIRO, 2011.

vocratas,[86] até sua difusão nos espaços urbanos, que foi incrementada *pari passu* com o "aumento" da liberdade negra, culminando com a criminalização do comércio e uso do *fumo de negro* em 1830.[87]

Assim, controlando e acompanhando os passos negros após a abolição, a guerra racista vai se militarizando até ser declarada em 1930, com o combate ao "comércio" e uso do *fumo de negro*, que justificou violências físicas, torturas, criminalizações e práticas exterminantes – a título de preservação "saúde pública", direcionadas a quem nunca teve direito à saúde. A essência genocida do sistema de controle racial brasileiro atribui respostas óbvias e inequívocas aos problemas criados pela garantia da preservação dos direitos da branquitude. A gestão punitiva racial resultou no extermínio massivo de corpos negros – independentemente de suas idades –, sob a chancela do Estado que incutiu no discurso proibicionista o sonho higienista e a programação eugênica não declarada legalmente até a Constituição de 1934.

Se, ao contrário do usuário, o "traficante" oitocentista não representava nenhum risco à sociedade, hoje, a equação racista se inverte para proteger a branquitude, facilmente identificada como usuária e com enormes chances de não ser selecionada/criminalizada (salvo por exceção). Ao contrário, o traficante, por sua vez, deve ser morto ou preso (preso e depois morto, ou, ainda, morto depois preso para forjar as execuções). A "distinção" entre a figuras, ou seja, em quem deve morrer ou viver, encontra parâmetros objetivos, preenchíveis subjetivamente nos termos o art. 28, § 2º, na Lei nº 11.343/06, que legaliza o *Direito Penal do autor e a pena de morte paralela* pela racialização promovida pela branquitude, colonizadora do sistema de (in)justiça.

O extermínio do *outro* evidencia a funcionalidade da identificação racial de ser ou não semelhante (e à quem!), eis que o objetivo da guerra nunca foi, e jamais será, a eliminação das drogas consideradas ilícitas – necessárias e utilizadas amplamente pela branquitude. Dito de outro modo, a conveniente "guerra às drogas" é manipulada como mero pretexto para a continuidade da nulificação de corpos pretos, expurgando qualquer traço daquela legalidade justificante declarada, mas em consonância perfeita com os ditames constitucionais que ava-

---

86 FREYRE, 2013, p. 36.

87 O "pito de pango" era comercializado nas *pharmácias*. Com a criminalização, o boticário era multado, enquanto o negro, escravizado ou livre, era preso. Cf.: BARROS; PERES, 2011.

lizam a guerra racial "em tempos de paz", sem produzir qualquer conflito normativo.

Estabelecendo, no mesmo dispositivo fundamental, o direito à vida (art. 5º, *caput*) e à morte (art. 5º, XLIII), a chancela constitucional à necropolítica ressoa o ideário "*Lei e Ordem*" que determina as prioridades de uma sociedade racista: a morte negra como sucedâneo de ordem, autorizando o recrudescimento punitivista pela repressão ao "*tráfico ilícito de entorpecentes e drogas afins*", certificando sua hediondez que reformula o sonho da redenção de *Cam*.[88] A metodologia *draculesca* revela a necessidade diária de sangue negro para a preservação da "saúde pública", supervisionada pelo Judiciário, que revela ignorância em relação ao bem jurídico "mais valioso",[89] demonstrando que essa "justiça", mesmo que seus olhos fechados não vejam raça (pois "todos somos humanos"), não se preocupa com a inclinação racial pré-ordenada de sua balança, muito menos com o lado que recebe, diariamente, os sucessivos golpes de sua espada.

Se o conflito aparente de normas constitucionais fosse instado, considerando as discussões e soluções que a dogmática apresenta sobre o tema, nossa política criminal de drogas teria outra cariz. Entretanto, atrelada à sua matriz racista a mensagem é contundente: *Vidas negras não importam*! Declara-se o genocídio negro, consentido democraticamente, por meio de o Brasil atestar a natureza imodificável de sua estrutura colonial(izante), isto é, sua *delinquência racista antinegra nata*,[90] que faz da "guerra às drogas" uma das manifestações da nossa necropolítica, pois, dos 6.145 mortos em intervenções de policiais,

---

88 Pintada pelo artista espanhol Modesto Brocos, em 1895, a obra projeta o futuro que espelha a grandeza racista do Estado brasileiro, alcançável com o desenvolvimento de seu projeto político de branqueamento através da miscigenação.

89 Seguindo as diretrizes jurídicas, se a vida é nosso bem jurídico mais valioso e, como expressão do princípio da igualdade, todas são iguais, devendo ser protegidas igualmente, quanto, ou o que, vale a vida negra para o sistema de justiça da branquitude?

90 Será interessante observar os defensores do paradigma racista-etiológico, que redefiniram suas ideias sobre a simplória frase "*bandido bom é bandido morto*", se (dis)torcendo em inúmeras acrobacias teóricas para negar minha disposição reversa sem cair em contradições lógicas! Seja como for, advirto que essa natureza é imodificável em termos racistas, ou seja, enquanto o genocídio for sua estrutura (que pode sim, ser desconstruída, dando margem à uma construção antirracista).

84,1% eram negros, e que dos 190 policiais assassinados em 2021, 67,7% também eram negros.[91]

Nesse contexto, temos que a Lei nº 2.889/56 tipifica o crime de genocídio quando se promove mortes de membros de um grupo racial nacional com a intenção de destruí-lo, mesmo que parcialmente (art. 1º, "a"). A nossa política antidrogas, por sua vez, é estruturada no Direito Penal do autor racialmente construído (Lei nº 11.343/06, art. 28, § 2º) e, sob a forma de "guerra às drogas" fundamentada em uma política da inimizade racial, se apresenta como uma guerra racista antinegra. Essa guerra tem sido manipulada como instrumento de continuidade do embranquecimento do país, projeto de Estado jamais abandonado, sequer suspenso. Diante disso, é preciso que a análise jurídica sobre as costumeiras "chacinas" seja alterada.

As incursões e operações militares que ocorrem em áreas marginalizadas – assim constituídas por serem territórios racializados, logo territórios negros (mesmo que haja presença branca, de modo muito inferior) –, não visam à prisão e, consequentemente, a reintegração do inimigo,[92] mas à neutralização do "elemento perigoso", à sua morte.

Assim, a *pena de morte paralela*, legitimada como defesa da "sociedade de bem", é o resultado lógico, esperado e desejado por essa política, isto é, a destruição física de parte do povo negro com o dolo previamente estabelecido pela motivação do confronto que nem sempre ocorre (muitas vezes é forjado). Esse aparato necropolítico sempre vitimiza pessoas negras, independentemente de terem "envolvimento com o tráfico de drogas" (o que jamais pode justificar assassinatos), a ponto de podermos até pensar em termos de dolo eventual. As chamadas "chacinas", portanto, são crimes de genocídio antinegro e assim devem ser manuseadas, pois os efeitos jurídicos desse reconhecimento possibilitam explicitar que essa guerra é racista e que o agente ativo é, também, o Estado brasileiro.

Elencados alguns aspectos e resultados do genocídio físico – que revelam como os elementos necropolíticos que produzem esse resultado são sistematicamente manipulados pelo Estado ou, pelo menos, não impedidos (omissão estatal dolosa) –, é preciso nos ater (para nos atar)

---

91 Anuário Brasileiro de Segurança Pública-2022.

92 "Traficantes" e "marginais" em sentido mais amplo, que são facilmente identificados em todos os corpos negros que (sobre)vivem à margem da tutela estatal e, por isso, não possuem o direito constitucional à vida.

às suas implicações metafísicas reconhecidas, em tese, nas disposições da Lei nº 2.889/56 ao tipificar o crime quando há *"atentado grave à integridade mental de membros do grupo"* (art. 1º, "b"). Sob os termos de *"integridade mental"*, aponto para duas exteriorizações genocidas não alcançadas pela criminalização secundária, pois derivam de processos socializantes envoltos em um invólucro naturalizante das expressões da violência e dominação racial que escamoteiam e ignoram toda a complexidade e dimensão da existência do *Ser-negro diaspórico*.

Pensando com Franz Fanon, a lesão à psique negra é demonstrada pela sentença colonial ao embranquecimento como pressuposto de reconhecimento e igualdade, promessas irrealizáveis, mas que emanam a coercibilidade advinda das múltiplas máscaras que refletem apenas o branco não isentando corpos negros de vivenciarem as práticas traumáticas decorrentes do racismo. Diagnostica-se aqui a chamada *negrofobia*, caracterizada pela inclusão excludente que fratura subjetividades para interiorizar um complexo de inferioridade, epidermizado e cômodo, resultante do "narcisismo no qual os negros buscam a ilusão dos espelhos que oferecem um reflexo branco".[93]

Decorrente da violência desumanizante imposta pelo mundo branco, a vergonha existencial é um sentimento comum à vivência negra, potencializando o sofrimento psicológico inato ao descobrimento e (re)conhecimento da negridão que traz em seu bojo a dor da consciência de tudo que nos foi arrancado. Esta é substituída por representações do lado repulsivo da personalidade humana que desencadeiam processos de somatização da inferioridade, do fetichismo, da exotização, da alma esbranquiçada e, sobretudo, da corporificação do *"y'a bon banania"*, o lugar pré-estabelecido de subserviência que concretiza a condição de integração social do negro.

Nesse sentido, como nos recordar Fanon,

> Na Europa, o preto tem uma função: representar os sentimentos inferiores, as más tendências, o lado abscuro da alma. No inconsciente coletivo do *homo occidentalis*, o preto, ou melhor, a cor negra, simboliza o mal, o pecado, a miséria, a morte, a guerra, a fome.[94]

Nas *Memórias da plantação* trazidas em nossos corpos, Grada Kilomba (re)lembra feridas jamais tratadas e (re)vivificadas em lugares que comungam negação e glorificação de seus históricos coloniais. Essa

---

93 FANON, 2008, p. 15.

94 FANON, 2008, p. 161.

realidade obstaculiza práticas de cuidado, curadoras e reparadoras de nossas raízes, enquanto (re)elaboramos as repercussões traumáticas de lavouras das quais somos frutos, aprisionados como objetos prensados pela colisão entre o presente e aquele passado agonizante.[95]

Das máscaras do silenciamento que nos amordaçam e impedem que nos alimentemos (física, mental e coletivamente) à alienação que insculpe o inconsciente negro, somos confrontados diariamente com imagens irreais/irracionais da negritude que reforçam estereótipos racistas. Estas imagens nos atormentam, provocando decepções e traumas psíquicos, elaborados não a partir da autoafirmação, mas pelo auto-ódio que funciona como catalisador e irradiador de valores brancos (re) afirmados, na tentativa vã de proteção contra a opressão racista.

> Que alienação, ser-se forçada/o a identificar-se com os heróis, que aparecem como *brancos*, e rejeitar os inimigos que aparecem como *negros*. Que decepção, ser-se forçada/o a olhar para nós mesmas/os como se estivéssemos no lugar delas/es. Que dor, estar presa/preso nessa ordem colonial. Essa deveria ser nossa preocupação. Não deveríamos nos preocupar com o *sujeito branco* no colonialismo, mas sim com o fato de sujeito negro ser sempre forçado a desenvolver uma relação consigo mesma/mesmo através da presença alienante do *"outro branco"* (Hall, 1996). Sempre colocado como "Outra/o", nunca como "Eu".[96]

A violência bárbara do mundo branco produz, incessantemente, sofrimento e dor ao nos projetar como incompatíveis, deslocados por uma conflitualidade que se perfaz num "círculo infernal" expresso na linguagem do trauma, compartilhada pelos outrificados.

> Como a maioria das pessoas *negras* o faz quando fala sobre experiências cotidianas do racismo, indicando o doloroso impacto corporal e a perda característica de um colapso traumático, pois no racismo o indivíduo é cirurgicamente retirado e violentamente separado que qualquer identidade que ela/ele possa realmente ter.[97]

Lélia Gonzalez vai nos (re)lembrar que, como herdeiras/os das ideologias, estruturas e técnicas ibéricas de estratificação altamente racializadas, foi dispensável um sistema de controle segregacionista explícito/ aberto, prevalecendo um modelo de sociedade racista por *denegação*. Desse modo, foram agenciadas, pelo Estado, políticas antinegras ao defender-se da acusação que estas lhe são pertencentes, sintoma da

---

95 KILOMBA, 2019, p. 30.

96 KILOMBA, 2019, p. 39.

97 KILOMBA, 2019, p. 39.

neurose cultural brasileira, acentuada pela ideologia do branqueamento, que torna meramente formal o princípio da igualdade – uma vez que o compromisso do Direito Penal é com a manutenção das desigualdades raciais e dominação branca.

Nesse sentido, a sofisticação do nosso racismo lhe permite reproduzir, massiva e incansavelmente, com fins de perpetuação:

> [...] a crença de que as classificações e valores do Ocidente branco são os únicos verdadeiros e universais. Uma vez estabelecido, o mito da superioridade branca demonstra sua eficácia pelos efeitos do estilhaçamento, da fragmentação da identidade racial que ele produz: o desejo de embranquecer (de "limpar" o sangue, como se diz no Brasil) é internalizado, com a simultânea negação da própria raça, da própria cultura.[98]

Essa condição quase insuportável de ser apagada/o e segregada/o de si – massacrada/o pela sanha desumanizante que jamais deixa de reconhecer e outrificar corpos negros – é o limite que marca a necessidade de se (re)conhecer, de se curar, de *renascer*. Para isso, bell hooks aposta no amor pela negritude, responsável pelo (re)despertar o reencontro como cura das mazelas que nos afligem, açoitam, cortam nosso ser em sua amplitude, uma vez que:

> Enquanto as pessoas negras forem ensinadas a rejeitar nossa negritude, nossa história e nossa cultura como única maneira de alcançar qualquer degrau de autossuficiência econômica, ou ser privilegiado materialmente, então, sempre haverá uma crise na identidade negra. O racismo internalizado continuará a erodir a luta coletiva por autodefinição. Massas de crianças negras vão continuar a sofrer de baixa autoestima. E, ainda que sejam motivados a se empenhar ainda mais para alcançar o sucesso, porque desejam superar os sentimentos de inadequação e falta, esses sucessos serão minados pela persistência da baixa autoestima.[99]

Todo o incomensurável rol de violências genocidas recai com maior força e brutalidade sobre as mulheres negras, não apenas por questões de demonstração de poder e desejo de objetificar, mas por serem geradoras de todas as vidas, por serem, sobretudo, a matriz da negritude. Em seus ventres, colos, braços e abraços, sentimos, mesmo que indiretamente (porque elas nos protegem), a violência potencializada pelos cruzos interseccionais. Portanto, são elas que nos ensinam a resistir e

---

98 GONZALEZ, 1988, p. 73.

99 HOOKS, 2019, p. 60.

lutar; são elas que movimentam a saberia, força e amor das *Yabás*,[100] alimentando e nutrindo nossos corpos e o corpo coletivo, consolidado pelos elos gestados na cabaça-útero que também enraíza o esperançar pelo bem-viver vindouro.

Assim o feminicídio negro, radical e estrutural, é, também, uma das facetas da necropolítica, ou, nas palavras de Lívia Sant'Anna Vaz e Chiara Ramos, um dos tentáculos de nosso genocídio cujo reconhecimento pelo Direito Penal se restringe à manifestação direta.[101] O resultado é a invisibilização de todas as manifestações que enlaçam violências coloniais, racistas e antinegras que são (re)produzidas, inclusive por nós, homens negros, cuja isenção, silenciamento e não reconhecimento nos faz cumplices e, portanto, *capitães do mato* abrindo trajetos para o apagamento das violências sofridas por mulheres negras e seus silenciamentos (feminicídio político). Somos nós que auxiliamos a branquitude a repetir o mascaramento de Anastácia! Nas palavras das juristas negras:

> O feminicídio negro também tem como elemento essencial a *objetificação e controle* dos nossos corpos, que são os mais vitimados pelas consequências da proibição do aborto, os escolhidos pelos programas de esterilização – desenvolvidos sob o pretexto de planejamento familiar – e, ainda, os mais atingidos pelo encarceramento em massa. Esse projeto de dominação sobre nossos corpos está associado à criação e manutenção de obstáculos para que mulheres negras acessem espaços de poder e possam decidir sobre os rumos de suas próprias vidas, mas também interferir nos projetos políticos da sociedade e do Estado.
>
> Outra vertente de consolidação desse fenômeno é o apagamento de nossas memórias enquanto sujeitas coletivas, bem como de nossos saberes ancestrais, [...] invisibilizando nosso protagonismo na história e nos colocando na condição de objeto de pesquisas e de políticas públicas, mas não como produtoras de conhecimentos.[102]

Se o acesso à "cultura afro" – pensando cultura como um invólucro de fundamentos negros existenciais – é fator preponderante às projeções positivas que estilhaçam o branqueamento (atentado incessante à saúde mental negra), a negação do direito à cultura matricial (sucedâneo da dignidade humana, direito fundamental e garantia constitucional) desmancha as imposições que tipificam o genocídio, demonstrando

---

100 Em *yorubá*, "mãe", "senhora", "aquela que alimenta seus filhos". O termo refere-se, assim, aos orixás femininos.

101 VAZ; RAMOS, 2021, p. 92.

102 VAZ; RAMOS, 2021, p. 106.

que suas limitações jurídicas não são sem razão. Isso porque matar a essência de um povo é extirpá-lo, ação prevista, também, na transferência forçada de crianças do grupo dominado para o grupo dominante (art. 1º, "*e*"). Esse deslocamento não necessita ser físico para alcançar os objetivos letais e hediondos que resultam em assimilação pela destruição de fatores identitários coletivos, estabelecendo em termos legais, um arranjo relacional com a amplitude imaterial do genocídio negro.

Essa dimensão envolve aspectos que formam subjetividades forjadas pela negritude e que a caracterizam como produto da identidade afrodiaspórica, pensada aqui como um conjunto de representações alinhavadas à pele preta e que tecem as tramas do sentimento de pertencimento e (re)conhecimento diante de experiências históricas em comum, códigos (com)partilhados que se apresentam como referências e conferem sentidos ao modo de *ser, estar, resistir e existir*.

A essencialidade da identidade negra, diz Stuart Hall, não significa imanência ao desejo de retorno ao passado; não é imaginária, mas política, com efeitos reais, materiais e simbólicos, modulada pela história e que possui suas histórias.

> O passado continua a nos falar. Mas já não é como um simples passado factual que se dirige a nós, pois nossa relação com ele, como a relação de uma criança com a mãe, é sempre já "depois da relação". É construído sempre por intermédio da memória, fantasia, narrativa e mito. As identidades culturais são os pontos de identificação, os pontos instáveis de identificação ou sutura, feitos no interior dos discursos da cultura e da história. Não uma essência, mas um *posicionamento*.[103]

Em termos de direito a preceitos identitários, corolários de valores civilizatórios afro-brasileiros dogmatizados na "cultura negra", a Lei nº 10.639/2003 é uma conquista histórica, ao estabelecer como diretrizes e base da educação nacional no ensino fundamental e médio, oficiais e particulares, o ensino sobre a História da África e dos Africanos, a luta dos negros no Brasil, a cultura negra brasileira, a influência e legado do povo negro na sociedade. A legalização do acesso à negritude deveria garantir profundas alterações nas relações raciais se a educação brasileira não tivesse a natureza antinegra, eugênica (em formatos menos ou mais explícitos[104]), cumprindo sua função, enquanto agência de contro-

---

103 HALL, 1996, p. 70.

104 Lembremos da política educacional eugênica de Getúlio Vargas, na Constituição de 1934, e sua modernização do projeto de embranquecimento nacional com a

le informal, de zelar pela manutenção da supremacia branca, ignorando a imperatividade estatal, com endosso do nosso "*custos legis*".[105]

É, portanto, através do olhar branco sobre o complexo cultural afro-brasileiro que corpos negros produzem um não-reconhecimento ou um reconhecimento esbranquiçado, envolto na "fumaça do bom direito" que distorce e extrai sua essência, sintomas das profundas lesões que depreciam a negritude, obstruindo movimentos subversivos. Ao negar acesso de pessoas negras à sua herança por meio do caminho (des) educacional, nega-se o direito fundamental à vida. Negligenciam-se vínculos identitários que culminam com a aniquilação do *Ser-negro* e do seu pertencimento ao sujeito coletivo, impedindo o (re)aprendizado do passado, da sua cultura e história, o reconhecimento de seus ancestrais e a assunção da responsabilidade de ajudar outras pessoas negras a descolonizar seus pensamentos.[106]

Considerando, então, o precedente histórico criado pelas responsabilizações do genocídio antissemita, apartado dos parâmetros legais definidos pela Convenção, o conceito de *genocídio cultural* – que denota ameaças à existência de uma coletividade através da destruição de seus fundamentos essenciais à sua vida, desintegrando instituições, cultura, sentimentos, religião, liberdade, saúde, dignidade etc. –, e o descumprimento das disposições da Lei nº 10.639/2003, aponto para o cometimento do crime de genocídio pelo estado brasileiro, de modo permanente, ao provocar lesões graves à integridade mental do povo negro, nos termos estabelecidos pelo art. 1º, "*b*", da Lei nº 2.889/56.

---

política imigrantista na "Polaca", que o fazem o "pai da branquitude".

105 Em 2017, como coordenador do S.O.S. Racismo, em uma reunião com o Procurador-geral do MPSC para fiscalizar e zelar o cumprimento da lei pelas instituições de ensino da Grande Florianópolis, ao invés de reforçar o dever e a função do "*parquet*" nesse sentido, o Procurador-geral, ao contrário, justificou a omissão, negligência e concordância da instituição com o descumprimento legal com a autonomia funcional dos/das promotores/as, diante da qual não poderia intervir, porém, iria pensar em uma capacitação.

106 HOOKS, 2019, p. 61.

DIREITOS HUMANOS E EPISTEMICÍDIO: A DECLARAÇÃO UNIVERSAL DO RACISMO ANTINEGRO

Não aceito mais nenhuma forma de paternalismo, especialmente intelectual. Como o jovem branco, eu adquiri instrumentos para o meu conhecimento através do estudo da história, na qual acredito totalmente. São instrumentos adquiridos na cultura branca ocidental, portanto nada deixo a dever a ele. Entretanto, como me disse a pessoa que mais amo, um negro, meu marido, as coisas que reflito neste momento já existiam no ventre de minha mãe, num quilombo qualquer do Nordeste, na África, aonde já não quero nem posso mais voltar. Portanto, em minha raça, na história do homem.

Beatriz Nascimento, *Uma história feita por mãos negras*

Pensar na Segunda Guerra Mundial, para grande parte da academia, é lembrar a maior atrocidade cometida pela humanidade, cuja criatividade violenta não encontra limites e provocou fraturas irrecuperáveis pela inclinação à *"banalidade do mal"*[107] que sedimenta possibilidades infinitas não apenas de destituir a condição de humanidade do *outro*, mas de naturalizar tal desumanização. Sendo assim, na historicidade do segundo conflito de viés globalizado, o pós-guerra deveria significar a reconstrução da humanidade (?) e dos direitos humanos, como paradigma "norteador"[108] de um novel referencial moral e ético, de caráter fundamental na ordem jurídica internacional contemporânea.

A busca pela justiça diante dos horrores do holocausto trouxe várias questões sensíveis, orientando o redimensionamento dos direitos fundamentais que passam de um minimalismo - restrito ao domínio estatal e isento de interferências – para uma posição supranacional – que não se limita, portanto, a nenhum Estado específico em suas relações para com a comunidade internacional. Os direitos humanos passam a

---

107 ARENDT, 1999.

108 Como "costume" colonizante, o uso do "norte", como indicativo de sentido, aponta para o Centro (Europa e EUA), ou seja, uma declaração do *Eucentrismo* típico da branquitude que se coloca na posição de conduzir as Margens (África e *Améfricaladina*), determinando suas diretrizes. Tudo, nessa perspectiva alienante, só faz e encontra sentido desde lá e é por isso que o termo é utilizado aqui!

ser concebidos como barreiras ao exercício do poder punitivista estatal – sempre tendente ao absolutismo – perante acusações no âmbito criminal, impulsionado pelo apelo da população por justiça, manifestada no sentido de vingança, principalmente nos casos veiculados pelos meios de comunicação de massa que produzem comoção pública.

As fronteiras do direito internacional são reconstruídas, flexibilizando ainda mais as fronteiras da soberania já superadas pelo (neo)liberalismo econômico, para posicionar no centro de gravidade do sistema jurídico internacional a pessoa como base inescusável de direitos humanos. Emerge assim, de um direito internacional que fundamentava a soberania nos princípios da reciprocidade, exclusividade da competência nacional e da não intervenção, um direito internacional dos direitos humanos, que se estabelece na lógica axiológica da dignidade da pessoa humana. Essa nova base principiológica impõe, com força normativa, o reconhecimento a todo ser humano, em qualquer parte e em qualquer época, de um mínimo de direitos fundamentais, irrenunciáveis e intransponíveis.

Marco fundante desse novel modelo político preventivo – focado em evitar a repetição de violações iguais ou semelhantes àquelas ocorridas durante a Segunda Guerra Mundial –, a Carta das Nações Unidas, de 1945, consolida o movimento de internacionalização dos direitos humanos, ao estabelecer a importância de se defender, promover e respeitar os direitos humanos e as liberdades fundamentais. Naquele mesmo ano, é criada a Organização das Nações Unidas (ONU), entidade intergovernamental voltada para promover a cooperação internacional na tutela dos direitos elencados na *Declaração Universal dos Direitos Humanos* (1948).

A ONU substituiu a Liga das Nações, organização internacional idealizada durante as negociações da Conferência de Paz de Paris e instituída pelo Tratado de Versalhes, que elencava princípios, valores e diretos de caráter individual, coletivo e transindividual. A Declaração Universal dos Direitos Humanos inaugura não apenas uma nova era em termos de direitos, mas uma nova gramática que fundamenta as reivindicações políticas, eis que, desde então, não se discute mais a existência, ou não, de direitos inerentes à condição da pessoa humana, mas sua eficácia e efetividade.

Em seu preâmbulo, a Declaração proclama o propósito de promover o reconhecimento universal dos direitos humanos e das liberdades fundamentais como:

[...] ideal comum a atingir por todos os povos e todas as nações, a fim de que todos os indivíduos e todos os orgãos da sociedade, tendo-a constantemente no espírito, se esforcem, pelo ensino e pela educação, por desenvolver o respeito desses direitos e liberdades e por promover, por medidas progressivas de ordem nacional e internacional, o seu reconhecimento e a sua aplicação universais e efectivos tanto entre as populações dos próprios Estados membros como entre as dos territórios colocados sob a sua jurisdição.[109]

O processo de universalização dos direitos humanos influencia profundamente as constituições modernas e estabelece, a partir de princípios e regras gerais, as bases fundamentais para a formação de um sistema internacional com objetivos preventivos, fiscalizadores e repressivos no âmbito das Nações Unidas.

Não obstante a emergência desse novo ordenamento afronteiriço, tal "evolução normativa" demonstra que sua motivação foi o racismo antissemita. Com efeito, a mudança só ocorre após a estrutura genocida ser manipulada por Adolf Hitler com a finalidade de coisificar corpos brancos – *inferiores* à raça ariana por sua ancestralidade *semita* –, nos exatos termos da hierarquização racial que configurou o "segundo *apartheid* criminológico",[110] impondo a mobilização da categoria jurídica racial para tutelar corpos lidos como brancos, que **não serão** alvos do racismo enquanto sua "judeitude" não for descoberta, pois, como diz Fanon, ela "[...] não está integralmente naquilo que é."[111]

Enquanto "problema mundial", o racismo só se tornou preocupante por ter gestado o nazismo e o fascismo, impondo enfrentamento e "solução" a nível internacional por ameaçar a própria "raça branca" (cumplice de Hitler antes de ser sua vítima e este foi seu crime, a humilhação do homem branco[112]), sem, no entanto, alterar a naturalização do racismo antinegro, mantido à sombra da comoção típica da branqui-

---

109 "Considerando que é essencial a proteção dos direitos do Homem através de um regime de direito, para que o Homem não seja compelido, em supremo recurso, à revolta contra a tirania e a opressão." Imprescindível destacar tal excerto disposto nas considerações introdutórias da Declaração, pois é dele que se extrai a base do direito de resistência, incluída a desobediência civil, como sendo um instrumento de defesa social da ordem democrática face às ilicitudes diante do descumprimento dos direitos universais.

110 ZAFFARONI, 1988, p. 191.

111 FANON, 2008, p. 108.

112 CÉSAIRE, 2020, p. 18.

tude. Sem qualquer contradição, no mesmo contexto da universalização dos direitos humanos tem início o regime do *apartheid* na África do Sul, idealizado e implementado pelo primeiro-ministro, o pastor protestante Daniel François Malan, subsidiado financeiramente pela Inglaterra.

É dizer que a criminalização do genocídio, como resposta ao holocausto antissemita, coincide com a criminalização racial antinegra e sua desumanização, manifestada de forma segregacionista e devidamente endossada pela legalidade, em descompasso com o enredo universal da igualdade, principalmente em termos de princípio da não-discriminação, mas no tom exato das normatizações objetificantes, essência do sistema de controle colonial a serviço da branquitude sul-africana. Esse cenário, forjado na coerência da branquitude, decifra a "substituição" do paradigma da soberania estatal pelo paradigma humanista que assenta a supremacia branca no cenário internacional, não mais limitada por barreiras jurídicas (que ela mesma define).

Os direitos humanos, assim, passam a constituir as plataformas dos Estados sobre as quais um novo modelo de constituição será projetado, colocando-os como pilar de sustentação das normas constitucionais. Por conseguinte, dá-se sua intensa difusão e promoção nos cursos e carreiras jurídicas numa perspectiva brancocêntrica. De fato, a hegemonia da branquitude no campo jurídico determina as pautas de resgate das violências sofridas, bem como seu combate e prevenção, narrativa que atrela (des)importância de reconstituição do genocídio negro vivido/vívido à faceta cruel do direito à memória negra, refletida nos traumas raciais/coloniais, vinculando-se ao direito à identidade, antes mencionado.

Conforme os ensinamentos de Muniz Sodré, aquele humanismo declarado e universalizado é herdeiro da concepção renascentista de humanidade, que arquitetou matanças, determinou padrões humanistas que gestaram o nazi-fascismo e legalizou a outrificação desumanizante que torna todo racista humanista, tudo isso concebido como legítimo através da dominação europeia em escala global. Para ele,

> [...] essa ideia de "humanidade – fachada ideológica para a legitimação da pilhagem dos mercados do Sudoeste Asiático, dos metais preciosos nas Américas e da mão de obra na África – consolida-se conceitualmente, na medida em que contribui para sustentar o modo como os europeus conhecem a si mesmos: "homens plenamente humanos" e aos outros como "*anthropos*", não tão plenos. O *humano* define-se, assim, de dentro para fora, renegando a alteridade a partir de padrões hierárquicos estabelecidos pela cosmologia cristã e implicitamente referendados pela filosofia secular. Desta

provém o juízo epistêmico de que o Outro (anthropos) não tem plenitude racional, logo, seria ontologicamente inferior ao humano ocidental. É um juízo que, na prática, abre caminho para a justificação das mais inomináveis violências.[113]

Assim, a negação do genocídio é mais uma de suas manifestações, apagando os "antecedentes criminais" da branquitude, sua "ficha corrida" que é desentranhada das narrativas históricas; um "esquecimento" que recompõe a desumanização colonial através do epistemicídio. Um instrumento de dominação e controle caracterizado pelo silenciamento que objetiva o apagamento de saberes não-brancos através do monopólio branco sobre o lugar de "produção" do conhecimento, que orbita sobre si e ocupa a norma e o normal. A própria história colonial se autocategoriza como um modelo humanista (que pretende) uníssono, fundado na "negação da plena humanidade do *Outro*" – como leciona Sueli Carneiro –, estabelecendo sua construção na destruição do outro, na existência do *Ser* paralelamente à exigência (diante), do *Não-Ser*. Nas palavras de Sueli Carneiro,

> O Não-ser assim construído afirma o Ser. Ou seja, o Ser constrói o Não-ser, subtraindo-lhe aquele conjunto de características definidoras do Ser pleno: auto-controle, cultura, desenvolvimento, progresso e civilização No contexto da relação de dominação e reificação do outro, instalada pelo processo colonial, o estatuto do Outro é o de "coisa que fala".[114]

O epistemicídio[115] normatizado resulta no reconhecimento do *Ser-branco* sobre o soterramento do *Não-Ser-negro*, outra manifestação da relação narcísica apontada por Fanon, comprometida com o embranquecimento da história, pois só assim ela pode ser reconhecida como

---

113 SODRÉ, 2017, p. 14-15.

114 CARNEIRO, 2005, p. 99.

115 Utilizo o conceito de epistemicídio, a partir de Sueli Carneiro que introduz na ideia de Boaventura de Sousa Santos o racismo antinegro, e não de *racismo epistêmico* de Grosfoguel por entender que não é apenas uma forma de inferiorizar nossos conhecimentos para produzir uma segregação, no sentido de direito à enunciação de epistemes, que sintetiza o conflito entre saberes válidos e não-válidos. Trata-se, sobretudo, de um método de exterminar o *Ser* a partir do apagamento de seus conhecimentos ontológicos, considerados primitivos. Assim, epistemicídio é instrumento de dominação, aniquilação imaterial e de outros projetos de mundo, condição para a colonização intelectual que, não raras vezes, mesmo que antirracista, utiliza saberes coloniais para criticar a estrutura racista, denunciando suas violências, mas acreditando no "progresso civilizatório", resultando em perpetuação de princípios genocidas.

fonte originária legítima de construções jurídicas. É o que se demonstra a partir de uma leitura crítica da Declaração Universal dos Direitos Humanos, de 1948, que resgata a humanidade branca, de forma exclusiva, do processo desintegrante da Segunda Guerra Mundial, estabelecendo as bases programáticas para a reconstrução de sua dignidade. Em contrapartida, a desumanização negra continuou (e continua) sendo concretada em solo colonial, cuja violência foi rechaçada e se manteve inalcançada pelos "direitos universais", como leciona Lívia Sant'Anna Vaz ao recordar que na mesma conjuntura política de universalização do direito à igualdade, países africanos ainda eram colônias europeias e a Declaração não alterou, em nada, o domínio branco (somente abalado pelas lutas negras por independência).

O desejo negro de obter o reconhecimento de igualdade ao branco, em uma sociedade racista, é obstaculizado por sua hierarquização racial ontológica que repele a diversidade na exata medida que a inferiorização hiperdimensiona as diferenças, transformadas em desigualdades que são reprimidas pois são identificadas como ameaças à "normalidade" e à correspondente normatização de corpos, subjetividades e comportamentos definidos a partir da branquitude (e para sua segurança). Nesse sentido, os parâmetros que tomarão forma na padronagem são determinados sobre a definição da anormalidade que será excluída; tudo em nome da proteção do Estado racista-colonial que, programado pelo *dever-ser* branco, vai negar o *ser-negro*, reservando a ele o *status* jurídico da anulação.

A negritude, em suas próprias demandas, necessidades e aspectos, portanto, não encontrará garantias enquanto bem jurídico tutelado, mas apenas na exata medida que o colonizador entender e conceder; isto é, nunca na complexidade e radicalidade exigidas. A gestão sobre as narrativas históricas é inerente ao sistema de controle racial informal e estabelece o acesso quase exclusivo à discursividade branca, atribuindo, assim, o protagonismo "do processo civilizatório". Essa sanha civilizatória oscila entre o desbravador e o salvador, (de)negando o racismo antinegro em tom hegemônico ordenado pelo silenciamento de vozes que bradam e corpos de performam epistemes múltiplas desde *Alkebulan*[116] (ou "Á"frica).

---

116 De acordo com Cheikh Anah Diop, em *Kemetic History of Afrika*, antes da invasão romana era assim que o Continente negro era conhecido, cujo significado é "mãe da humanidade". Uma das teorias conhecidas sobre a nomenclatura "África" indica que os romanos, após sua vitória sobre Cártago (atualmente a Tunísia), assim nomearam

Assentado no poder necropolítico e estabelecendo os parâmetros básicos de um estatuto jurídico de apagamento do povo negro, o enclausuramento de conhecimentos contracoloniais na "primitividade" decorre da autocontemplação que é inerente ao colonialismo. De fato,

> O pensamento europeu sempre teve tendência para abordar a identidade não em termos de pertença mútua (co-pertença) a um mesmo mundo, mas antes na relação do mesmo ao mesmo, de surgimento do ser e da sua manifestação no seu ser primeiro ou, ainda, no seu próprio espelho.[117]

A animalização foi imprescindível para a escravização do povo negro, determinando sua defasagem e incapacidade intelectual através de "apelos instintivos" que confirmaram, a partir do *penso, logo existo*", a exclusividade branca sobre a razão, lógica hierarquizante que sobrepôs o cérebro sobre o coração concretizável somente perante existências aniquiláveis, anuláveis. Essas inexistências compõem a própria constituição do *Ser* (branco) universalizado pelo *Não ser* (negro), pois, como leciona Sueli Carneiro, o epistemicídio se traduz em desqualificação do conhecimento dos povos subjugados e produção ininterrupta da indigência cultural através do cerceamento da capacidade cognitiva, individual e coletiva.

> E, ao fazê-lo, destitui-lhe a razão, a condição para alcançar o conhecimento "legítimo" ou legitimado. Por isso o epistemicídio fere de morte a racionalidade do subjugado ou a seqüestra, mutila a capacidade de aprender etc. É uma forma de seqüestro da razão em duplo sentido: pela negação da racionalidade do Outro ou pela assimilação cultural que em outros casos lhe é imposta.[118]

Achille Mbembe sustenta que da razão, condição primordial para o reconhecimento de uma identidade humana universal, derivam uma série de direitos e valores, por isso pressuposto do pacto social que determinou o (não) pertencimento à humanidade, inclusive a liberdade e a autonomia. Dentro da lógica racista – fundada na animalidade que limita os negros ao mero instinto irracional –, não havendo razão, não há que se falar em liberdade ou autonomia. *O signo africano*, assim,

---

seu novo território. Pensando nas lições jurídicas coloniais e colonizantes, já que sua fonte material é o *latim*, onde o "*a*" que precede algumas palavras corresponde a "ausente ou sem", "Á"frica condiz com a imagem branca de um continente das ausências, não limitadas aos saberes.

117 MBEMBE, 2014, p. 10.

118 CARNEIRO, 2005, p. 97.

dependeria do paternalismo branco para alcançar seu patamar de racionalidade (?).

> Os Negros tinham desenvolvido concepções da sociedade, do mundo e do bem que nada contribuíam para o poder da invenção e da universalidade próprios da razão. Da mesma maneira, as suas representações, a sua vida, o seu trabalho, a sua linguagem e os seus actos, inclusive a morte, não obedeciam a nenhuma regra nem a nenhuma lei, das quais conseguissem, com autoridade, conceber o sentido e justificar a validade. Em virtude desta diferença radical ou até desse ser-à-parte justificava-se a sua exclusão, efectiva e por direito, da esfera da cidadania humana total: nada teriam que contribuísse para o trabalho da mente e para o projecto universal.[119]

A racialização da humanidade determinou a (ir)racionalidade, distribuída entre brancos e não-brancos num jogo de cartas marcadas definido pelo poder necropolítico, uma estratégia de dominação perante a desumanização ontológica do negro, desprovido de *razão* e autodeterminação, portanto, infantilizado. Validou-se, assim, o pensamento colonizante como único, por meio da legalização e legitimação do epistemicídio como enredo do trajeto branco colonizante que se apresenta como uma benesse paternalista, manuseando-se o campo jus-discursivo como política preventiva da supremacia branca para anulação do potencial negro emancipatório, sobretudo da radicalidade contracolonial de seus saberes.

Assim, é imprescindível explicitar a farsa dos discursos brancos apresentados como protagonistas de "fatos históricos", que, na realidade, são meros constituintes dos direitos vinculados à própria branquitude. Revela-se, então, uma racionalidade voltada à tutela da estrutura racista, construída sobre "contos sedutores" que materializam o branqueamento das normatizações universalizantes supostamente igualitárias, a partir de manipulações epistemicidas.

Nessa perspectiva é imperioso refazer o trajeto branco colonizante que cindiu o mundo em dois compartimentos não complementares e jamais conciliáveis; retalhado pelo maniqueísmo atrelado ao (não) pertencimento a determinada raça[120]. Há um apagamento das marcas civilizatórias dos povos africanos que povoaram inicialmente a Europa, conforme revelam as mitologias inglesa, francesa, alemã e escandinava. Muito pouco se fala também das expedições da XIIIª dinastia egípcia – representante do poder marítimo bélico e comercial da antigui-

---

119 MBEMBE, 2014, p. 151-152

120 FANON, 1968, p. 29.

dade – ao norte europeu, em busca de estanho para armas e utensílios de bronze, quase dois milênios antes de Cristo.[121]

O encontro entre negros e indígenas nas Américas pré-colombianas, bem antes do "descobrimento" branco, se deu de modo totalmente diverso deste. Não houve conflitos, genocídio, estupros ou imposição de deuses, e sim coexistência – como comprova a descoberta de esqueletos e crânios do período – e troca de saberes, a exemplo de influências na cerâmica, nas esculturas, nas técnicas utilizadas na mumificação e construção das pirâmides (relações espaciais e astronomia), bem como em outras áreas do conhecimento, como a etnologia, a botânica, a arqueologia, a oceanografia, a filologia, a história cultural e a linguística.[122]

Assim, o protagonismo negro em suas matrizes civilizatórias, muito distintas do projeto branco de mundo, é negligenciado ao povo negro brasileiro que desconhece as contribuições africanas na constituição da *Améfricaladina*, não limitadas ao *pretuguês*, revelando as táticas para ocultar, ao máximo, a potência das epistemes negras originárias e afro-diaspóricas – estas, reelaboradas compulsoriamente.[123]

Quando olhamos a concepção jusfilosófica do Direito moderno (oriundo do Contrato Social e lastreado pelas "luzes da razão"), devemos atentar para o contexto colonial no qual se desenrola o processo "civilizatório". Segundo o "conto da carochinha"[124], o branco civilizador – através de um "evolucionismo salvacionista" – *exorcizou* o lado "selvagem" da humanidade, expulsando-o para as margens, onde assumiria a forma negativa do *humano patenteado pela branquitude*, sobre o qual toda e qualquer violência praticada se manifestaria em termos de "legítima defesa".

O ordenamento jurídico produzido nessa conjuntura legaliza o projeto colonial e sua violência física ilimitada, em nome da defesa social e da ordem racista inscrita no pacto escravizador, escamoteado nos dis-

---

121 NASCIMENTO, 2007, p. 35.

122 NASCIMENTO, 2007, p. 31.

123 GONZALEZ, 1988, p. 70-71.

124 De origem portuguesa, a locução criada no século XVII, remete à história de um *caroucha* (besouro), que se transformou em carocha e, finalmente, em uma certa "dona carochinha" que promete muito sem nada ter, portanto, nada mais condizente com as fábulas de um direito que tenta, em vão, negar seu racismo. Não obstante, não posso deixar de mencionar a questão de gênero que motivou a transfiguração do besouro na "dona" mentirosa.

cursos igualitários que – ao lado da liberdade e fraternidade – embalam o epistemicídio, ignorando os ecos revolucionários vindos de além-mar, de *Saint Domingue*. A insurgência que culminou com a independência e proclamação da República Negra do Haiti, em 1804 – prenunciada na cerimônia vodu de *Bwa Kayiman* (Bois Caïman), liderada pelo *ougán* Dutty Boukman – foi combatida pela França, cuja farsa libertária foi, então, desmascarada, comprovando que igualdade se restringe à branquitude, que luta por sua (exclusiva) liberdade de colonizar.[125]

Desse modo, para exemplificar o funcionamento, alcance e resultados do epistemicídio, volto para os direitos humanos, fonte primária de nossa legislação de "combate" ao racismo, o que não faz da Declaração Universal dos Direitos Humanos exatamente um instrumento antirracista. Isto porque, produto da visão branca eu(ro)centrista e reconstituinte da dimensão histórica de violações outrificantes, a Declaração encerra na branquitude o código jurídico da dignidade humana, adotando seu corpo como fonte normativa padrão. Por outro lado, ao negro resta a ausência de dignidade, elevada a *status* jurídico, a partir da eliminação de suas experiências – tanto negativas como positivas – e da reificação dos grilhões racistas que o acorrentam nas "zonas do não-ser".[126]

A internacionalização do direito à não discriminação universalizou, em linhas liberais, o princípio da igualdade, resultando em disposições que visam ao combate ao racismo, sem, no entanto, ultrapassar a superfície da estrutura genocida, expressa pelo epistemicídio antinegro. São declarações de "boas intenções" da branquitude que invisibilizam e ignoram, a partir de suas normas, a *antijuricidade* de epistemes e saberes antagônicos às suas estipulações jurídicas encravadas no "Estado colonial", fazendo do direito instrumento próprio de manifestação e manutenção do racismo antinegro, pois: "o direito é, portanto, neste caso, uma maneira de fundar juridicamente uma certa ideia de Humanidade enquanto estiver dividida entre uma raça de conquistadores e uma

---

125 A Revolução haitiana aterrorizou o mundo branco e sofreu as consequências pela ousadia de ser a primeira, e única, insurgência negra triunfante, fazendo reverberar a luta negra por liberdade. Durante as discussões parlamentares brasileiras na constituinte de 1823, principalmente ao lado de Palmares – a "Tróia Negra" segundo Nina Rodrigues -, o medo branco alavancou a necessidade de neutralizar novos levantes negros ao patamar de direito fundamental à branquitude.

126 FANON, 2008.

raça de servos. Só a raça de conquistadores é legítima para ter qualidade humana."[127]

Em sua perspectiva embranquecedora – a partir da imposição de padrões universalmente "aceitos" –, tais dispositivos colonizantes, por serem abstratos em suas omissões raciais, não se revestem de poder concreto para trincar as barreiras imantadas por toda dimensão e amplitude do racismo antinegro. Produz-se, assim, uma série de direitos inerentes à própria branquitude, sem qualquer avanço no campo da obrigação reparatória dos direitos humanos em termos de resgate da desumanização negra – negligenciada em termos históricos –, sem o qual resta impossível o reconhecimento de humanidade, que continua sendo atributo do *ser branco*.

Nas palavras de Thula Pires:

> O sucesso do modelo perverso de categorização racial de seres humanos deriva, além de circunstâncias econômicas, sociais, políticas e culturais muito bem definidas, da naturalização dessa hierarquia, do não reconhecimento do sistema de privilégios que ela engendra e da consequente negação/cegueira quanto à sua existência (embutida na própria lógica da branquitude). A determinação 'natural' da alteridade isenta de responsabilidade política aqueles que se beneficiam de uma condição privilegiada.
> Com essas reorientações é possível responder ao mundo herdado, e não ao mundo idealizado pelas declarações de direitos humanos.[128]

Se a criminalização de ações genocidas visa, num primeiro momento, tutelar a dignidade da pessoa humana, sua generalidade reflete o verdadeiro objetivo latente: proteger seu efeito normalizante de modo a não dissipar a proteção da branquitude. Por conseguinte, a dignidade tutelada é definida pela própria branquitude, a partir dela e para ela.

Em contrapartida, para que tal proteção se volte à eficácia e efetividade, a dignidade deve se revestir de concretude marginal, de veracidade, de realidade revelada por quem a detém, desde espaços construídos por sua resistência, como advertiu Herrera Flores, já que a fonte da dignidade humana, enquanto primazia jurídica, é a pessoa excluída.[129] Dignidade, nestes termos, deve rechaçar a abstração, preenchendo seu conteúdo com experiências e experimentações que rompem a fórmula universalista, dotando os direitos humanos de uma pluralidade que frutifique dignidades heterogêneas. A maior violação possível contra

---

127 MBEMBE, 2014, p. 111.

128 PIRES, 2017.

129 FLORES, 2009.

os direitos humanos é impedir que indivíduos, grupos, povos, culturas etc., possam reivindicar sua dignidade e lutar por seus objetivos éticos e políticos, em busca da satisfação de necessidades e da concretização de direitos dentro da ideia múltipla de cidadania.

Herrera Flores nos oferece uma práxis importante para uma concepção de direitos humanos comprometida com o combate do racismo antinegro ao fincar as bases para uma teoria realista e crítica. Alinhando criatividade para transpor as muralhas jurídicas e afirmação da capacidade de apresentar (ou exercitando a capacidade de apresentar) alternativas à ordem existente, o autor apresenta cinco deveres básicos. Refletindo compromissos inarredáveis – isso se a intenção não for produzir mais armadilhas colonialistas, sempre aliciantes –, com a elaboração de uma plataforma onde possamos construir "zonas de contato emancipadoras", poderemos rechaçar o controle e a concessão, expandindo o acesso aos bens necessários a uma vida digna.

Nesses termos, temos:

1. *reconhecimento* da possibilidade de reação cultural, inerente à todas e todos, sem exceção, em face das relações impostas;
2. *respeito* como pedagogia para a distinção entre as posições de privilégio e subordinação na estrutura;
3. *reciprocidade* como forma de devolução de tudo o que foi tomado para construção e proteção dos privilégios vivenciados;
4. *responsabilidade* em sentido duplo, perante os danos cometidos: responsabilidade em se beneficiar da manutenção da subordinação e responsabilidade em exigir responsabilização dos que saquearam e destruíram vidas;
5. *redistribuição* enquanto poder-dever de instituir regras jurídicas, fórmulas institucionais e ações político-econômicas para satisfazer necessidades vitais.[130]

Mobilizando tais premissas no campo racial, daquele *reconhecimento* emerge o direito negro à reação cultural que, sob a perspectiva quilombista, deve ser entendido como direito negro à ancestralidade. Este reflete a postura política de resgate de epistemologias cosmológicas – que se potencializam mutuamente num movimento circular –, irradiadas por "valores de refúgio" que não são pontos de fuga, mas de revitalização existencial para o confronto. Concretizam, nesse sentido, a essência

---

130 FLORES, 2009, p. 61-62.

da resistência negra cujo dinamismo engendra múltiplas "possibilidades de proteção, segurança, fundamento para viver, pensar, construir".[131]

A consecução (ou realização/cumprimento) dos deveres para o alcance da dignidade negra impõe à branquitude outros deveres que passam, obrigatoriamente, por avocar a responsabilidade na implementação de uma educação antirracista, ou seja, que exima o povo negro da exclusividade em construir a negritude e "desconstruir" a branquitude. A prática antirracista, pois, exige que a branquitude abdique de seu "dom" epistemicida, em todos os lugares em que ele se apresente e, de forma imediata, obstrua sua consolidação, minimizando seus efeitos, por meio de instâncias reparadoras. Só assim poderemos falar em *reciprocidade* enquanto instrumento de devolução do que nos foi arrancado (e do que ainda será) pelo projeto racista/colonial branco.[132]

Em termos de reparação, Grada Kilomba anota que sua concretização decorre do reconhecimento incondicional da branquitude de seu racismo inato, atrelado à real percepção das sistematizações que o encobrem (vergonha). Esse reconhecimento conduziria à negociações com a realidade exposta e à obrigação de "[…] reparar o mal causado através da mudança das estruturas, agendas, espaços, posições, dinâmicas, relações subjetivas, vocabulário, ou seja, através do abandono dos privilégios."[133]

Bussolada pela *responsabilidade* em seu dúplice aspecto, volto à luta antirracista que anuncia a profundidade, complexidade e capilaridade da violência racial que caracteriza a própria branquitude, reivindicando comprometimento por meio de práticas com efeitos concretos. A partir daí, conjectura-se a *redistribuição* que – em consonância com os objetivos do presente trabalho – impacta no poder de produzir normas

---

131 SILVA, 2011, p. 83-92.

132 Este pode ser representado pela máxima marxista re-escrita pela ótica racial: "se a raça negra tudo produziu, a ela tudo pertence". Uma advertência há de ser feita: muito embora Herrera Flores fale em devolver o que foi tomado para construção de privilégios, a branquitude deve ter a nítida consciência de que alguns privilégios se manifestam como direitos inerentes à sua existência e que, por maior que seja a boa vontade de sua "desconstrução", muitos direitos lhes são indisponíveis, como o direito à vida que é racialmente distribuído, impedindo que corpos brancos sejam fuzilados ou assassinados em chacinas já que não são perigosos, suspeitos ou confundidos com "bandidos".

133 KILOMBA, 2019, p. 46.

jurídicas, fórmulas institucionais e ações que visem assegurar a responsabilização por crimes raciais, garantindo efetiva proteção ao direito à não discriminação racial do povo negro. Dessa maneira, cumpre-se a promessa constitucional de combate ao racismo, premissa fundamental para o resgate da humanidade negra e o reconhecimento de sua dignidade.

Tal poder é indissociável da *reciprocidade* que aqui é reclamada enquanto lugar de enunciação da dignidade negra em estabelecer as bases para caracterização de crimes raciais. Ou seja, um direito à fala em primeira pessoa, sem os ruídos ou interferências da branquitude, posturas inerentes ao comportamento racista/machista. De fato, quando a branquitude, em posse e absoluta usufruição do poder que a estrutura racista lhe confere, diz o que é (e o que não é) racismo, assume (sempre e mais uma vez) uma postura senhorial calcada na "dádiva" da razão branca. Desse modo, autodeclara-se representante do povo preto, sua porta voz, articulando instrumentos de dominação que a fazem *tradutora* das demandas negras para seus iguais "civilizados".

Tais compromissos encontram fundamento na Resolução nº 60/147 da Assembleia Geral das Nações Unidas de 2005[134] que consagra princípios voltados à reparação das vítimas de graves violações de direitos humanos, que deve ser adequada, eficaz, rápida e proporcional à gravidade e aos danos suportados pelas vítimas em razão de atos ou omissões do Estado, promovendo justiça.[135]

---

134 ODS - Sédoc. https://documents-dds-ny.un.org/doc/UNDOC/GEN/N05/496/42/PDF/N0549642.pdf?OpenElement. Acesso em: 15 ago. 2022.

135 Dentre os princípios estabelecidos, destaco:

Restituição – Na medida do possível, deve-se restituir a vítima à situação original anterior às graves violações de direitos humanos sofridas. Envolve a restauração da liberdade, gozo dos direitos humanos, direito à identidade, vida familiar, cidadania e devolução de bens;

Compensação – Trata-se de indenização econômica, proporcional à gravidade da violação de direitos humanos e suas circunstâncias específicas, que incluem danos físicos, morais ou mentais e gastos com assistência jurídica ou especializada, assistência médica, hospitalar, psicológica ou social;

Reabilitação – Dever de proporcionar cuidados médicos e psicológicos, bem como serviços jurídicos e sociais;

Satisfação – Medidas eficazes que visem a cessação de violações contínuas; verificação dos fatos e revelação total e pública da verdade; desculpas públicas, incluindo o reconhecimento dos fatos e a aceitação de responsabilidade; comemorações e

Todas essas questões deslegitimam a ideia de "universal" que coloniza os direitos humanos e que, desde sua etimologia, segundo Mogobe Ramose, explica que a única ideia decorrente de tal prescrição de direitos é a exclusão, condicionada pela aglutinação das relações nas entranhas da colonização. Dito de outro modo, já que se trata de uma "composição do latim *unius* (um) e *versus* (alternativa de...), fica claro que o universal, como um e o mesmo, contradiz a ideia de contraste ou alternativa inerente à palavra *versus*. A contradição ressalta o um, para a exclusão total do outro lado."[136]

Como fundamento de reconhecimento dos outrificados como sujeitos de direito no (e ao) *mundo branco* e sua inclusão de modo igualitário, Ramose sustenta a perspectiva pluriversal como multiplicidade de existências que foram negadas e anuladas a partir da universalização da branquitude que, imbuída e motivada por seu racismo ontológico, inferioriza, ignora e rechaça as demais existências, cosmologias e projetos de sociedades contracoloniais, reclusas na estigmatização de primitivas.

A violência colonial, expressa pelos direitos humanos, é observada no monopólio jurídico branco através do epistemicídio e assimilação, estratégias de controle racial que (de)limitam as lutas por direitos e garantias, apenas reforçando a estrutura colonial. Para Augusto Sérgio dos Santos de São Bernardo, tal lógica se expressa na produção de um paradigma jurídico-dogmático – fundado em suas próprias bases de pensamento – que nos impõe, a princípio, o desafio de afirmar um pensamento africano e, logo, a lutar pelo seu reconhecimento e validade. Trata-se de uma tarefa complexa e árdua, já que pressupõe a afirmação de uma filosofia do direito e da justiça de base africana, implicando

---

homenagens às vítimas; inclusão do relato exato das violações ocorridas em material educativo em todos os níveis.

Garantias de não repetição – Princípio de caráter preventivo que inclui um controle civil eficaz sobre as forças militares e de segurança, que devem obedecer aos procedimentos internacionais, assegurando equidade e imparcialidade; proteção de pessoas das profissões jurídicas, médicas, da saúde, meios de comunicação e defensores dos direitos humanos; proporcionar, de forma prioritária e contínua, a educação em direitos humanos em todos os setores da sociedade e na formação de agentes das forças militares e de segurança; promover mecanismos de prevenção e acompanhamento de conflitos sociais e a sua resolução.

136 RAMOSE, 2011, p. 10.

"[...] numa mudança na carga teórico-epistemológica em que são construídos estes conceitos."[137]

Nos ensinamentos de Nego Bispo vemos que uma das armas coloniais mais eficazes é a denominação, manejada e apoiada sobre o monopólio pela supremacia branca que desnaturaliza concepções e construções anteriores, absorvendo-as e imputando uma aura de ineditismo e exclusividade que esvazia e repele seus sentidos originários pela abstração. O resultado desse trajeto único é a colonização epistemológica que entrecruza colonialidades às tramas de sua rede de socialização, ocasionando a nossa despolitização e o enfraquecimento (do que?) pela "contrariedade incivilizada". É no contrapasso colonizante que nossa ancestralidade manifesta sua força e vivacidade, se apropriando da palavra e movimentando-a em nosso favor.[138]

É fácil perceber o manuseio e funcionamento dessa metodologia epistemicida na seara dos direitos humanos que soterra construções e experiências normativas anteriores ao processo colonial, negando-as a qualidade "jurídicas" por sua natureza "primitiva". Trazendo, portanto, os direitos humanos para o meio da *roda antirracista*, invoco epistemes negras como matriz de um pensamento jurídico quilombista para romper com uma ideia de direitos humanos uníssonos e monocromáticos. Desse modo, busco contribuir para constituição de direitos humanos negros fundacionais de uma justiça afrodiaspórica, fissurando o campo exclusivo da branquitude para esboçar um pluralismo jurídico brasileiro, nos termos requeridos por uma democracia multirracial.

Retomando a filosofia *Kemética* (egípcia), na qual a justiça é representada por *Maat*, Luciana Ramos aponta "novos" sentidos para a concretização de nossas demandas ancestrais por liberdade, ao (re)orientar saberes jurisdicionais que falseiam a lógica epistemicida da hierarquia do cérebro (razão) sobre o coração (emoção). Essa lógica, segundo a juristas, deve ser corrigida, pois o "pensar" se faz com o coração, o que não significa um "pensamento emotivo", já que "para a filosofia *Rekhet* o coração, que é consciência, tem dois sentidos: o primeiro é o coração físico, anatômico (*Hati*) e o segundo é o coração mente/espiritual que é dividido em parte inferior da mente (*Ib*) e superior da mente (*Ba*)."[139]

---

137 SÃO BERNARDO, 2018, p. 55.

138 SANTOS, 2019, p. 25.

139 RAMOS, 2019, p. 67.

No tribunal de *Osíris*, é o coração que determina a sentença, proferida por *Maat*, deusa da verdade e da justiça, responsável pela ordem cósmica e que possui uma pena de pavão na cabeça, a vida (representado por *ankh*) em uma mão e o poder (cetro) na outra. No julgamento dos mortos, de acordo com a balança, o peso do coração das almas dependeria de suas infrações, elencadas dentre 42 regras. Se o coração fosse mais leve que a pena da verdade, ou ficasse com ela em equilíbrio, o morto entraria no paraíso de *Osíris*, reencontrando seus ancestrais. Porém, se o coração fosse mais pesado que a pena, *Ammit* (a deusa representada como um crocodilo, leão ou hipopótamo), devoraria o coração.

Dessa perspectiva negra antijurídica, que inverte a lógica racional e a destitui do altar cientificista – lugar construído pela branquitude para sustentar sua dominação (não apenas) filosófica –, outro modelo de justiça emerge. Nele, diferentemente da balança empunhada por Themis, na qual razão colonial e lei racista determinam a natureza (des) humana, a essência humana e sua verdade estão no coração, que não pode ser racializado, mas pesado por *Maat*.

> Verdade e mente/consciência era a medida da vida. Pensar na constituição do ser a partir desses paradigmas e pressupostos reflete apropriadamente a dimensão de ser que precisa ser revisitado e aprofundado, pois é esta dimensão mais complexa, sem separação de razão e emoção e a conexão ancestral é que parece ser premente na configuração de uma nova(velha) dimensão do sujeito.[140]

Seguindo um dos caminhos abertos na encruzilhada diaspórica, aponto para a Carta Mandinga,[141] datada do início do século XIII (1235), como marco inaugural dos direitos humanos (e não a data colonial de 1948). O *Pacto de Kurukan-Fugan* (*Manden Kalikan*) foi deliberado durante a *Gbara* (grande assembleia), após a vitória de *Maghan Sundjata Keita* (o Rei Caçador dos *malinké*) sobre *Sumaoro Kante* (o Rei Feiticeiro dos ferreiros *sosso*), e proclamado quando *Djata* assim se manifestou:

> – Saúdo os povos aqui reunidos.
> E Djata citou a todos. Arrancando da terra a lança de Kamandjan, rei de Sibi, ele disse:
> - Devolvo-te teu reino, rei de Sibi; tu o mereceste por tua bravura. Conheço-te desde a infância: tua palavra é tão franca como o teu coração desconhece desvios.

---

140 RAMOS, 2019, p. 69.

141 Tombada em 2009 pela Unesco como Patrimônio Intangível da Humanidade.

"Fica hoje selada para sempre a aliança dos Kamaras de Sibi com os Keitas do Mandinga. Que esses dois povos sejam doravante como irmãos. A terra dos Keitas será de agora em diante a terra dos Kamaras; os bens dos Kamaras serão de agora em diante os bens dos Keitas.

"Que a mentira não exista nunca mais entre um Kamara e um Keita. Em todas a extensão de meu império, que os Kamaras se sintam, em qualquer parte, como em sua própria casa."

Restituiu a lança a Kamandjan e o rei de Sibi se prosternou aos pés de Djata, do modo como se fez quando um Fama vos acumula honra.

Sundjata tomou a lança de Tabon Wana e disse:

- Fran Kamara, meu amigo, entrego-te o teu reino.

Que os Djallonkês e Maninkas sejam aliados para sempre.

Tu me acolheste em tua casa: que os Djallonkês sejam recebidos como amigos em todas as partes do Mandinga.

Deixo-te as terras que conquistasse. Teus filhos e os filhos de teus filhos crescerão doravante ba corte de Nani e lá serão tratados como príncipes do Mandinga.

Um por um, todos receberam de volta o seu reino, das próprias mãos de Sundjata. Cada um se inclunou diante dele como nos inclinamos diante de um Manda.

Sundjata pronunciou todas as proibições que ainda presidem às relações entre etnias. A cada um distribuiu sua terra, e selou a amizade entre os povos: os Kondês do país de Do, tornaram-se desde então tios dos Keitas da família imperial, porque estes, como recordação do casamento fecundo de Narê Maghan com Sogolon, deveriam casar-se com mulheres de Do; os Tunkara e os Cissês tornaram-se primos, para gáudio dos Keitas, Cissês e Beretês; os Turês foram proclamados grandes marabutos do império. Nenhum povo foi esquecido em Kurukan Fugan: todos tiveram sua parte na repartição. A Fakoli Koroma, Sundjata atribuiu o reino de Sosso, cuja maioria das etnias foram subjulgadas; a etnia Fakoli, os Koromas, que alguns chamam de Dumbuyas ou Sissikos, essa etnia teve o monopólio da forja, do trabalho com o ferro; Fakolo recebeu ainda de Sundjata uma parte das terras situadas entre Bafing e o Bagbê. O Wagadu e o Mesma conservaram seus reis, que continuaram a usar o título de Mansa, embora esses dois reinos tenham reconhecido a soberabia do Manda supremo. Os Kondês de Toron tornaram-se os caçulas dos Keitas: atingida a idade madura, qualquer Konatê podia chamar-se Keita.

Quando o filho de Sogolon terminou de distribuir as terras e o poder, voltando-se para Balla Fassekê, seu *griot*, ele disse:

- Quanto a ti, Balla Fassekê, meu *griot*, eu te faço grande mestre de cerimônia. Doravante, os Keitas escolherão sempre seu *griot* em tua etnia, entre os Kuyatês.

Dou aos Kuyatês o direito de fazer trocas com todas as etnias, especialmente com o clã real dos Keitas.

Assim falou o filho de Sogolon em Kurukan Fugan.

> Desde então, sua palavra respeitada tornou-se lei, a regra para todos os povos que estiveram representados em Ka-ba.
> [...]
> Se um dia fores a Ka-ba, vai ver a clareira de Kurukan Fugan. Lá verás plantado um linkê [árvore da savana] que perpetua a lembrança da grande assembleia que presenciou a repartição do mundo.[142]

Tendo a oralidade como matriz, tanto em sua produção coletiva quanto em sua transmissão geracional por *griots*, a Carta Mandinga não retrata apenas a união entre doze reinos da África do Oeste – região que compreende hoje os países Mali, Burkina-Fasso, Senegal, Gâmbia, Níger, Guiné, Costa do Marfim e Mauritânia. Ela também estabelece a tutela dos vulneráveis, pois aboliu a escravidão no Império Mali e "[..] impôs limites ao mandonismo dos poderosos, estabelecendo um acordo entre membros de famílias tradicionais (*nyamakalas*) e a comunidade de povos de tradições distintas".[143]

O Juramento da Irmandade dos Caçadores – uma sociedade secreta formada no século XI, principalmente pelos *malinké* e *bambara,* e fundada na *liberdade, igualdade* e *fraternidade* (brado negro replicado na Revolução francesa, sete séculos após[144]) – dispôs modos de construção de vida e organizou comunidades, sendo uma das fontes da Constituição do Império do Mali (Império Mandinga).

Conjurando a vida e a igualdade como direitos fundamentais, o Juramento estabeleceu em seu artigo 1º:

> A irmandade dos caçadores declara: toda a vida (humana) é uma vida. Embora seja verdade que uma vida pareça existir antes de outra, nenhuma vida é mais "antiga", ou mais respeitável do que uma outra, do mesmo modo que uma vida não pode ser superior a outra.

No artigo 2º, temos a garantia de reparação por quaisquer danos físicos sofridos e a vedação à tortura:

> A irmandade dos caçadores declara: sendo toda vida uma vida, qualquer dano à vida exige reparação, portanto que ninguém atente contra a vida de seu próximo e nem lhe prejudique, que ninguém torture o seu semelhante.

Já, em seu artigo 5º, o Juramento estabelece o *comunitarismo* como base fundante da Irmandade, no combate à fome pela partilha da caças

---

142 NIANE, 1982, p. 113-115.

143 SOUZA, 2018b.

144 SOUZA, 2018a, p. 90.

e na extinção da escravidão, combatendo as desigualdades sociais decorrentes da hierarquização herdada.

> A Irmandade dos caçadores declara: a fome coisa boa não é, a escravidão muito menos, não há pior calamidade, neste mundo, do que ambos. Neste mundo, como temos a aljava e o arco, a fome não matará mais ninguém no Mandinga. Se por acaso a fome venha se servir, a guerra jamais destruirá nossa aldeia em busca de escravos; ou seja, ninguém subjugará seu semelhante para vendê-lo; ninguém será abatido, nem condenado à morte em razão de ser filho de escravo.[145]

Assim, muitas das disposições que encontramos em nossa Constituição, irradiando as diretrizes da Declaração Universal dos Direitos Humanos, já eram codificadas e praticadas há séculos, muito antes do nosso "descobrimento", no continente africano, por vários povos, e foram instituídas no *Juramento da Irmandade* de modo a ultrapassar os limites do Império Mandinga e chegar *"aos ouvidos do mundo inteiro"*[146]. No entanto, a branquitude sempre soube que se armas tão poderosas ficassem à disposição da raça negra seria impossível oprimi-la. A supressão da validade desses conhecimentos transmitidos pela oralidade era, portanto, urgente, resultando em controle e apagamento pela imperatividade da escrita.

A Declaração dos Direitos dos Povos[147] resulta do cruzamento e composição de cosmogonias, estruturas e organizações sociopolíticas, modelos jurídicos e valores ético-morais distintos e até mesmo conflitantes que, conciliados formaram um estatuto de 44 artigos. Estes expressam direitos naturais, garantias fundamentais e valores como a vida, a organização social, política e cosmológica, a equidade e a fraternidade entre os homens, a proteção à família, às mulheres, às crianças e ao meio ambiente, os bens comunitários, o trabalho e suas divisões, as relações comerciais etc. Dividida em capítulos – "Da organização social"; "Dos bens"; "Da Preservação da Natureza" e "Disposições Finais" –, a Carta inaugura a organização das constituições modernas.

Dentre as disposições, destaco, ainda:

> Artigo 4º: A sociedade está dividida em "classes" de idade. Para representar cada uma delas será eleito um chefe. Fazem parte de cada classe de idade, pessoas (homens ou mulheres) nascidas no período de três anos consecu-

---

145 SOUZA, 2018a, p. 110.

146 Parte final do último artigo (VII) do Juramento. Cf.: SOUZA, 2008a, p. 111.

147 A Carta Mandinga traz expressamente a ideia de "direito dos povos". Cf.: SOUZA, 2008a, p. 118.

tivos. Os *kangbés* (jovens e velhos estrangeiros) devem ser convidados a participar na tomada de grandes decisões a respeito da sociedade.

A organização da sociedade democrática mandinga externa a importância e tutela da coletividade, estabelecendo a inclusão participativa[148] nas sociedades constituídas sobre o preceito da *não outrificação*. Princípio fundante de civilizações africana, o princípio da *não outrificação* – inclusive do branco, que tem como premissa a outrificação que faz da reciprocidade inexistente, ainda hoje – assegura inclusive o direito à presença colaborativa das mulheres nas deliberações e decisões políticas. De modo semelhante era tratado o estrangeiro que não foi etiquetado como desigual, mas ao contrário, teve seus direitos e garantias estão definidos na Carta.[149]

O direito à vida, que comprova a influência das estipulações do Juramento da Irmandade dos Caçadores, é estampado no artigo 5°:

> Cada um tem direito à vida e à preservação de sua integridade física. Por consequência, todo atentado contra a vida de seu próximo será punido por pena de morte.

Victor Martins de Souza ressalva que não há nenhuma contradição entre a preservação da vida com a instituição da pena de morte, já que essa disposição deve ser analisada de modo contextualizado com estabilização da dinastia *Kayamaga*, que reinou em Gana, revelando a proteção das comunidades. Tratava-se de "[...] uma preocupação bem pontual, ou seja, a criação de uma norma rígida com intuito de fazer frente a uma ameaça maior, ou seja, o extermínio de grupos, ofícios e comunidades diante da expansão do imperialismo islâmico."[150]

Antes que essa relação *vida vs. morte* seja remetida àquela aula de história do Direito Penal que usa o Código de Hamurabi como exemplo da "primitividade" pela proporcionalidade entre o crime cometido e sua punição, é preciso reforçar que há, na Carta Mandinga, explicitamente, a atribuição de valor supremo da vida como bem jurídico social, por isso a rigidez da norma. Ademais, saliente-se que o Estado moderno, construído pela "civilização" que evoluiu e alcançou o "humanismo",

---

148 Uma concepção de democracia muito diferente daquela que "nasceu" na Grécia antiga, onde a participação era restrita aos cidadãos.

149 Além do artigo 4°, explicito o artigo 24 ("nunca faça mal aos estrangeiros"), e o artigo 25 que estabelece a garantia à inviolabilidade nas missões diplomáticas ("aquele que se encarrega de uma missão, nada deve arriscar no mandinga").

150 SOUZA, 2008a, p. 113.

extermina milhões de vidas consideradas sem qualquer valor e sem qualquer função. Nessa lógica, determinados corpos são matáveis para justificar a indústria da segurança pública, financiando as políticas exterminantes e as empresas armamentistas sem a mínima preocupação ou zelo com a vida, saúde ou integridade física desses corpos.

> Artigo 9º: A educação das crianças compete à comunidade. A paternidade é responsabilidade de todos.

Reverberando um provérbio africano que diz: "é preciso uma aldeia inteira para educar uma criança", a Carta estabelece como princípio o conceito de *paternidade coletiva* que estabelece a proteção, o cuidado e a educação das crianças como uma responsabilidade da comunidade, proclamando modelo sociofamiliar completamente oposto ao frágil machismo, derivado do patriarcado colonial, que instituiu a ideia de "chefe" do núcleo familiar ao se autoproclamar dono e senhor de tudo, todos e todas alcançáveis por suas mãos objetificantes. Em contraposição, na Carta Mandiga não se exprime um sentimento de posse, mas de preocupação e cuidado integral da sociedade, possibilitando, assim, a construção de uma masculinidade negra muito diversa, e oposta, à masculinidade intoxicada pela branquitude.

Objetivando a prevenção e proteção das mulheres contra as violências, físicas e psicológicas, no âmbito familiar e coletivo, bem como assegurando suas contribuições governamentais, a Carta estabelece uma série de princípios destinados às mulheres mandingas, em diversos artigos:

> Artigo 14: Não ofender jamais as mulheres, nossas mães;
> [...]
> Artigo 16: As mulheres, para além das suas ocupações cotidianas, devem estar associadas a todos os nossos governos.

Sobre a questão de gênero, importante salientar, ainda, dois aspectos. Primeiro, apesar de a sociedade mandinga ser patriarcal, o modelo de patriarcado apresentado é muito diferente do (re)produzido pelo nosso racismo patriarcal e "[...] em nenhum contexto da Carta há uma desconsideração ou anulação de saberes e poderes femininos, antes pelo contrário, a situação da mulher é defendida em quatro artigos da Carta."[151] Segundo, o matriarcado é muito comum em diversas sociedades africanas, e muito presente aqui no Brasil, pois, inúmeras comunidades tradicionais de matriz africana são comandadas por mulheres.

---

151 SOUZA, 2008a, p. 169.

No artigo 20, encontramos a vedação à tortura, maus tratos e exploração do trabalho dos serviçais:

> Nunca maltrate o seu servo, dê-lhes um dia de descanso por semana e ordene que eles cessem os trabalhos em momentos razoáveis. Somos mestre do servo e não da bolsa que ele carrega.

Sobre o "sistema geral de servidão" mandinga (*kon gben wolo*), Victor Martins de Souza salienta que se trata das obrigações a serem realizadas pelos membros de todas as famílias, não podendo ser confundida com escravidão, haja vista que é voltada ao trabalho comunitário. Por isso, o dispositivo tem como objetivo evitar a ociosidade "[...] entre os jovens, em que todas as famílias, sem exceção, eram passíveis de ter seus filhos cooptados.[152]

A segurança alimentar da sociedade, pensada inicialmente no Juramento, é reproduzida no Pacto, em seu artigo 36, que também afasta a tipificação dos chamados "crimes famélicos", ao determinar: "[...] satisfazer sua fome não é roubo, se nada carregar em seu saco ou em seu bolso."[153]

Em relação à proteção da natureza e do meio ambiente, a Carta, obviamente, não poderia ficar silente, normatizando:

> Artigo 37: Fakombé é designado chefe dos caçadores. Encarregado de preservar a floresta e os seus habitantes, para a felicidade de todos.
> Artigo 38: Antes de pôr fogo na floresta, não olhe a terra, erga a cabeça na direção da copa das árvores.

---

152 SOUZA, 2008a, p. 167.

153 Impossível não relacionar essa disposição com dois fatos: 1) a condenação à morte de Bruno Barros (29 anos), e Yan Barros (19 anos), pelo crime (impossível) de furto de 04 (quatro) pacotes de carne do supermercado Atakadão Atakarejo, de Salvador/BA, em 26/04/2021. Após serem flagrados com os produtos, tio e sobrinho foram entregues, pelo gerente e seguranças do estabelecimento, a traficantes de uma facção que os torturaram, assassinaram e deixaram seus corpos no porta-malas de um carro; e, 2) a condenação do povo brasileiro, em especial a população negra, à insegurança alimentar, à fome e à prisão por tentar não morrer de fome, já que, segundo dados do Banco Nacional de Monitoramento de Prisões do Conselho Nacional de Justiça (CNJ), com o incremento de 61 mil pessoas presas durante a pandemia de COVID-19, o Brasil alcançou a marca histórica de 919.651 pessoas em situação de cárcere, um recorde devido aos "crimes famélicos". Mesmo o país sendo um dos maiores produtores de alimentos do mundo, no momento em que escrevo essas linhas, 33,1 milhões de pessoas passam fome, sobrevivendo graças as doações que incluem restos de ossos, o que me remete à minha infância, quando eu e meus irmãos íamos à uma peixaria próxima de casa para catar as cabeças de lulas que eram descartas.

Devido à sua importância como bem jurídico primário, a natureza equivale à vida humana, encontrando respaldo na punição com a morte dos infratores que atentassem contra ela – um dos poucos crimes com essa pena no Império Mali. Por isso, o artigo 38 enlaça a consciência coletiva dos direitos da natureza e a dependência humana, ao dispor: "antes de pôr fogo na floresta, não olhe a terra, erga a cabeça na direção da copa das árvores"[154], isso porque é na copa das árvores que encontramos os frutos e as flores, ou seja, o futuro, sendo interessante notar que:

> [...] nos termos da *Carta*, quem se encarregaria de proteger os *donso* (caçadores) seria um espírito protetor: Fakombé. A esse espírito seria atribuída a tarefa de proteger os protetores, e sua legitimidade seria ancorada por um aspecto divino, portanto, sacralizado. Assim, Fakombé consubstancia o encontro entre o "visível e o invisível". [...] Da Carta, emerge a ideia de natureza como um bem comum comunitário, podendo-se dizer que os caçadores, responsáveis pela proteção da fauna e da flora, antecipam a ideia de sustentabilidade respaldada no princípio de unidade cósmica.[155]

Essa unidade é inerente às epistemologias africanas e afrodiaspóricas, enraizando elos que vinculam vidas (i)materiais, vivências e territorialidades (re)construídas em seus termos sociais, políticos e jurídicos encruzilhando cosmologias que ressignificam nossos caminhos.

EM DEFESA DA DIGNIDADE HUMANA NEGRA: DIREITO NATURAL À ANCESTRALIDADE COMO FONTE (ANTI)JURÍDICA

> *Na minh'alma ficou o samba, o batuque, o*
> *bamboleio e o desejo de libertação.*
>
> Solano Trindade, *Sou Negro*

Considerando as dimensões do crime de genocídio, outras repercussões e problematizações fundamentais decorrem de suas manifestações. Como metodologia para explorar algumas delas, proponho um exercício prático que, apesar de ser aparentemente simples (para algumas pessoas), decifra feridas talhadas pelo genocídio, com o objetivo de des-

---

154 Esse dispositivo reverbera o conhecimento ancestral *yorubá* que diz: *"kò sí ewé, kò sí òrìsà"* (*"sem folha, não há orixá"*).

155 SOUZA, 2008a, p. 173.

pertar a consciência colonial, inicial mesmo, dos traumas suportados e vivenciados pelo povo negro brasileiro, "[...] não como uma questão moral, mas sim como um processo psicológico que exige trabalho."[156]

Pergunto à você, leitor/a: qual o seu sobrenome? A resposta irá desencadear, mesmo que implicitamente, uma série de ideias sobre sua ascendência; país de origem de seus antepassados; árvore genealógica; sobre como, quando, por que e em que contexto sua família chegou no Brasil, dentre outras. Inquestionável que a questão do sobrenome (nome da família) é de extrema relevância para a construção de nossas subjetividades, individualidades, pertencimento, herança, cultura etc.

Nesse sentido, tomo como exemplo o meu próprio nome: *Luciano Góes*. *Góes* é de origem portuguesa, o que me aproxima de *Pero de Góes*, que recebeu de D. João III, rei de Portugal, a capitania hereditária de São Tomé. Seguindo a lógica da procedência familiar e capital hereditário (olha o Direito Civil, aí, gente!), poderia dizer que tenho direito a uma parcela das terras situadas entre o sul do Espírito Santo e norte do Rio de Janeiro?

Logicamente que não! Isto porque, o sobrenome da população negra brasileira é indicativo da família que era proprietária de seus ascendentes escravizados; uma marca batismal do cristianismo e sinal securitário em relação a suas *res*, garantindo que estas não fossem perdidas, ou que, se se perdessem, não fossem confundidas com outras, em caso de fuga, ou mesmo que não fossem furtadas/roubadas por outros escravocratas).

Sobre o batismo de escravizados, as Ordenações Filipinas, que vigoraram de 1603 até 1830, determinava no Livro V, capítulo 99: "Mandamos que qualquer pessoa, de qualquer estado e condição que seja que escravos de Guiné tiver, os faça batizar e fazer cristãos, do dia que a seu poder vierem até seis meses, sob pena de os perder para quem os demandar".[157] Uma garantia civil da desumanidade garantida penalmente.

Assim, o *Góes*, recebido de meu pai, indica que parte de minha família, escravizada em Florianópolis, era propriedade de uma família branca *Góes* que marcou um de meus antepassados como *"fulano de Góes"*, sendo que o *"de"* se perdeu no dinamismo do cotidiano, ditado pela colonização açoriana que imprime uma típica rapidez na linguagem, resultando em um sotaque singular. Por vários fatores, minha herança negra paterna é limitada ao sobrenome colonial, já que, sem

---

156 KILOMBA, 2019, p. 46.

157 LARA, 1999, p. 308.

acesso à conscientização racial e à educação básica, mesmo sendo meu lado familiar mais negro (retinto), minha negritude foi forjada por minha mãe, uma negra clara, de pai branco, e que conseguiu estudar um pouco mais.

É, portanto, em minhas raízes maternas que estão os elos com minha africanidade, voltada aos rasgos provocados pela escravização enredada em pescadores artesanais da praia de Sambaqui, descendentes de Silvestre Pereira de Souza e Isabel Ignacia de Souza, meus tataravós e limites da minha árvore genealógica (até o momento). As marcas vívidas da escravidão (quase esquecida) na "Ilha da magia", cuja única mágica é esconder seu racismo sob a colonização "amistosa", foram transmitidas pelas lembranças de minha bisavó, Maria Salomé dos Santos, uma parteira que nasceu livre e que dá nome ao núcleo de educação infantil do bairro.[158]

As cicatrizes do genocídio negro estão, assim, encravadas na construção de identidades, individuais e coletivas, estilhaçadas e incompletas, integrando o "paradoxo do negro brasileiro"[159] com manifestações da violência geracional que nos nega direitos naturais; fortalecendo laços entre (sobre)viventes em diáspora, a partir da incógnita eterna sobre nossas origens. Impossível pensarmos em integridade mental diante de incomensurável perda identitária, minimizada na abstração africana que não resulta em solução específica, conferindo justificativa para substituição de sobrenomes brancos por africanos, ou pelo "X" da questão, como fez *Malcolm*.[160]

Considerando as feridas escravagistas, ainda expostas, e o extenso rol de políticas reparatórias que busca amenizá-las, na medida em que

---

158 Na linha hereditária da liberdade, eu sou a quarta geração de negros livres em minha família.

159 GÓES, 2016, p. 194.

160 Nascido como Malcolm Little, após o assassinato, nos trilhos de um bonde por supremacistas brancos, de seu pai Earl Little (integrante da Universal Negro Improvement Association and African Communities League, organização internacional fundada por Marcus Garvey), a separação de sua mãe Louise Little e uma condenação de 10 anos de prisão (onde se dedicou à leitura e foi apresentado por seu irmão, Reginald, ao islamismo), Malcom, ao ter sua liberdade restituída, substituiu o "Little" por "X". Essa troca significa a conscientização e negação da herança colonial, marcas e lacunas escravagistas na vida negra em diáspora, sendo o "X" a manifestação da incógnita, das ausências e rupturas. Ao recuperar suas matrizes africanas através do islamismo, Malcom X se torna El Hajj Malik Al-Shabazz.

mensura a impagável dívida do Estado para com o povo negro brasileiro, deveria ser garantido de forma gratuita o processo para a substituição de nomes e sobrenomes, a critério de conveniência de pessoas negras e, em termos de saúde pública, o mapeamento genético.

Como acesso ao direito à identidade através do teste de DNA, de modo seguro, eficaz e efetivo, seria propiciado, minimamente, o conhecimento da ancestralidade e origens, reconstruindo o caminho genealógico, preenchendo algumas lacunas e desfazendo certas incógnitas, possibilitando a substituição de nomes, quando encontrado algum traço da família africana, ou a critério de afinidade e conveniência, já que não seria lícito ao Estado que não apenas destruiu tais vínculos, mas forçou o cruzamento de pessoas negras – inclusive para procriação - impor qualquer qualquer obstáculo à escolha de prenomes e sobrenomes.[161]

Questionar a origem dos sobrenomes aqui, em Santa Catarina, de onde escrevo,[162] é identificar, de imediato, a colonização europeia. Afinal, no contexto abolicionista (pré e pós), foi para cá que vieram muitos dos povos europeus "importados" para executar a missão de branquear o país que lhes presenteou com passagens transatlânticas

---

161 A Lei nº 14.382 de 2022, que dispõe sobre o Sistema Eletrônico dos Registros Públicos (SERP) e que altera o Código Civil, possibilita tais alterações, imotivadamente e independente de decisão judicial. Porém, em relação ao sobrenome, exige-se a "apresentação de certidões e de documentos necessários", nos termos da nova redação do art. 57 do Código Civil. Com o mapeamento genético, esse requisito seria suprido, mas o dispositivo deverá ser alterado, para possibilitar a inclusão do sobrenome africano e a exclusão, se for o desejo da pessoa negra, da marca do escravizador de seus antepassados.

162 E onde encontramos a cidade mais branca do país: Cunhataí, localizada no oeste do Estado e cuja história (que deve ser muito triste mesmo, imagina, ter que se apropriar de terras, sem qualquer limitação, e trabalhar nelas para sobreviver?), é contada assim pelo IBGE: "Todas estas famílias que aqui chegaram naquela época pensando num futuro melhor, estavam distantes de praticamente tudo, assistência médica, religiosa, e dos familiares. Nossos colonizadores sofreram muitas necessidades, muita solidão e saudades de amigos e parentes que deixaram pra trás. Desde então a grande aventura desses homens e mulheres que aqui chegaram foi derrubar o mato, cravar o arado e a enxada onde até então ninguém o havia feito, onde a fertilidade do solo prometia muitos frutos. Nesta árdua luta, em que cada metro quadrado precisa ser arrebatado da selva, os bravos colonizadores dependiam tão somente dos seus próprios esforços." Cf.: IBGE. História Cunhataí, Santa Catarina. Disponível em: https://cidades.ibge.gov.br/brasil/sc/cunhatai/historico. Acesso em 14 jan. 2022.

e terras, as mesmas terras que foram negadas aos ex-escravizados.[163] Assim, arianizou-se o horizonte catarinense, desde as colônias que celebram suas raízes entre *Oktoberfest*[164], *Pelznickelplatz, Carnevale, Tirolerfest, Polsky Festin*, dentre outras, e pintam uma "Europa brasileira" emoldurada pelo Vale Europeu.[165]

Na margem de cá da *Calunga grande*, o colonialismo dizimou a pluralidade identitária africana, reduzindo sua imensidão continental, ainda nos tumbeiros, à condição estigmatizante de escravizados que promoveu a primeira reconstituição de laços a partir do destino desumanizante. A reivindicação do direito à identidade negra brasileira é fruto da consciência racial decorrente da valorização e reconhecimento de suas características enquanto povo. Não graças ao Estado brasileiro, obviamente, mas às atuações concretas dos Movimentos Negros e intelectuais negras e negros, envolvidos individual e coletivamente no combate às consequências do racismo, ressignificando o termo "negro", reverberando movimentos globais centralizados na negritude.

Nessa transmutação, Nilma Lino Gomes leciona que:

> Ao ressignificar a raça, o movimento negro indaga a própria história do Brasil e da população negra em nosso país, constrói novos enunciados e instrumentos teóricos, ideológicos, políticos e analíticos para explicar como o racismo brasileiro opera não somente na estrutura do Estado, mas também na vida cotidiana das suas próprias vítimas. Além disso, dá outra visibilidade à questão étnico-racial, interpretando-a como trunfo e não como empecilho para a construção de uma sociedade mais democrática, onde todos, reconhecidos na sua diferença, sejam tratados igualmente como sujeitos de direitos.[166]

---

163 A Lei nº 601 de 18 de setembro de 1850 (Lei de Terras) foi um instrumento imprescindível para o controle da aquisição, impedimento de ocupação e negação de terras ao povo negro.

164 Tradicional festa alemã, realizada em Blumenau, cidade fundada em 1850, por Hermann Bruno Otto Blumenau, que ganhou aquelas terras do Governo Provincial. Note a "coincidência" do início da colonização europeia com a Lei de Terras, que legalizou e promoveu o embranquecimento nacional.

165 O projeto político de branqueamento do Brasil, normalmente, é escondido pelos discursos de necessidade de mão de obra qualificada, ideia falseada por Muniz Sodré, ao identificar nos *Yorubás* padrões elevados de industrialização, no século XIX, que incluía metalurgia, ampla rede de produção e consumo (roupas, tecidos, cosméticos etc.), e bom sistema de estradas. Cf.: SODRÉ, 2002. p. 50.

166 GOMES, 2012, p. 731.

Kabengele Munanga, no mesmo movimento de reabilitação e reconstrução da identidade negra através da negritude – não meramente a partir do orgulho do passado, mas da (re)afirmação de valores civilizatórios africanos e da rejeição incondicional das ardilosas armadilhas que tramam as bases de uma personalidade fascinada pelas imagens coloniais, isto é, embranquecida, assimilada e, por isso, petrificada –, nos ensina, no diálogo com Aimé Césaire, que o processo de desenvolvimento da negritude não se limita à conscientização das questões biológicas e fenotípicas, se solidificando no enlaçamento entre identidade, fidelidade e solidariedade:

> A identidade consiste em assumir plenamente, com orgulho, a condição de negro, em dizer, cabeça erguida: sou negro. A palavra foi despojada de tudo o que carregou no passado, como desprezo, transformando este último numa fonte de orgulho para o negro.
> A fidelidade repousa numa ligação com a terra-mãe, cuja herança deve, custe o que custar, demandar prioridade.
> A solidariedade é o sentimento que nos liga secretamente a todos os irmãos negros do mundo, que nos leva a ajudá-los e a preservar nossa identidade comum.[167]

Liberta dos aprisionamentos brancos, a negritude se (re)posiciona politicamente ao reivindicar o direito à identidade ancestral, revelando, na exata medida de sua urgência, a profundidade dos traumas e cicatrizes racistas e a irremediável solução de (re)construir novas subjetividades a partir dos pedaços, escombros e retalhos de tudo que foi usurpado, roubado e estraçalhado. Um repertório que integra o genocídio do negro brasileiro, que ultrapassa, em muito, a morte no plano (do corpo) físico. Nesse sentido, a compreensão da necropolítica de Achille Mbembe é fundamental por identificar a "geografia da morte"[168], mas limitada por não alcançar a complexidade da morte do *Ser-negro diaspórico*, já que essa morte se inscreve, como ensina Luiz Rufino, na perda de potência, esquecimento e desencantamento,[169] não apenas do corpo, mas da alma negra.

A amplitude do processo de branqueamento do povo negro brasileiro é elencada por Abdias Nascimento que ilumina múltiplos caminhos para o confronto e superação das dimensões atemporais do genocídio.

---

167 MUNANGA, 2015, p. 47.

168 VARGAS, 2010, p. 38.

169 RUFINO, 2019, p. 15.

Este produz a despotencialização, desde a desterritorialização matricial, promovendo uma reação em cadeia de apagamento forçado que impõe a branquização disfarçada de socialização. Há, ainda, um mimetismo de padrões e normatizações (modelos e modos) que conciliam colonialidades (ser, saber, poder, existir), transfiguradas em zonas brancas do não-ser negro, um ser embranquecido diferenciado pela pele preta.

Por isso, Neusa Santos Sousa (re)afirma a importância fundamental das experiências negras para a construção de identidades que ultrapassam o foro individual. Ela destaca o comprometimento derivado da consciência adquirida pós massacres, exigências e alienações como resgate da história não oficial e, a partir dela, a (re)criação de potências. Desafia-se, assim, o veredicto de tornar-se gente através da imagem do branco, aceitando-se sua herança religiosa em detrimento de valores originais, como parte do modelo a seguir. Nesse contexto, a ascensão social negra é "conquistada" às custas de sua identidade massacrada, pois:

> [...] no Brasil, nascer com a pele preta e/ou outros caracteres do tipo negróide e compartilhar de uma mesma história de desenraizamento, escravidão e discriminação racial, não organiza, por si só, uma identidade negra.
> Ser negro é, além disto, tomar consciência do processo ideológico que, através de um discurso mítico acerca de si, engendra uma estrutura de desconhecimento que o aprisiona numa imagem alienada, na qual se reconhece. Ser negro é tomar posse desta consciência e criar uma nova consciência que reassegure o respeito às diferenças e que reafirme uma dignidade alheia a qualquer nível de exploração.
> Assim, ser negro não é uma condição dada, a priori. É um vir a ser. Ser negro é tornar-se negro.[170]

Abdias Nascimento lembra que é pelo embranquecimento que a raça branca dirigente controla o acesso e a mobilidade do povo negro às posições sociopolíticas e econômicas, restringindo suas possibilidades de ascensão pelo "cerco fechado" que nega o racismo, mas o utiliza como arrame farpado. Esvaindo sua humanidade com o sangue derramado em áreas marginalizadas, aprisiona-se o *ser-negro* num círculo viciado/vicioso, determinando-se sua exclusão e discriminação de modo a reduzir, ao máximo, as oportunidades de melhoria de vida, seja pela escola ou pelo emprego, pois "o fator racial determina a posição social e econômica na sociedade brasileira".[171]

---

170 SOUZA, 1983, p. 77.

171 NASCIMENTO, 2016, p. 101.

Através da assimilação, instrumentos de controle atravessam o corpo negro individual para conter o corpo negro social, isto é, o sujeito coletivo de direitos, imobilizando-os através de uma política antinegritude com a obliteração de conhecimentos e a desintegração da resistência. Não raramente, o domínio branco se manifesta nas pessoas negras em termos de (auto)ódio pela impossibilidade de ser branco, pois: "a assimilação cultural é tão eficiente que a herança da cultura africana existe em estado permanente confrontação com o sistema dominante, concebido precisamente para negar suas fundações e fundamentos, destruir ou degradar suas estruturas."[172]

Nessa perspectiva, podemos perceber que a *colonialidade do ser*, pensada por Walter Mignolo e desenvolvida por Maldonado-Torres,[173] é ontológica e resulta da *colonialidade do poder*, manifestando-se na (auto) identificação do colonizado como inferior. Tal postura – incutida pela violência de ter que aparentar e se apresentar nos padrões impostos pelo colonizador – é uma das facetas do genocídio perpetrado pelo branqueamento e mantido pelo branquismo. Somos condenadas/os à negação negra e a uma inferiorização enlouquecedora, pelas tentativas inúteis em sermos o que jamais seremos, uma condição que nos será sempre lembrada pelos encontros outrificantes (pré)determinantes: "para o negro, há apenas um destino. E ele é branco."[174]

Assim, o branqueamento é um instrumento político de controle racial voltado para o acorrentamento da natureza predisposta à liberdade e, portanto, mecanismo impeditivo das desobediências negras que deságuam em comportamentos insurgentes. A rebeldia contracolonial é condição para o (auto) (re)conhecimento do *Ser-negro* resultado de existências em permanente desajuste e, por isso, em constantes confrontos. Dessa maneira, o *Ser-negro* torna-se um ser político diaspórico cuja percepção de (in)completude se encontra nas religiões de matriz africana, guardiãs da centelha da vida negra e manancial de suas potências desafiadoras do mundo branco em sua pré-organização polarizante.

Chamando a atenção para demandas de viés identitários que constituem e atravessam os sentidos do *Ser-negro* em termos de "política do conhecimento" – lastreada pela re*orí*entação de nossa trajetória histórica enviesada pelo monopólio branco, de modo a (re)organizar e (re)

---

[172] NASCIMENTO, 2016, p. 112.

[173] MALDONALDO-TORRES, 2007.

[174] FANON, 2008, p. 28.

conhecer a importância e os valores de nossas heranças –, Wanderson Flor do Nascimento leciona:

> A demanda à qual me refiro é a da reconstrução identitária ou, melhor dizendo, reconhecer o apagamento das presenças africanas no seio de nossa identidade brasileira; reivindicação fundamental dos movimentos negros brasileiros: saber que parte do que somos é incontornavelmente marcado pelos legados africanos que insistimos em obliterar. [...] Não se trata, no entanto, de uma abordagem da identidade como uma essência ou substância, mas como movimento de construção de nossa imagem de si e que se relaciona com processos históricos de visibilidade ou desaparição de elementos agenciados politicamente.[175]

As religiões de matriz africana cruzam, em maior ou menor proporção (incluindo, assim, manifestações racistas e violências coloniais), fatores restauradores das concepções identitárias ressignificadas nos trânsitos diaspóricos que, abrigadas nos terreiros, encontraram alguma proteção marginal para a transmissão geracional, por meio da oralidade como fundamento axiológico, das reverberações epistemológicas vindas de África. Por essa magnitude constitutiva, tais referências de pensamento não podem ser resumidas simplesmente à religiosidade, visto que manifestam a ancestralidade negra que, no transcender dos corpos, reflete sua multiplicidade e capacidade de (re)criação mesmo onde, aparentemente, nenhum caminho era visível pelos sentidos genocidas dogmatizados.

Kabengele Munanga reforça a importância do fator histórico no contexto das comunidades religiosas afro-brasileiras ao ensinar que ele:

> [...] constitui o cimento cultural que une os elementos diversos de um povo através do sentimento de continuidade histórica vivido pelo conjunto de sua coletividade. O essencial para cada povo é reencontrar o fio condutor que o liga a seu passado ancestral o mais longínquo possível. A consciência histórica, pelo sentimento de coesão que ela cria, constitui uma relação de segurança a mais certa e a mais sólida para o povo. É a razão pela qual cada povo faz esforço para conhecer sua verdadeira história e transmiti-la às futuras gerações. Também é a razão pela qual o afastamento e a destruição da consciência histórica eram uma das estratégias utilizadas pela escravidão e pela colonização para destruir a memória coletiva dos escravizados e colonizados. Sem negar a comunidade do passado histórico de todos os negros da diáspora, acredito que a consciência que se tem desse passado é relativamente diferente entre as categorias acima referidas. Parece-me que a consciência histórica é mais forte nas comunidades de base religiosa, por exemplo, nos terreiros de candomblé, graças justamente aos mitos de origem ou de fundação conservados pela oralidade e atualizados através de

---

[175] FLOR DO NASCIMENTO, 2020b, p. 28.

ritos e outras práticas religiosas. A questão da busca ou da crise da identidade não se colocaria nesse contexto. Nas bases populares negras sem vínculos com as comunidades religiosas de matriz africana, a consciência histórica e, consequentemente, a identidade se diluiriam nas questões de sobrevivência que toma o passo sobre o resto e pode desembocar num outro tipo de identidade: a da consciência do oprimido economicamente e discriminado racialmente. Na militância negra há uma tomada de consciência aguda da perda da história e, consequentemente, a busca simbólica de uma África idealizada.[176]

Alertando, então, para a impossibilidade de afirmarmos uma identidade negra única, pela complexidade multifatorial envolvida, em que pese sua importância para o movimento negro na busca por políticas públicas, Munanga estabelece os seguintes fundamentos comuns da identidade coletiva diaspórica (que enlaça afro-brasileiros, afrodescendentes, afro-americanos e africanos-americanos): a territorialidade, que permite a construção de vínculos comunitários ao preservar e potencializar o sentimento de unidade (mesmo em meio à diversidade); a continuidade, a solidariedade e a existência do grupo constituído na, e pela, exclusão. Nas palavras do autor:

> Ter uma identidade coletiva significa ter a consciência de pertencer a uma única ancestralidade que se materializa não pelos "mortos comuns", mas sim pela consciência de ter um território físico comum. Os escravizados foram arrancados pela força do seu território físico enquanto terra e espaço físico de seus ancestrais fundadores; territórios e terras que constituíam um patrimônio social inalienável e não uma propriedade coletiva alienável.
> No Brasil, como em todas as Américas onde foram transplantados e escravizados, a memória de seus territórios étnicos foi sistematicamente destruída. [...] Da memória territorial dos escravizados e seus descendentes sobrou apenas a África enquanto continente negro. Por isso, essa África enquanto continente que sobrou como lembrança indestrutível continua a ser recriada, reinventada e idealizada em todos os discursos identitários da diáspora.[177]

Em busca da territorialidade perdida, nos encadeamos à *Òpó-òrun-oún-Àiyé* (o pilar que une os mundos),[178] signo principiológico da memória ancestral que conecta as margens negras a *ìgbá ì wà ñû* (o tempo quando a existência sobreveio), origem das raízes que aqui germinaram, deram frutos e geraram sementes. Não existe identidade sem re-

---

176 MUNANGA, 2015, p. 7-8.

177 MUNANGA, 2012, p. 17.

178 ELBEIN, 2002, p. 62.

verência à *Ilú Ayê*,[179] mesmo que a distância, temporal e geográfica, projete uma imagem mítica que acalanta prantos não por um retorno ao pré-colonialismo, mas pela reconstrução do mundo através de seus fundamentos e genealogias. A importância do território é exemplificada pelo próprio Kabengele Munanga com uma lição de sua aldeia, *Bakwa Kalonji*, no Congo, transmitida pelo ditado popular que diz que "se a terra e o filho estão ambos ao mesmo tempo doentes, deve-se curar primeiramente a terra".[180]

O processo de escravização negra é, também, a historicidade do roubo. Realiza-se a partir da subtração e expropriação da terra, do rompimento abrupto de nossas raízes e da condenação ao esquecimento de memórias sob violência incansável. Traça-se, assim, o marco do mundo negro por meio da anulação de sua própria (auto)concepção e das possibilidades de ser e existir no mundo branco. Nossa sobrevivência só foi possível através da reconstrução de espaços físicos que viabilizassem a reorganização de vidas em diáspora, mas mantendo vínculos com África e com o referencial ancestral como fonte da resistência, fazendo dos terreiros locais de (auto)(re)conhecimento, de identificação enquanto povo, de integração, pertencimento e educação antirracista. Nesse sentido, os terreiros são, em síntese, a reconfiguração geográfica dos quilombos.

É nesses espaços de convivência que o senso de coletividade é reconstituído a partir de concepções pulsantes. Neles, a nossa africanidade ganha concretude, desfazendo a amarração do desencantamento racista que tenta controlar tudo e todos através dos limites estabelecidos pela razão branca que determina o que é (sua) verdade. Através do reencantamento, nos deparamos com nossa ancestralidade que, para Adilbênia Freire Machado, é:

> [...] nossa guia, a referência maior, a lógica que organiza o pensamento africano recriado em solo brasileiro, ou seja, é ela que permite se pensar, refletir, recriar, criar e vivenciar continuamente uma cosmovisão africana, é conceito e práxis, feita a partir do nosso próprio chão. Regendo a lógica da cultura tradicional africana que traz sempre novidade, posto que conhecer, aprender a sabedoria dos antigos é atualizar, continuamente, o conhecimento.[181]

---

179 "Terra da vida", ou seja, África.

180 MUNANGA, 2012, p. 19.

181 MACHADO, 2014, p. 58.

Sobre a tessitura que compõe relações ancestrálicas, Wandreson Flor do Nascimento leciona:

> A ancestralidade não é apenas uma relação que se estabelece com os ancestrais: é também, e sobretudo, uma lógica de continuidade que confere sentido – desde o presente – ao passado, que dando forma à memória. Desta forma, a ancestralidade aparece, nesses povos, como um dos fundamentos da própria cultura, que seguindo a dinâmica ancestral não será jamais estática. A ancestralidade é sempre uma experiência relacional, que liga, inclui e se move na perspectiva da multiplicidade – haja vista que somos herdeiros de diversos ancestrais.
>
> A memória, espelho da ancestralidade, em uma movimentação vinculante com a palavra falada, apresenta-se como uma manifestação da história que não cessa de moverse tanto em direção ao passado, quanto ao presente. O mundo, a vida, a existência são lidos pela ótica desta ancestralidade.[182]

Para Eduardo David de Oliveira, ancestralidade é instrumento de compreensão e intervenção da realidade, pois produz sentidos e experiências éticas *desoutrificantes* por sua natureza contínua como relação de contato, de ligação e de recepção da África que (re)vive em cada corpo negro, propiciando unidade no contexto diaspórico, mas, acima de tudo, permitindo a diversidade integrativa. Nas palavras do autor:

> Ancestralidade é, então, mais que um conceito ou categoria do pensamento. Ela se traduz numa experiência de forma cultural que, por ser experiência, é já uma ética, uma vez que confere sentido às atitudes que se desdobram de seu útero cósmico até tornarem-se criaturas nascidas no ventre-terra deste continente metafórico que produziu sua experiência histórica, e desse continente histórico que produziu suas metonímias em territórios de além-mar, sem duplicar, mas mantendo uma relação trans-histórica e trans-simbólica com os territórios para onde a sorte espalhou seus filhos. Para além do conceito da ancestralidade, ela tornou-se uma categoria capaz de dialogar com a experiência africana em solo brasileiro. [...] Alojada no útero da ancestralidade está a cosmovisão africana, isto é, sua epistemologia própria que, por ser absolutamente singular e absolutamente contemporânea, partilha seus regimes de signos com todo o mundo, enviesando sistemas totalitários, contorcendo esquemas lineares, tumultuando imaginários de pureza, afirmando multiplicidade dentro da identidade. Fruto do agora, a ancestralidade ressignifica o tempo do ontem. Experiência do passado ela atualiza o presente e desdenha do futuro, pois não há futuro no mundo da experiência. A cosmovisão africana é, então, a epistemologia dessa ontologia que é a ancestralidade.[183]

---

182 FLOR DO NASCIMENTO, 2020b, p. 42.

183 OLIVEIRA, 2012, p. 39-40.

Contudo, adverte Eduardo David de Oliveira, ancestralidade não pode ser simplificada em relações consanguíneas ou de parentesco. Porém, é exatamente nesse sentido, ou seja, nos rompimentos e ausências provocadas na linha genealógica, que a violência genocida é sentida de maneira mais intensa, pela desintegração de laços fundantes e preceitos exegéticos de todo um código normativo, com princípios e valores específicos.

Assim, ancestralidade é um direito humano do povo negro, constituindo fonte jurídica ao estabelecer sentidos reivindicatórios e reconstrutores que sustentam o *Direito Penal Antirracista*. Ela é responsável pela forja de elos inquebrantáveis que conectam o intricado cruzamento entre cosmogonias gestadas na cabaça-útero africana e a dignidade humana negra, umbilicalmente ligadas, executando saberes-poderes que emergem dos valores civilizatórios africanos. Ela é a antítese do caráter genocida daquela humanidade universalizada e de toda gramática de violência inerente à sua construção e defesa.

Sérgio São Bernardo, mobilizando o legado jus-filosófico banto para apresentar experiências e tradições afro-brasileiras como chaves práticas e emancipatórias à justiça e ao direito, cruza passos com a filosofia do direito branca, (a)firmando uma justiça e um direito libertário fundados na herança ancestral negra, cujos pressupostos ontológicos (existenciais e míticos – jamais opostos à ciência, mas complementares) estão arraigados nas complexas (re)construções territoriais comunitárias. [184]

Tendo como pressuposto a ideia de que "moralidades geram eticidades e as eticidades geram juridicidades",[185] Sérgio São Bernardo estabelece a filosofia da ancestralidade como marco fundacional tridimensional para uma justiça afro-brasileira. Enquanto *epistemologia*, a ancestralidade pressupõe movimento e (im)põe movimentação direcionado ao (re)encantamento, fundamentos de civilizações africanas que (en)cobrem corpos e vivências com ensinamentos extraídos do "código ancestral" que evidenciam caminhos para (re)pensarmos o arcabouço jurídico, a partir de seus dogmas de justo e de lei, para libertá-lo de sua gênese colonial, isto é, de sua sanha por domínio racial:

> A ancestralidade é a categoria que permite entender os territórios desterritorializados que, ao se reconstruir, a exemplo da experiência negra no Brasil, constroem outros territórios capazes de suspender a temporalidade

---

184 SÃO BERNARDO, 2018.

185 SÃO BERNARDO, 2018, p. 56.

e a linearidade de uma história de cunho progressista e unívoca; ou como a história indígena, cuja própria existência e resistência determinam o local de rasura de uma nação que se pretende homogênea. As misturas e mistérios do mundo se entrelaçam na filosofia da ancestralidade. Não se trata de uma mera saudade do passado, mas de uma referência de como os nossos antepassados nos deixaram movimentos para continuar a saga da existência![186]

Como *princípio normativo*, a ancestralidade expressa uma "ética da sobrevivência", reconfigurando existências orientadas ao reconhecimento de experiências marcadas pela presença vívida do corpo/mito/movimento/ancestral que produz mandamentos (princípios e regras), se apresentando como fontes ético-jurídicas, estruturadas em moralidades políticas, convenções e interpretações que manifestam um poder insurgente, voltado à reexistência e à emancipação coletiva. Ancestralidade, assim, como ensina Sérgio São Bernardo, demanda e determina (re) produção, (re)construção e reparação da memória negra que atravessou a grande Kalunga, fazendo dela a cabaça-útero de cosmopercepções:

> [...] a categoria da ancestralidade requer sempre uma memória e uma história. Esta história requer uma identidade. A identidade exige o debate da diversidade e da diferença. Este contexto da igualdade jurídica material tem influenciado o contemporâneo debate sobre justiça em nosso tempo. Este debate debruça-se sobre os fundamentos de uma justiça que se realiza para modelos de sociedades fortemente caracterizadas pela diversidade/desigualdade em vários níveis e por clamores democráticos de igualdade material. O tema da ética política aparece como uma força arrasadora e determinante sobre os temas da religiosidade, da estética e da cultura.[187]

Já no sentido da dimensão fático-ancestral em termos de *fundamento de lei e do direito*, Sérgio São Bernardo explica que a natureza ética da ancestralidade não pode ser tratada como uma imposição normativa tradicional, mas manifestação permanente da tradição e da cultura sistematicamente legitimada, concretizando, sobre práticas diárias, normas e preceitos integrantes da "lei ancestral" que carrega consigo axiomas, provérbios e mandamentos com força legislativa e normativa. Assim, essa sistematização confere e adquire aspectos inequivocadamente jurídicos, em formas, conteúdos e conceitos distintos, porém, com legitimidade idêntica, tendo em vista a dinâmica de validação de preceitos. Nas palavras do autor:

---

186 SÃO BERNARDO, 2018, p. 58.

187 SÃO BERNARDO, 2018, p. 61.

Elaboramos leis e as convertemos em modelos vários de comando e de sanção frente à desobediência. Elas possuem poder normativo em si quanto mais forem aceitas pela comunidade. Nesse caso, o pertencimento e a submissão às regras da comunidade, afiançadas pelo culto aos antepassados e ancestrais, conferem o poder normativo e ainda preditivo, prescritivo.[188]

Imprescindível repetir a advertência feita por Sérgio São Bernardo diante das conclusões apressadas em identificar a ancestralidade negra como fonte jurídica enquanto uma proposta religiosa. Isto porque, trata-se aqui, como em sua tese,[189] de uma perspectiva ordenada pela pujança de predições, prescrições e profecias que caracterizam a pedagogia quilombista oriunda dos terreiros. A *Ancestralidade Normativa Não Religiosa,* assim, não pode ser menosprezada, inferiorizada e aprisionada sob a alegação mitológica, eis que "ninguém resiste à força dos princípios mandamentais ancestrais como sustentadores de uma vida social."[190]

Essa advertência também é feita por Muniz Sodré ao situar a ancestralidade como integrante da *Arkhé* africana, princípio material inaugural que outorga existências e sentidos a fatos que nos conduzem à reconstrução, continuidade e circularidade, características da memória coletiva ancestral. Enquanto constituintes de nossa codificação jurídica – que se movimenta em torno de origem e destino –, *itans, orikis,* provérbios, aforismos, ditados e axiomas morais e éticos, são fundamentos válidos e atualizados pela interação complementar entre racionalidade e misticismo, que não podem ser entendidos como anulações recíprocas. Ou seja:

> Não se trata da nostalgia do antigo, portanto, de nenhuma reminiscência romântica, nenhuma forma de um espírito original, nem de qualquer *apelo* memorial a um começo. Trata-se, sim, de um *eterno retorno* ou um *eterno renascimento,* um *logos* circular (o fim é a origem, a origem é o fim), que se subtrai às tentativas puramente racionais de apreensão enquanto algo de fundamental de que não se recorda nem se fala, mas não falta, pois se simboliza no culto [...] aos princípios cosmológicos (os orixás, as divindades) e aos ancestrais.[191]

---

188 SÃO BERNARDO, 2018, p. 64.

189 Fundamentada, por sua vez, na tese de doutorado de Fábio Leite, intitulada *A questão ancestral.*

190 SÃO BERNARDO, 2018, p. 65.

191 SODRÉ, 2017, p. 97.

A condenação ao esquecimento compulsório de epistemes ancestrais e seus significados que renascem nos terreiros – dimensão do genocídio antinegro identificado por Muniz Sodré como *semiocídio*, sintetiza a tentativa de extermínio do(s) sentido(s) do(s) *outrificados* e se estabelece como pressuposto do genocídio físico, perpetrado pela evangelização.[192] Tal manifestação exterminante é abordada por Wanderson Flor do Nascimento ao propor o (re)significado da morte (pré)determinada pela violência que representa a necropolítica. Para ele, a condenação de nossas matrizes sobre a morte, reduzindo suas múltiplas possibilidades de vida a um evento trágico, aprisionou seus significados no sentido colonial que promove terror e imobilidade face à ordem de interrupção e desapego que, ao fim, restringe (con)vivências à meras recordações borradas pelo tempo.

Transcendendo a morte física que marca o fim da existência, conforme o pensamento colonial, sua disposição enquanto evento temido, sofrido e violento, já que marca a perda irremediável, é outra demonstração do epistemicídio, uma vez que para o povo de terreiro, a morte é, em verdade, o orixá *Iku*, que apenas transforma nossa relação com a comunidade, de vivos a ancestrais viventes no plano imaterial. A morte assim, não é violenta nem temida, pois não provoca qualquer ruptura ou desligamento, mas é parte de um modo de vida que interliga existências, ou seja, é vida e, nesse sentido, fortalece os laços comunitários em torno da resistência:

> A "morte", no contexto necropolítico – seja autoimposta ou imposta por alguém – é sempre rodeada de violência ou crueldade: uma espécie de resolução de uma *vida sofrida*, e não de uma *vida vivida*, tal como acontece quando *Iku* nos toca. Dizendo de outro moda, para os terreiros o problema não é morrer pelo toque de *Iku*, mas *ser morto* por elementos violentos que nos retirem da comunidade, em vez de nos manter nela. [...] Uma das coisas nefastas que a necropolítica provoca é a perda dessa morte vivida, dessa morte que não nos afasta de nossa comunidade. A necropolítica tem matado também nossos modos tradicionais de morrer, de nos mantermos nas memórias de nossas comunidades. Morte violentas, tristes, cruéis tendem a lançar os mortos no esquecimento, para que nos protejamos da dor de reviver o momento trágico da morte cruel de alguém que amávamos. E, assim, o morto deixa de habitar a comunidade à qual pertencia.[193]

---

192 SODRÉ, 2017, p. 102.

193 FLOR DO NASCIMENTO, 2020a, p. 31.

Assim, a morte provocada pelo genocídio se caracteriza como *colonialidade existencial,* imobilizando o corpo objetificado pela ruptura, afastamento e extinção da relação de comprometimento e responsabilidade com quem veio de longe e aqui, há muito, firmou com força seus passos, inaugurando a luta pela liberdade com sangue, sem medo de trocar essa existência pela sobrevivência de seu povo, que honra, homenageia, celebra e saúda sua existência com a continuidade da caminhada.

Na constituição dos *ilês*, comprimidos geograficamente e empurrados à clandestinidade pela (o)pressão branca, convivência e afetividade reatam laços desfeitos por meio da sabedoria dos orixás, responsáveis por traçarem novos rumos adaptativos ao contexto de violência brasileira, reorientando os trajetos desejados e decretados pela branquitude, substituídos por encruzilhadas, domínios de Exú. Carregados com a primazia desordeira, passos enviesados multiplicam possibilidades existenciais sediciosas, alinhavando sentidos outros no tecido racial-social e comprovando as muitas estratégias da resistência negra para sua sobrevivência, incluindo negociações com a branquitude, o que acarretou branqueamento via sincretismo que, não raras vezes, expressa-se de modo racista.

O controle racial informal, por meio do cristianismo, reproduzindo a subserviência negra a um homem branco, de olhos claros e cabelos lisos (um verdadeiro "milagre" em se tratando de Oriente Médio), disseminando a ideia de salvação única por suas mãos, foi fundamental para impedir identificações consoante arquétipos do panteão africano. Como salienta Muniz Sodré:

> O terreiro (de candomblé) afigura-se como a forma social negro-brasileira por excelência, porque além da diversidade existencial e cultural que engendra, é um lugar originário de força ou potência social para uma etnia que experimenta a cidadania em condições desiguais.[194]

A demonização das religiões de matriz africana não foi sem propósito. Mais um estratagema branco de dominação e, sobretudo, neutralização da resistência negra que tem nos terreiros sua incorporação ao transformar corpos negros em extensões territoriais pela multiplicidade existencial que eles carregam e que não pode ser silenciada. Se no âmbito do controle racial formal há a criminalização do direito negro à sua liberdade de consciência, crença e livre exercício de seus cultos religiosos,[195] no informal há a inferiorização pela folclorização, "um

---

194 SODRÉ, 2002, p. 20.

195 Nos termos da CRFB, art. 5º, VI.

instrumento mortal no esquema de imobilização e fossilização de seus elementos vitais",[196] arrematando com ideias que revelam seu próprio racismo como *macumba*[197] e *magia negra*.

A violência do genocídio, nesse sentido, é expressa não apenas pelo alijamento das matrizes africanas em diáspora, mas pelo medo incutido ao negro, pelo cristianismo, de sua própria ancestralidade ("religiosidade"), mantendo o constante afastamento de seus preceitos para garantir segurança à alma embranquecida. O resultado da efetividade deste instrumento de controle racial é o temor paralisante sentido na pele, transmitido no bojo hereditário familiar que busca inviabilizar, a todo custo, (re)encontros ancestrais.

Estes, no meu caso, são recentes e fizeram com que eu, ao ser o primeiro da minha família a me graduar, também fosse o primeiro a me reontologizar, seguindo os passos do *griot* e mestre *Olorode Ògìyán Kálàfó*, Jayro Pereira de Jesus que, ao problematizar "o que éramos, o que fizeram de nós e o que poderemos voltar a ser", preordenou a *orientação* que ritualizou a passagem do meu corpo ao *complexo cosmobioancestrálico*.[198]

O profundo sentimento de perda não é apenas inevitável, mas imensurável, acompanhado da certeza de que muitas lacunas relacionadas

---

196 NASCIMENTO, 2016, p. 147.

197 Apesar do caráter pejorativo que a branquitude atrelou ao termo, como política subversiva de significados, voltada ao empoderamento e autoestima, o Movimento Negro brasileiro (tomado aqui em sua generalização que não desconhece sua multiplicidade), negando as atribuições racistas, substituiu tal concepção por conotações que expressam valores e orgulhos da negritude, demarcando espaços de disputas e resistências na linguagem, como aconteceu com o termo "negro". Não obstante a simbologia atrelada às raízes africanas, há de se ponderar que macumba é, de fato, um instrumento musical africano.

198 Registro aqui minha gratidão à existência e resistência de Seu Jairo que, em sua passagem por Florianópolis, mesmo sem me conhecer pessoalmente e em uma cadeira de rodas, esteve presente no lançamento do meu primeiro livro em 2016, encontro que marca minha vida, determinando nossa aproximação, inviabilizada, fisicamente, por sua mudança para a zona rural do bairro Amado Bahia, região metropolitana de Salvador/BA, onde fundou o território afrodiaspórico Escola Aldeia Ubuntu Vale do Akòko. Celebrando sua vida, uma caminhada inteira dedicada à luta antirracista (testemunhada por Lélia Gonzalez, Beatriz do Nascimento, Luiza Bairros, Makota Valdina, Mestre Didi, Carlos Nobre, *Bàbáláwo* Ivanir dos Santos, dentre tantas outras personalidades), agradeço ao dono do meu *orí*, responsável pelo cruzamento de nossos caminhos. *Adupé*, meu velho, sua benção!

ao direito fundamental da identidade jamais serão preenchidas corretamente. O que me(nos) resta(m) são reconfigurações paliativas que minimizam os séculos de investimento na destruição de nossas raízes, as vivências negadas, os conhecimentos perdidos, as incalculáveis vidas exigidas para que eu chegasse até nesse momento. A reconceituação das obliterações se reverte em impulsos insurgentes desde *éthos*, comprometidos com o direito à memória negra, salvaguardada por epistemologias que redimensionam corporalidades ajustadas à reconfiguração territorial do manancial ancestral.

Francisco Phelipe Cunha Paz reelabora o trânsito da travessia diaspórica – encruzos da história da escravização ensinada como *contos de fadas brancas* – em termos de memória viva, em política ancestral da memória – narrada nos transes de corpos negros que debocham do tempo. Ao nos instrumentalizar com a memória, o autor chama a atenção para o manuseio da necropolítica no campo do silenciamento, apagamento e morte de memórias e heranças negras que possam simbolizar ou potencializar nossa resistência, isto é, um *memoricídio,* provocando, sistematicamente

> [...] desarranjo das memórias, o trauma físico e simbólico, a perda da potência criativa e o esfacelamento do ser de negro africano na experiência da diáspora. As mortes e esquecimento impostos às memórias negras e heranças produziram historicamente a subalternização e descrença sobre os conhecimentos e práticas das populações africanas e seus descendentes, procurando mantê-las sob a clausura da marginalização, da demonização e mesmo da sua criminalização. As estratégias do colonialismo em tentar controlar os mecanismos de produção e gestão das memórias dos povos negros na diáspora, entre lembranças e esquecimentos, é uma das facetas necropolíticas que gesta o não-ser e justifica a morte do ser negro, que é também a possibilidade da morte do corpo biológico, mas, sobretudo, a morte da memória, do passado, da sua história e ancestralidade, e assim a morte dos seus conhecimentos ancestrais.[199]

Assim, a necropolítica da memória diria respeito às

> [...] ações do Estado [mas não só], cujas funções seriam as de tentar produzir uma *imagem idealizada e consensual da ordem nacional*, a fim de legitimar o poder exercido, nas esferas do Estado, pelo grupo dominante que se utilizaria de seus símbolos e narrativas como uma espécie de *espelho ideologizante*, a partir do silenciamento, apagamento e extermínio das memórias dos grupos subalternizados.

---

[199] CUNHA PAZ, 2019, p. 152.

O corpo negro, seus valores e projetos civilizatórios africanos e afro-brasileiros na diáspora e toda essas heranças que estão nas esquinas, nos bares, nas ruas, na construção simbólica do espaço geográfico das cidades brasileiras, nos alimentos, no português como [pretoguês], língua no cancioneiro, nas danças, nos cabelos, nas religiosidades, nunca foram esquecidas, mas constantemente lembradas e historicamente negadas, excluídas, expurgadas, subalternizadas e apagada nas narrativas das memórias da nação de pretensões hegemônicas.[200]

"A matança genocida é do corpo, da mente e do espírito". A conclusão de João Costa Vargas atesta a urgência global de perspectivas afrológicas para atender as demandas da diáspora negra enquanto metodologia de abordagem e confronto do genocídio antinegro, que no Brasil é multifacetado e *continuum*, ratificado pelo silêncio, inércia e ignorância de suas manifestações que também se refletem no incentivo embranquecedor de pessoas negras a buscar companheiras/os de pele clara. Assim, se o genocídio antinegro é a chave para a autocompreensão de nossa sociedade, de padrões éticos, morais, jurídicos, estéticos e espirituais impostos, são as relações de poder decorrentes de seus atravessamentos, bem como seus instrumentos cognitivos, que sustentam tais sistemas necropolíticos que precisam ser des(cons)truídos.

> Enquanto o genocídio antinegros está no centro das fundações da nossa sociedade, este também está no núcleo de nossa cognição – nós damos sentido e buscamos a boa sociedade, muitas vezes inintencionalmente, de acordo com as frequentes e silenciosas expectativas de que os negros não são inteiramente seres humanos e consequentemente não são dignos da completa inclusão nesta sociedade. Nós somente superaremos isso quando e se nossa sociedade, nossas coletividades e nossas subjetividades forem radicalmente nos livrando das premissas que exigem, perpetuam e também nos dessensibilizam quanto às manifestações do genocídio antinegros. Tal transformação radical é revolução.[201]

A convocação ao reconhecimento do genocídio antinegro como violência fundacional e sustentáculo de nossa sociedade finda por determinar a impossibilidade da existência negra nos sistemas políticos atuais, tutelados por sistemas jurídicos. Ecoando a voz e entonação de Audre Lorde para afirmar que *"nós não fomos destinados a sobreviver"*, João Costa Vargas é enfático: "devemos destruir as circunstâncias sob

---

200 CUNHA PAZ, 2019, p. 157.

201 VARGAS, 2010, p. 60.

as quais a indicação continua a ser verdadeira, e inventamos realidades alternativas de modo que possamos sobreviver."[202]

Nossos passos vêm de longe, somos sobreviventes de uma "nação" que ainda se esforça (e muito) para aniquilar o que somos: *r-e-s-i-s-t-ê-n-c-i-a*! Mas resistir não é viver, é sobreviver reagindo aos ininterruptos ataques. Por isso, as discussões sobre genocídio antinegro se entrelaçam às questões existenciais-identitárias não reduzíveis às bases fenotípicas que motivam e orientam as violências raciais, já que todo contexto geo-histórico colonial faz da negritude uma prática política. Como ensina Muniz Sodré: *"a identidade ajuda a politizar os conflitos, criando possibilidades de representação das subjetividades junto ao espaço regido pelo Estado"*.[203]

Genocídio, então, reporta à memória, sofrimento e sentimento de perda, chagas abertas a estalos de chibatas, vivificadas nos confrontos inatos ao processo de (re)conhecimento e (re)construção desenvolvido através do protagonismo negro que (en)canta suas histórias. As lutas travadas e estratégias *kizombadas*, levadas na palma da mão, fazem das nossas rodas de hoje extensões de tantas outras que jamais deixaram, ou deixarão, morrer nossas raízes que são (e saem) (re)fortalecidas de espaços de resistência e pertencimento, portanto, de construção da identidade coletiva:

> *Se preto de alma branca pra você*
> *É o exemplo da dignidade*
> *Não nos ajuda, só nos faz sofrer*
> *Nem resgata nossa identidade.*
> *Elevador é quase um templo*
> *Exemplo pra minar teu sono*
> *Sai desse compromisso*
> *Não vai no de serviço*
> *Se o social tem dono, não vai.*
> *Quem cede a vez não quer vitória*
> *Somos herança da memória*
> *Temos a cor da noite*
> *Filhos de todo açoite*
> *Fato real de nossa história.*[204]

---

[202] VARGAS, 2010, p. 60.

[203] SODRÉ, 2015, p. 48.

[204] Jorge Aragão – Identidade.

Todo esse amálgama esboçado, ignorado por questões evidentes, não encontra respaldo no conceito legal de genocídio, e enquadra, enquanto concepção analítica, outras violências estabelecidas sobre o "desenraizamento ancestral." Estas são tipificadas no impedimento de nascimentos no seio do grupo e transferência forçada para outro grupo como resultado do branqueamento e assimilação. Mesmo restando inequívoca a materialidade do genocídio negro no Brasil, consolidada no cotidiano, seja no plano físico ou metafísico, a autoria criminosa jamais recaiu sobre o Estado, e certamente, jamais recairá.

A responsabilização do Estado brasileiro pelos crimes cometidos durante a escravização negra, e seus reflexos na atualidade, foram pautas da Comissão da Verdade Sobre a Escravidão Negra no Brasil, criada em novembro de 2014, pela Ordem dos Advogados do Brasil (OAB), que instituiu comissões regionais em suas seccionais. A iniciativa foi inspirada na Comissão Nacional da Verdade sobre a período ditatorial, criada em 2011, que recebeu amparo e apoio estatal, bem como da sociedade civil organizada e conseguiu esclarecimentos sobre mortes e desaparecimentos que fundamentaram reparações simbólicas, financeiras e psicológicas às vítimas e seus descendentes.

Com os mesmos objetivos, a Comissão da Verdade Sobre a Escravidão Negra no Brasil, todavia, não recebeu o mesmo comprometimento, interesse ou preocupação pelos séculos de perpetração de violência antinegra. Não houve investimento para além do usufruto das instalações da OAB para as reuniões e de seus automóveis para alguns deslocamentos em busca de informações sobre especificidades locais da escravidão. Sequer houve qualquer auxílio financeiro para as pesquisas, que ficaram sob total responsabilidade de suas/seus integrantes que, de modo voluntário, deveriam encaminhar o material produzido para compor um relatório com fundamentação técnica apta a justificar o dever de reparação do país sobre fatos relativos à escravização negra.[205]

A ressemantização do conceito de genocídio, de modo que este expresse e represente as dimensões que atentam contra a dignidade hu-

---

[205] Esse foi o retrato dos trabalhos na Comissão da Verdade sobre a Escravidão Negra da seccional de Santa Catarina, a qual ingressei como Secretário-Geral em 2015, permanecendo até 2016. Diante de todas as dificuldades, obstáculos e empecilhos que não poderiam, obviamente, serem superados apenas pela boa vontade, nem mesmo o relatório final, que compilava resultados locais, foi divulgado ou publicado.

mana do povo negro brasileiro, deve atravessar os (muitos) obstáculos racistas para o devido reconhecimento histórico do status jurídico da anulação do *Ser-negro*. Assim, assentado em nosso realismo, confere-se lastro para a construção de um ordenamento atrelado e comprometido com o antirracismo brasileiro, de pungência inquestionável e que não pode ser condicionado à *"colonialidade do sentir"*.

Nos termos apresentados, o combate travado no âmbito do Direito Penal projeta um aparato jurídico efetivo no desmantelamento do direito racista antinegro e enfrentamento das múltiplas manifestações genocidas que o sustentam. Se metamorfoseando, assim, em instrumento de conscientização e letramento racial, destaco sua função de tutelar, incentivar e promover *aquilombamentos,* considerando a obrigação ancestral que tem como preceito o protagonismo da luta por nossa liberdade. Como determinou a preta velha Beatriz Nascimento:

> [...] nesse momento, a utilização do termo quilombo passa a ter uma conotação basicamente ideológica, basicamente doutrinária no sentido de agregação, no sentido de comunidade, no sentido de luta de homens como se reconhecendo homens, como se reconhecendo pessoas que realmente devem lutar por melhores condições de vida porque merecerem essas melhores condições de vida na medida em que fazem parte dessa sociedade. [...] A questão econômica não é o grande drama, percebe, apesar de ser um grande drama, não é o grande drama. O grande drama é justamente o reconhecimento da pessoa do homem negro que nunca foi reconhecido no Brasil. [...] Então é importante levantar a África como a verdadeira Atlântida do nosso mito. Pra nós do Ocidente a África ainda é um continente enterrado, um continente que a gente ainda não conhece muito. É um saber congelado, é um povo que está congelado nas nossas relações, nas nossas comunicações, no nosso inconsciente, no quem eles são. Daí a pergunta do negro nesse processo relacionado com o quilombo; quem é quilombo?

Cumprindo a sentença por nossa emancipação, o movimento de aquilombamento (anti)jurídico, que já está em curso, não apenas impede retrocessos, mas não pode ser interrompido. Ele é resultado da aglutinação de muitos quilombos espalhados pelo país, distantes fisicamente, porém, organizados e ligados pela força ancestral que os *orienta* com a fumaça do Direito contracolonial, provocada pelas chamas da justiça afrodiaspórica. Assim, se dará a erupção de um processo devastador que resgata nosso legado real, honrado e celebrado por essa insurgência epistêmica.

Eu desabei
E levantei, já to legal
Xangô é rei
E foi ai que eu me apeguei com fé
Nem vi quando o vento virou
Rolaram as águas sem querer
Chora aqui no peito aquela calmaria

Eu quebrei pedras
Que ainda não chegou ao fim
Tem outras pedras
Nesse caminho por aí
Eu vou sem medo algum de tropeçar
E se cair vou levantar de novo
O chão não é lugar de um filho de Xangô
Que não se cansa nunca, luta sempre ao meu lado
E me faz entender que é bom tomar cuidado
Pra não ser apunhalado

Xangô é rei
Sou filho de um rei, meu pai
Xangô é pai
E o filho de meu pai, é rei
E pela lei eu vou ser sempre um vencedor
Salve a justiça de Xangô
Um mundo de felicidade
Xangô é rei

Jorgynho Chinna, *Xangô*

FUNTINFUNEFU–DENKYEMFUNEFU

Crocodilos siameses

Simbolizam a democracia e a união independente das diferenças culturais.

Você pode me inscrever na História
Com as mentiras amargas que contar,
Você pode me arrastar no pó
Mas ainda assim, como o pó, eu vou me levantar.
Minha elegância o perturba?
Por que você afunda no pesar?
Porque eu ando como se eu tivesse poços de petróleo
Jorrando em minha sala de estar.
Assim como lua e o sol,
Com a certeza das ondas do mar
Como se ergue a esperança
Ainda assim, vou me levantar
Você queria me ver abatida?
Cabeça baixa, olhar caído?
Ombros curvados com lágrimas
Com a alma a gritar enfraquecida?
Minha altivez o ofende?
Não leve isso tão a mal,
Porque eu rio como se eu tivesse
Minas de ouro no meu quintal.
Você pode me fuzilar com suas palavras,
E me cortar com o seu olhar
Você pode me matar com o seu ódio,
Mas assim, como o ar, eu vou me levantar
A minha sensualidade o aborrece?
E você, surpreso, se admira,
Ao me ver dançar como se tivesse,
Diamantes na altura da virilha?
Das chochas dessa História escandalosa
Eu me levanto
Acima de um passado que está enraizado na dor
Eu me levanto
Eu sou um oceano negro, vasto e irrequieto,
Indo e vindo contra as marés, eu me levanto.
Deixando para trás noites de terror e medo
Eu me levanto
Em uma madrugada que é maravilhosamente clara
Eu me levanto
Trazendo os dons que meus ancestrais deram,
Eu sou o sonho e as esperanças dos escravos.
Eu me levanto
Eu me levanto
Eu me levanto!

Maya Angelou, *Ainda assim eu me levanto*

RACISMO: ASPECTOS CRIMINOLÓGICOS E ALGUMAS MANIFESTAÇÕES

Ninguém vai te dar a educação que você precisa para derrotá-los. Ninguém vai lhe ensinar sua verdadeira história, seus verdadeiros heróis, se eles sabem que esse conhecimento irá lhe libertar.

Assata Shakur, *Assata: uma autobiografia*

À essa altura do livro espero que já esteja óbvio que quando nós, negros em movimento de forma coletiva, falamos de racismo estamos denunciando a violência racial radicada nesse solo há mais de 520 anos, e não apenas o pífio rol de suas manifestações tipificadas por lei, que, quando muito, reconhece apenas as exteriorizações individuais. Estamos nos referindo à epistemologia do racismo, concebida por Carlos Moore,[206] que foi assistente de Cheik Anta Diop e cujos ensinamentos determinaram os rumos do trânsito através da "memória esquecida da humanidade".

Essa reorientação epistêmica da historicidade do racismo antinegro – que, em termos de prática nos reporta há mais de 5 mil anos, e de documentação de sua violência há mais de 3.500 anos, vindo, desde então, mantendo o domínio branco, alternado entre superioridade e supremacia por meio da dinamização de

---

206 MOORE, 2007.

teorias e estruturas, físicas e metafísicas, que produzem consenso de modo ininterrupto, ou seja, um sistema fechado em si.

Seguindo seu rastro, resta evidenciado que o racismo não é uma construção europeia, muito embora tenha sido manipulado por seu colonialismo como marco fundante e inaugurador do "novo mundo". Entretanto, não se trata, de forma alguma, de uma experiência restrita à modernidade:

> [...] o racismo sempre foi uma realidade social e cultural pautada exclusivamente no fenótipo, antes de ser um fenônimo político e econômico pautado na biologia. O fenótipo é um elemento objetivo, real, que não se presta à negação ou confusão. É ele, não os genes, que configuram os fantasmas que nutrem o imaginário social; que serve de linha de demarcação entre os grupos raciais e como ponto de referência em torno do qual se organizam as discriminações "raciais".[207]

Colocando preto no (lugar do) branco, a história que foi escrita e repetida pelos próprios colonizadores (e seus descendentes), objetivando a manutenção de seus privilégios assegurados juridicamente, carece de muitas revisitas. Assim, renegando a condição de *negro-tema*, reclamo o protagonismo de *negro-vida*[208] para demarcar o racismo enquanto ideologia que consolida a supremacia branca, traduzida em prática desumanizante por meio da produção ininterrupta da incomensurável gramática de violências que orbitam o corpo negro. Essa dinâmica colonial segue assegurada por saberes legitimantes e poderes estruturais/estruturantes que, em grande medida, são mantidos intactos exatamente pela abstração da falsa, mas consentida, ideia de superioridade branca que se concretiza sobre a inferioridade da negritude, comprovada por verdades brancas.

Assim, o racismo se metamorfoseia em estrutura que não apenas envolve, e protege, a branquitude, mas que nela se enraíza de maneira inseparável, pois é a sua matriz. Racismo, em termos de práticas discriminantes, decorre da racialização de características fenotípicas com fins de dominação de um grupo, autoproclamado superior, sobre os demais grupos, hierarquizados conforme proximidade, ou afastamento, de elementos físicos, psíquicos, culturais e religiosos do grupo que se estabelece como "padrão geral".

---

207 MOORE, 2007, p. 22.

208 RAMOS, 1957, p. 171.

Não se faz interessante, aqui, recontar a evolução ou distinção entre os conceitos *raça* e *racismo*, bastando suas vinculações. Por isso, reitero a advertência feita por Ana Flauzina para não sermos interrompidos pelo "mimimi" branco que objetiva o esvaziamento da discussão política sobre o racismo, abstraindo a concretude de suas manifestações em nosso cotidiano, desvirtuando sua caracterização com o propósito de neutralizar nossas demandas fundamentadas, por meio de violências, com a justificativa de comprovação biológica da inexistência de raças e, consequentemente, unicidade da humanidade que expressa a cínica expressão... *"todos somos humanos"*:

> [...] o racismo existe. Existe e produz efeitos; cria assimetrias sociais; delimita expectativas e potencialidades; define os espaços a serem ocupados pelos indivíduos; fratura identidades; é o fiel da balança que determina a continuidade da vida ou a morte das pessoas.
> No Brasil, país que forja uma imagem de harmonia racial tão descolada da realidade que toma por referência, o racismo sempre foi uma variável de peso. O discurso racista conferiu as bases de sustentação da colonização, da exploração da mão-de-obra dos africanos escravizados, da concentração do poder nas mãos das elites brancas locais no pósindependência, da manutenção de um povo super explorado pelas intransigências do capital. Em suma, o racismo foi o amparo ideológico em que o país se apoiou e se apóia para se fazer viável. Viável, obviamente, nos termos de um pacto social racialmente fundamentado, do qual as elites nunca abriram mão.[209]

Com a intenção de estabelecer as bases dogmáticas para um arcabouço jurídico antirracista, trago a conceituação normativa, aprovada pela ONU em 1978, que deveria servir como paradigma ao corpus legal interno, pois representa de modo significado a pauta reivindicatória do povo negro e o giro epistemológico aqui proposto. Pensada a partir da encruzilhada necropolítica formada por racismo, discriminação racial,[210] colonialismo e *apartheid*, sem ignorar suas modernizações e funcionalidades, a UNESCO estabelece no art. 2º, §2º, da Declaração sobre a Raça e os Preconceitos Raciais:

---

209 FLAUZINA, 2006, p. 12-13.

210 Muito embora a Declaração mencione racismo, discriminação racial e preconceito racial, este último é entendido a partir da "desigualdade de poder". Não se trata de "desigualdade", mas de monopólio do poder pela branquitude. Assim, qualquer ato de violência de origem racial é manifestação do racismo, tendo em vista sua repercussão de aspectos geopolíticos que devem ser relacionados, sob pena de nos atermos à efeitos sem causa aparente. Nesse sentido, é um erro tratar como *bullying* atos e práticas racistas infantis.

O racismo engloba as ideologias racistas, as atitudes fundadas nos precon-ceitos raciais, os comportamentos discriminatórios, as disposições estrutu-rais e as práticas institucionalizadas que provocam a desigualdade racial, assim como a falsa idéia de que as relações discriminatórias entre grupos são moral e cientificamente justificáveis; manifesta-se por meio de disposições legislativas ou regulamentárias e práticas discriminatórias, assim como por meio de crenças e atos anti-sociais; cria obstáculos ao desenvolvimento de suas vítimas, perverte a quem o põe em prática, divide as nações em seu próprio seio, constitui um obstáculo para a cooperação internacional e cria tensões políticas entre os povos; é contrário aos princípios fundamentais ao direito internacional e, por conseguinte, perturba gravemente a paz e a segurança internacionais.

Nesse sentido, o Estatuto da Igualdade Racial,[211] que passou dez anos tramitando no Congresso Nacional para sua aprovação, em que pesem os avanços conquistados, resta desassociado de uma perspectiva ma-crossociológica racial que traduz o *realismo marginal racial,*[212] estabele-cendo a manifestação racista no sentido da *discriminação racial,* em seu art. 1º, I.[213] No entanto, silencia sobre suas fontes, seguindo a política nacional de (anti)combate ao racismo por sua não nomeação, inclusive negando-se a trazer a palavra "raça",[214] produzindo, como efeito cola-

---

211 Lei nº 12.288, de 20 de julho de 2010.

212 Pensado a partir do "realismo marginal" de Zaffaroni (1991) que revela o geno-cídio como característica estrutural de sistemas penais latinos, afirmo que racismo é fator fundamental na, e para, a violência na margem brasileira, resultando em geno-cídio (em termos de necropolítica). Importante salientar que Zaffaroni não menciona o resultado genocida das políticas racistas argentinas, responsáveis por reduzir a população negra que era de 50%, em 1780, para 3% atualmente. A rivalidade no futebol é substituída, em termos de política racial, pelo modelo *hermano* a ser se-guido pelo Brasil, que ainda persegue o sonho de embranquecer, remodelando suas políticas no interior do projeto eugênico, jamais esquecido.

213 Discriminação racial ou étnico-racial: toda distinção, exclusão, restrição ou pre-ferência baseada em raça, cor, descendência ou origem nacional ou étnica que tenha por objeto anular ou restringir o reconhecimento, gozo ou exercício, em igualdade de condições, de direitos humanos e liberdades fundamentais nos campos político, econômico, social, cultural ou em qualquer outro campo da vida pública ou privada;

214 Nas discussões políticas para não aprovação ou esvaziamento do Estatuto, na Câmara dos Deputados houve forte atuação da Associação Brasileira de Emissoras de Rádio e Televisão (Abert); da Confederação Nacional da Agricultura e Pecuária do Brasil (CNA), reforçada pela bancada ruralista no Congresso Nacional; e, logicamente, da branquitude representada por acadêmicos e/ou intelectuais que fundamentaram sua defesa política, como fez o senador Demóstenes Torres (DEM/GO), em rede nateral, a redução da complexidade das violências raciais que obstaculiza sua compreensão enquanto raiz do nosso sistema de controle e, por conseguinte, sua potencialidade enquanto texto normativo.

Vinculando o ordenamento jurídico brasileiro ao comprometimento de manutenção do racismo por seu silenciamento, omissão e negação (epistêmica e terminológica) de *palavras-chave,* o resultado é a limitação da violência racial ao nível de manifestações individuais. A negligência em inserir um vocabulário conceitual que retrate a amplitude racista acaba por despolitizar e inviabilizar a pauta negra, pois o Estatuto é um importante texto normativo, que já deveria integrar as ementas dos cursos de Direito, integrando o plano de ensino em cotejo aos crimes raciais e sendo cobrado nos exames da OAB.

A explicitação do radical racial que vincule as violências a toda arquitetura racista, representado por um complexo racial construído nas emaranhadas redes seculares de desumanização e objetificação, responde à demanda do(s) Movimento(s) Negro(s) na luta histórica por tentar pautar publicamente o racismo, colocando-o no centro de debates sérios e comprometidos com mudanças urgentes a partir da substituição de um sistema educacional colonial/racista por uma educação antirracista, imprescindível na fundação de uma sociedade verdadeiramente democrática, inclusiva e emancipatória.

A Convenção Interamericana contra o Racismo, a Discriminação Racial e Formas Correlatas de Intolerância, aprovada na Guatemala, em 2013, durante a 43ª Sessão Ordinária da Assembleia Geral da Organização dos Estados Americanos (OEA),[215] traz algumas novidades

---

cional, ao ser entrevistado no Jornal Nacional, afirmando: "eu defendo o meu País e não vou de forma alguma aprofundar a divisão racial no Brasil. Não vou jogar negros contra brancos. O meu objetivo é acudir aos mais pobres, independentemente da sua cor". Em 2009, no Senado, Demóstenes Torres, eleito presidente da Comissão de Constituição, Justiça e Cidadania (CCJ), avoca a relatoria do projeto e descumpre o acordo entre o DEM (e seus aliados) e o PT (e seus aliados), realizando "uma 'caça' aos termos alusivos à "raça" ou, em outras palavras, fez uma 'limpeza racial'." É preciso salientar que o apoio do Partido dos Trabalhadores (PT) para a aprovação do Estatuto, durante a primeira gestão do presidente Lula, foi meramente discursiva, sem concretude da base governista no Congresso Nacional. Cf.: SANTOS; SANTOS; BERTÚLIO. 2011. p. 41 e 59.

215 Como mais uma demonstração da postura branca condescendente, o presidente da República que tem a necropolítica como fundamento para a segurança pública, aprovou o texto da Convenção em 13 de maio de 2021, em comemoração dos 133

em relação à Convenção Internacional sobre a Eliminação de Todas as Formas de Discriminação Racial, aprovada pela Organização das Nações Unidas (ONU) em 1967 e ratificada pelo Brasil dois anos depois.

De acordo com o documento da ONU, a discriminação racial pode se dar em domínios da vida pública, sejam eles político, econômico, social ou cultural. A Convenção da OEA é mais abrangente, considerando a ocorrência da *discriminação racial* também no plano privado:

> Discriminação racial é qualquer distinção, exclusão, restrição ou preferência, em qualquer área da vida pública ou privada, cujo propósito ou efeito seja anular ou restringir o reconhecimento, gozo ou exercício, em condições de igualdade, de um ou mais direitos humanos e liberdades fundamentais consagrados nos instrumentos internacionais aplicáveis aos Estados Partes. A discriminação racial pode basear-se em raça, cor, ascendência ou origem nacional ou étnica.

O documento inova ainda ao propor o conceito de *discriminação racial indireta*:

> Discriminação racial indireta é aquela que ocorre, em qualquer esfera da vida pública ou privada, quando um dispositivo, prática ou critério aparentemente neutro tem a capacidade de acarretar uma desvantagem particular para pessoas pertencentes a um grupo específico, com base nas razões estabelecidas no Artigo 1.1, ou as coloca em desvantagem, a menos que esse dispositivo, prática ou critério tenha um objetivo ou justificativa razoável e legítima à luz do Direito Internacional dos Direitos Humanos.

Assim, a Convenção fornece novos instrumentos jurídicos de combate ao racismo, demarcando a distinção das manifestações racistas em *direta* e *indireta*, que podemos analisar considerando seu nível de exposição e impacto no povo negro (e não a violência racial em si, já que essa é a natureza ontológica do racismo).

Discriminação racial direta engloba o comportamento humano racista propriamente dito (de fácil identificação pois se manifesta no nível individual, materializada por ofensas, xingamentos, segregação, violência física ou morte), e políticas estatais como o *apartheid* sul-africano e o racismo estadunidense, com a "regra de uma gota" (*One-drop rule*) e o *Jim Crow*, demonstrando que nesse tipo de discriminação transparece

---

anos da falácia abolicionista assinada pela sinhazinha redentora. Só em 10 de janeiro de 2022, foi publicado o Decreto nº 10.932 que promulgou a Convenção, concluindo o processo de internalização do tratado, conferindo-lhe o status de emenda constitucional.

toda carga negativa acumulada pela historicidade do racismo que encontra relação, no plano jurídico, com as tipificações.

A *discriminação racial indireta* é expressa de modo "dissimulado", ocultando sua natureza sob discursos aparentemente neutros, mas que revelam padrões de comportamento e critérios antinegros que resultam em desvantagens e naturalização de uma suposta inferioridade à título de igualdade e meritocracia. Produzindo resultados prejudiciais, de modo desproporcionais, à população negra, tal manifestação, de caráter segregacionistas mesmo sem intenção explícita, produz o efeito de assegurar a hegemonia branca sem declarar seu racismo constituinte, perpetuando as desigualdades raciais históricas que impedem a igualdade de participação, gozo e fruição de direitos tidos como fundamentais.

Desse modo, temos o racismo explícito no cotidiano, e de forma ininterrupta, em regras sociais, normas jurídicas, leis, políticas públicas, instituições privadas etc., que não apenas são aceitos e aprovados pela sociedade em geral, fomentando pré-conceitos e estereótipos legitimados por uma série de dispositivos que operam a desigualdade como sucedâneo de igualdade formal. O exemplo clássico de política racial estatal indireta é o processo brasileiro de construção de um racismo "velado", que começa a ser formatado no pós-falsa-abolição da escravatura que adotou a não-nomeação do racismo com a "esperança" de que ela, a palavra mobilizadora de reação, desaparecesse (*teoria Morgam Freeman*),[216] jamais a hierarquização, estruturas e dominação raciais.

Em verdade, a política racial do Brasil foi (e, em grande medida, ainda é) negar o racismo, que configurou nossa democracia racista sob o título de "democracia racial", após a teorização, em *Casa-Grande & Senzala* (1933)[217] do "*bom sinhô*", cuja cordialidade foi imposta ao povo negro enquanto seu embranquecimento operava. Obstaculizando a conscientização negra das violências vivenciadas, vemos a tentativa

---

216 Relembrado todo mês de novembro, desde sua entrevista em 2012, ao programa *60 minutes*. Porém, após o assassinato de George Floyd, em Minneapolis no dia 25 de maio de 2020, estrangulado por um policial branco, o ator muda de opinião e faz eco ao movimento *Black Lives Matter*, dando visibilidade, através de suas redes sociais, à casos racistas experienciadas por seus seguidores.

217 Interessante notar que, enquanto a "democracia racial" se assenta sobre o racismo, que teria ficado no passado, assim como a escravização, o projeto de branqueamento nacional ganha *status* constitucional. A Constituição de 1934, que estabeleceu, pela primeira vez, a educação como direito de todos, determinou sua orientação eugênica, nos termos de seu art. 138, "a".

de dissolver a resistência e impedir os temidos quilombos e as insurgências, fantasmas que arrastam as correntes escravagistas e que não devem ser invocados, sob pena de se manifestarem e transformarem os sonhos dourados da branquitude no pesadelo que tomou conta das ruas de Minneapolis/EUA, após o assassinato de George Floyd.[218]

É fundamental pensar o racismo enquanto um sistema dinâmico de dominação, ancorado nas diferenças raciais fenotípicas, que pressupõe consonância entre ideologia e práxis concebidas pela e para desumanização negra. Com efeito, o racismo ordena uma série de estruturas e outros sistemas numa perfeita complementação simbiótica pela qual o exercício do poder se manifesta na hierarquização legitimada por sucessivas discursividades que imprimem processos de reprodução massiva da ideologia branca dominante sob forma de socialização, expondo, em maior ou menor grau, sua matriz, para produzir alienação (nem sempre, ou quase nunca, reconhecida).

A Convenção Interamericana Contra o Racismo, define racismo como:

> [...] qualquer teoria, doutrina, ideologia ou conjunto de ideias que enunciam um vínculo causal entre as características fenotípicas ou genotípicas de indivíduos ou grupos e seus traços intelectuais, culturais e de personalidade, inclusive o falso conceito de superioridade racial. O racismo ocasiona desigualdades raciais e a noção de que as relações discriminatórias entre grupos são moral e cientificamente justificadas. Toda teoria, doutrina, ideologia e conjunto de ideias racistas descritas neste Artigo são cientificamente falsas, moralmente censuráveis, socialmente injustas e contrárias aos princípios fundamentais do Direito Internacional e, portanto, perturbam gravemente a paz e a segurança internacional, sendo, dessa maneira, condenadas pelos Estados Partes.

Analisando o racismo no sentido de sua complexidade, podemos observar que muitas de suas manifestações se estabelecem sob a forma de subsistemas que replicam seus dogmas ontológicos de modos diversos, mas mantendo as funcionalidades que lhes são características. Engrenagens embaladas em discursos que legitimam toda a estrutura sem declarar essa cumplicidade fantasiada em tons igualitários e que

---

218 Se as manifestações que ocuparam as ruas estadunidenses não foram vistas por aqui, a violência racista sim, com o espancamento até a morte, no melhor estilo linchamento público, de João Alberto Freitas, por dois seguranças brancos do supermercado Carrefour de Porto Alegre/RS, na noite do dia 19 de novembro de 2020, véspera do Dia da Consciência Negra, demonstração de como um país racista celebra a data.

mais expõem seu racismo, quando em cotejo com o realismo, do que o velam. Tal maquinaria não foi excluída da Convenção Interamericana Contra o Racismo, a Discriminação Racial e Formas Correlatas de Intolerância, sendo outra novidade normativa, a discriminação múltipla ou agravada, que é:

> [...] qualquer preferência, distinção, exclusão ou restrição baseada, de modo concomitante, em dois ou mais critérios dispostos no Artigo 1.1 [raça, cor, ascendência ou origem nacional ou étnica], ou outros reconhecidos em instrumentos internacionais, cujo objetivo ou resultado seja anular ou restringir o reconhecimento, gozo ou exercício, em condições de igualdade, de um ou mais direitos humanos e liberdades fundamentais consagrados nos instrumentos internacionais aplicáveis aos Estados Partes, em qualquer área da vida pública ou privada.

O conceito de discriminação múltipla deve ser entendido e manuseado na perspectiva interseccional para expor as violências específicas, vivenciadas sobretudo pelas mulheres negras, (re)produzindo contextos desumanizantes no trânsito livre de quaisquer óbices legais entre os espaços públicos e privados. Assim, sustentando o sistema de controle, os cruzamentos entre raça, classe e gênero irão atentar contra as mulheres negras através do Estado antinegro.

Essa violência estatal institucionalizada se dá seja por seu sistema de injustiça – encarcerando-as massivamente ou não protegendo-as das violências domésticas –, seja pelo sistema de (não) saúde, que tutela a hegemonia e o domínio brancos graças à parcela, significativa da nossa participação, homens negros, encarregados do controle informal perpetrado pelo modelo familiar colonial.

Sobre a invenção branca do patriarcado, Carla Akotirene nos ensina que é através dele, de nosso deslumbramento, consciente ou não, com o poder objetificador, que a promessa de igualdade ao homem branco se cumpre. Dito de outro modo, só nos é concedido o direito à igualdade (inclusive em termos de proteção estatal) nos exatos limites do uso de nossos corpos para proteger e garantir o domínio do macho branco. Nesse sentido, precisamos nos apropriar da interseccionalidade por ser "ferramenta ancestral", conceito reorganizador de nossas subjetividades para – imbuídos e impulsionados por sensibilidades que brotam de raízes matriciais africanas (arrancadas de nós), inclusive analíticas, forjadas e desenvolvidas por mulheres negras – romper com o pacto, também jurídico, com a branquitude.

Nas palavras de Carla Akotirene:

> A interseccionalidade visa dar instrumentalidade teórico-metodológica à inseparabilidade estrutural do racismo, capitalismo e cisheteropatriarcado – produtores de avenidas identitárias em que mulheres negras são repetidas vezes atingidas pelo cruzamento e sobreposição de gênero, raça e classe, modernos aparatos coloniais.
>
> Segundo Kimberlé Crenshaw, a interseccionalidade permite-nos enxergar a colisão das estruturas, a interação simultânea das avenidas identitárias, além do fracasso do feminismo em contemplar mulheres negras, já que este reproduz o racismo. Igualmente, o movimento negro falha pelo caráter machista, ao oferecer ferramentas metodológicas reservadas às experiências apenas do homem negro.[219]

Defendendo a interseccionalidade como um princípio constitucional e instrumental para a construção de uma justiça pluriversal, Lívia Sant'Anna Vaz e Chiara Ramos deslocam o modelo branco de "justiça" para a encruzilhada. As autoras propõem que as/os juristas olhem, além dos quatro caminhos fáceis de serem observados – por isso óbvios e funcionais –, para outros caminhos que possibilitam reencontros, em especial, consigo mesmo. Assim,

> Num primeiro momento, caberia à/ao intérprete olhar para dentro, olhar para si como parte integrante de um sistema estruturalmente racista e sexista, rompendo, então, com silenciamento racial que impera no sistema de justiça brasileiro. Desse olhar para si resulta a compreensão de que não se vai até o problema isenta/o de preconceitos e preconcepções e que, em uma sociedade estruturalmente racista e sexista, essas pré-compreensões são influenciadas pelos estereótipos antinegros e misóginos. Em outras palavras, cada intérprete tem que se entender fruto dessa sociedade e potencial reprodutor/a dessas opressões. Esse olhar para si também resulta na necessidade de se racializar, no contexto das relações raciais no Brasil, compreendendo que sua visão tende a subalternizar e criminalizar/vulnerar corpos negros e, conforme o caso, também femininos.[220]

É nessa encruzilhada, entre colisões e (re)encontros, que nós, homens negros, devemos aceitar os convites das mulheres negras para, nos movimentando com elas, jamais sem ou contra elas, voltarmos à roda, aprendermos a ouvir, a sentir e a não hierarquizar, reconstituindo uma masculinidade não patriarcal, não sexista, não colonizada, ou seja, não branca. Desse modo, assumimos o compromisso ancestral (ou reconhecemos a missão herdada) de compreender que somos usados

---

219 AKOTIRENE, 2019, p. 14.

220 VAZ; RAMOS, 2021, p. 294-295.

como instrumentos de legitimação do patriarcado, e percebemos as violências que perpetramos contra as mulheres negras.

Não soltando a mão de quem só solta a nossa em ato de defesa, devemos renegar a ideia de competitividade e de sucesso que fomentam projetos individuais. Esse tipo de comportamento individualista constitui-se como efetivo instrumento antiquilombista que nos condiciona a planejar carreiras e almejar ascensão social sem puxarmos elas. Quando conseguimos sobreviver ao genocídio que busca nossa aniquilação e ultrapassar, através de diversas estratégias, os obstáculos que reforçam – a partir da exceção – a regra racista meritocrática, não podemos esvaziar a representatividade, reduzindo-a à mera presença física.

Reconstruindo os laços institucionais da irmandade com as mulheres negras (sem ignorar que nem todo homem negro é irmão, assim como nem toda mulher negra é irmã, desviando de armadilhas racistas romantizadas), nos reintegramos à coletividade da qual elas são a base. Esse movimento de retorno nos compele à proteção da mulher negra, não por uma questão de afirmação do "macho poderoso e viril" – insculpido pelo estereótipo branco do cavaleiro que defende a donzela "frágil e indefesa" – mas porque essa proteção é sinônimo de segurança coletiva, fundamento básico dos quilombos que nos ensina, todos os dias, que a insegurança de uma das nossas é a nossa insegurança.

Ao ouvirmos as mulheres negras, com atenção, cuidado e sem interrompê-las, nos conscientizamos das violências que a supremacia do homem branco incutiu na ordem "ser homem" e que nossas experiências devem ser revistas, sem medos dos conflitos inerentes. Aprendemos a quebrar os grilhões que nos aprisionam ao racismo patriarcal que destruiu nossos vínculos, familiares e afetivos,[221] e a forjar nossas relações

---

221 Dentre as práticas que instituíram a masculinidade branca colonial, destaco a separação de famílias negras pela venda de qualquer pessoa que as integrassem, destruindo nossos laços familiares com as mulheres negras, filhas e filhos que eram transferidas/os para fazendas distintas e distantes, nos destruindo igualmente e desorganizando a instituição familiar que se reorganizou como pôde. Depois de séculos praticando essa violência, a branquitude, hoje, nos condena por pertencermos às "famílias desorganizadas e desajustadas". Importa, também, ressaltar a redução a meros animais reprodutores e os estupros de homens negros escravizados na frente de toda sua comunidade, sobretudo de esposas, filhas e filhos, para "quebrar" a altivez, a força e resistência do homem negro, punindo suas insurgências e evitando desobediências futuras. Esse eficaz instrumento de controle racial ficou conhecido como *"breaking the buck"*.

no afeto que deve ser naturalizado, entre nós inclusive; a recompor irmandades e assim, reconstruir masculinidades estruturadas sobre nossos fundamentos. Assim, masculinidades negras – que abrigam e abraçam os homens pretos gays e transexuais - podem e devem manifestar doçura sem jamais perder a ferocidade que nossas batalhas exigem, que sejam responsáveis e não outrificantes, promovendo subversões e resgatando nossa humanidade.[222]

Precisamos negar o desejo de nos "inserirmos" no patriarcado, de sermos reconhecidos no "mundo dos machos" - o que só é possível através da violência de gênero mobilizada na medida em que nos violenta, também pela hipersexualização, sucedâneo da animalização, que contorna o ideário de "negão de verdade". Só assim, deixamos de ser objetos da branquitude para voltarmos a ser o que nosso povo precisa, lembrando que a lição de Audre Lorde é mandamento também para nós. Afinal, não seremos verdadeiramente livres enquanto uma mulher negra for prisioneira, mesmo que suas correntes sejam diferentes das nossas.

MANIFESTAÇÕES RACISTAS

> *Enfim, o mundo é como o branco quer. Eu não sou branca, não tenho nada com estas desorganizações.*
>
> Carolina Maria de Jesus, *Quarto de despejo*[223]

Considerando que o objeto principal deste livro são os crimes racistas, é imperioso trazer pequenas contribuições sobre algumas *manifestações racistas* que darão contorno e noticiam a radicalidade do racismo em solo brasileiro. Assim, pretendo apresentar, superficialmente, a intricada rede que envolve questões e fatores relacionados aos crimes raciais, reafirmando o compromisso e objetivos de construção de uma justiça afrodiaspórica.

---

222 NKOSI, 2014.

223 Carolina Maria de Jesus, que faleceu em 1977, recebeu em 2021 o título de doutora *honoris causa* da Universidade Federal do Rio de Janeiro, um reconhecimento tardio que reflete o racismo antinegro.

RACISMO REVERSO

Racismo reverso *não existe*! Tal ideia exprime apenas a vã tentativa da *branquitude*,[224] sem qualquer pudor, de se eximir da responsabilização por seu racismo antinegro, quando suas manifestações são denunciadas. É a carta (branca) em sua manga para perpetuar seu direito natural em ser racista num mundo racista, uma harmonização mais que perfeita cuja "normalidade", seguindo à risca a "lógica sem falhas" típica do pensamento racista,[225] empresta "legitimidade" à justificativa que recorre a um constrangedor vitimismo imputado às pessoas negras

Por questões pedagógicas, preciso luzir que não há nenhuma possibilidade da ocorrência do famigerado *racismo inverso*, já que racismo se constitui em um sistema de dominação erguido através do desprezo da dignidade de povos *outrificados*, expulsos do projeto branco de "humanidade" por uma inferioridade construída por saberes brancos. Assim, seria necessário considerar todo processo histórico que estabiliza o racismo antinegro, inverter os lugares pré-estabelecidos pelo colonialismo e aplicar a corpos brancos todas as incomensuráveis violências desumanizantes experimentadas por corpos objetificados (pela branquitude) para que pudéssemos cogitar a ideia de racismo contra brancos.[226]

---

224 Pensando na classificação da branquitude estabelecida por Lourenço Cardoso (2014, p. 173), é fácil verificar que, em geral, a alegação de racismo reverso provém da *branquitude acrítica*. Sua negação em ser racista, contraposta na certeza de uma "superioridade natural" comprovada pela história, aliada à vigorosa defesa de seus privilégios, consolidam uma narrativa grosseira, tosca, que repudia qualquer perspectiva minimamente crítica. Sua ideia de "racismo reverso" se baseia, assim, pura e simplesmente, numa tentativa esdrúxula de justificar seu achismo apartado de todo histórico escravocrata. Entretanto, essa inversão não é exclusividade sua, já que a *branquitude crítica* também utiliza esse artifício, porém, com um discurso mais sofisticado, já que manuseia uma série de teorias para justificar seu posicionamento público (contrariando sua natureza de pregar o antirracismo), na tentativa de se defender das acusações de racismo e equiparação à branquitude acrítica que tanto "condena".

225 FANON, 2018, p. 46.

226 Nesse exercício imagético, é preciso, também, considerar que todos os fatores, conflitos e tensões raciais que resultaram em nosso cotidiano se desenrolassem de forma idêntica, ou seja, que a ideologia racial produzida por uma "dominação negra do mundo" estivesse calcada nos exatos termos que a branquitude se organizou, o que é muito improvável, mormente pelo *princípio cosmológico anti-outrificação* que caracteriza as sociedades africanas (que pode ser observado no encontro de povos

É, portanto, na ignorância histórica da branquitude – que jamais foi racializada ou se racializou, exceto para invocar uma deplorável tentativa de generalizar violências que corpos brancos jamais experimentarão no Brasil – que se enquadra seu esforço em exaurir repercussões jurídicas decorrentes de políticas que reconheceram, minimamente a hostilidade e os atentados antinegros. Violências que a branquitude não reconhece que tenha produzido, perpetrado ou se beneficiado, violências que a caucionam como razão originária, que ela alega sofrer inversamente (?).

Mas, como a branquitude não encontra limites, não tem nenhuma vergonha e luta apenas pela manutenção a qualquer custo (que nesse caso é medido em mortes), de seus direitos naturalizados pela violência racial nua e desmedida, temos a manifestação da ideologia branca racista em publicações sobre "racismo reverso" como a matéria publicada, pelo jornal *Folha de S. Paulo*, que possui como slogan "*há 100 anos um jornal a serviço da democracia*". No dia 15 de janeiro de 2022, intitulada "Racismo de negros contra brancos ganha força com identitarismo",[227] onde Antonio Risério chama a política de construção e (re) conhecimento da negritude brasileira, que há séculos busca evidenciar as manifestações do racismo antinegro, de "*neorracismo identitário*".[228]

---

negros africanos com os brancos europeus, os quais não foram identificados como desiguais, apenas reconhecidos como diferentes – uma ontologia cujo preço a pagar foi a própria humanidade negra –; nas diferenças entre os modelos de escravização antes e após a colonização branca; e, ainda, como já explanado, na sociedade democrática mandinga).

227 RISÉRIO, Antonio. Racismo de negros contra brancos ganha força com identitarismo. Folha de S. Paulo, 15 jan. 2022. Disponível em: https://www1.folha.uol.com.br/ilustrissima/2022/01/racismo-de-negros-contra-brancos-ganha-forca-com-i-dentitarismo.shtml. Acesso em: 20 jul. 2022.

228 RISÉRIO, 2022. Alex Ratts lembra que o autor: "[...] tinha bastante trânsito com os movimentos negros nos anos 1980 e estava à frente do CERNE (Centro de Referência Negro-Mestiça). Escreveu alguns livros sobre culturas negras e poéticas africanas. Nos anos 2000, passou a fazer parte do conjunto de personalidades anti-cotas raciais, tendo por alvo a intelectualidade negra." Fica mais fácil entender o objetivo do texto, mas quero chamar a atenção não para um posicionamento supremacista branco ressentido e aterrorizado pela denúncia sistêmica das violências da branquitude, entendida como "ataques" por escaparem do controle e do poder branco de silenciá-las, invisibilizá-las e impedir que sejam instrumentalizadas como pautas políticas de impacto imediato nos "direitos brancos". Quero problematizar os objetivos e funções da Folha de S. Paulo, um jornal de grande alcance e muito

Figura 1 – O "branco raivoso" em defesa do seu direito de ser racista

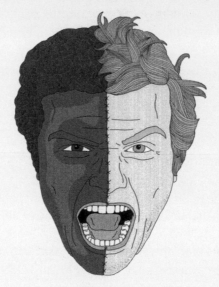

Fonte: Ilustração – PogoLand. Cf.: RISÉRIO, Antonio. Racismo de negros contra brancos ganha força com identitarismo. Folha de S. Paulo, 15 jan. 2022. Disponível em: https://www1.folha.uol.com.br/ilustrissima/2022/01/racismo-de-negros-contra-brancos-ganha-forca-com-identitarismo.shtml. Acesso em: 20 jul. 2022.

No texto, o autor, que é antropólogo, diz que o discurso antirracista, produzido e mobilizado pelo movimento negro e pela esquerda (como se a esquerda não fosse racista), é, na verdade, um projeto supremacista negro, estruturado no racismo preto antibranco, comprovado pelo contexto mundial. Desconsiderando todas as manifestações do racismo antinegro e o resultado de séculos de ódio branco (como bom supremacista que só enxerga seu umbigo branco e as rachaduras em seu mundinho quase perfeito – quase porque perfeito era quando havia escravidão), afirma o autor, em uma renovada performance do racismo científico:

> O dogma reza que, como pretos são os oprimidos, não institucionalizar o poder econômico ou o político para sua hostilidade. É uma tolice. Ninguém precisa ter poder para ser racista, e pretos já contam, sim, com instrumentos de poder para institucionalizar o seu racismo.
> A história ensina: quem hoje figura na posição de oprimido pode ter sido opressor no passado e voltar a ser no futuro.

---

lido pela branquitude, uma agência de controle informal à serviço da branquitude que oferece um instrumento para que a supremacia branca seja reconstituída e se prepare para a defesa de sua hegemonia, isto é, lute contra toda e qualquer política antirracista que esconde o "racismo antibranco".

Somos a maior população negra fora de África, a segunda maior do mundo, a maioria da população brasileira. Se existisse esse tal de "racismo reverso", o que seria da branquitude hoje? Como seria nossa realidade?

Alegar que invertemos as violências raciais é uma coisa (e sem o mínimo de fundamentação fática, histórica e/ou teórica já que não inventamos a branquitude), outra bem diferente é possibilitar que isso aconteça. Esse é o medo branco, muito bem ilustrado pelo texto, e é por isso que nosso sistema de controle racial é um sucesso absoluto, já que conseguiu nos dominar e impedir nossas insurreições... Até agora!

Mas, calma, não seguiremos os passos brancos! Pensamos e agimos de modo muito diferente (oposto, na verdade) e nosso projeto de democracia, Estado e mundo comprovam isso, já que não objetivamos a desumanização da raça branca, sua inferiorização, escravização, objetificação, sequestro, genocídio etc., mas apenas o fim da ideologia branca, que se sustenta na supremacia e é fonte dos racismos.

A inversão do racismo é uma invencionice branca que só encontra fundamento jurídico na cabeça da própria branquitude. É preciso salientar que essas ideias, pensamentos e devaneios possuem uma "propriedade jurídica", isto é, a "virtude" de serem transformados em motivações jurisdicionais. Dessarte, a branquitude segue acreditando que, de modo geral, não existe racismo no Brasil, mas apenas contra ela, alvo de "ataques e agressões injustas" que a cercam e perante as quais ela luta por sua própria subsistência.

Assim, a ideia de *racismo reverso* é o canto (desafinado) da branquitude,[229] uma narrativa desprezível, hedionda e repugnante, construída conscientemente e cujo apelo, imbuído por má-fé, ao contrário do objetivo perquirido, apenas faz prova, e de modo inconteste, do

---

229 Cujos ecos são idênticos ao canto das sereias e através das quais lembro a lição de Luis Alberto Warat (um dos responsáveis pelo pensamento crítico da UFSC), em seu livro *Por quien cantan las sirenas* (1996) que expressa a visão do mundo jurídico (mas também a própria natureza da branquitude). Direcionando olhares para a Grécia Antiga, Warat conta que as sereias cantam para encantar navegantes incautos, isto é, por elas mesmas já que suas vidas dependem desses encantamentos, cantam por sobrevivência.

racismo camuflado de liberdade de expressão (ou, liberdade de expressão racista)! [230]

Então, cara pálida, antes de falar besteira, avalizada pela dogmática branca, escute o conselho da preta velha Beatriz Nascimento e aprenda, compreenda. Veja se você pode ser condenado ao "lugar do outro" (pois não se trata de uma simples decisão "fraternal" de se colocar no lugar, mas de ter que suportar toda violência diária por ser o "outro"). Nas palavras de Beatriz Nascimento:

> Se algum intelectual branco estiver interessado em saber, nós só podemos ser compreendidos na medida em que ele perca o complexo de inferioridade que possui em relação à Europa ou aos Estados Unidos (para não dizer que o brasileiro tem complexo em relação a todo mundo; uma das suas maiores aspirações é ser estrangeiro, e de língua francesa) e nos encare como nós somos, isto é, aceite-se, tendo se misturado conosco, tendo usufruído de todos os nossos bens, aceite ser parte de nós, ter sido alimentado, amado, defendido por nós, aceite ter negado na prática sua moral, sua religião, sua cultura dormindo conosco na cama, amamentado por nossas mulheres, defendido e instruído por nossos homens. Aceite-se sem culpa, sem preconceito. Aceite-se tão miserável quanto seus escravos, tão faminto quanto eles, tão "inculto" quanto eles (ou mais), talvez assim alguma coisa de nós possa ser útil para a compreensão de sua sociedade em crise.[231]

RACISMO ESTRUTURAL

De acordo com Grada Kilomba, enquanto o racismo viabilizava a construção da Europa, permitindo e consolidando sua política expansionista a partir da qual foram erguidos seus muros fortificados, ele era visto como fenômeno superficial, uma "camada de tinta" que maquia o racismo como "[...] 'algo' nas estruturas das relações sociais, mas não um determinante dessas relações."[232]

Para evidenciar a determinação congênita de nossas relações, Grada Kilomba leciona que no racismo estão presentes, simultaneamente, três características: *a construção de/da diferença; valores hierárquicos* (que sustentam as diferenças e seus encontros definem *preconceitos*); e o

---

230 Por todo o exposto, restam indubitáveis (assim espero) as diferenças entre racismos e pré-conceitos que podem, estes sim e somente estes, atentar contra a dignidade branca.

231 NASCIMENTO, 2021, p. 51.

232 KILOMBA, 2019, p. 71.

poder (histórico, político, social e econômico), que aliados aos preconceitos formam a essência do racismo, incorporado pela própria *supremacia branca*:

> O racismo é revelado em um nível estrutural, pois pessoas negras e *People of Color* estão excluídas da maioria das estruturas sociais e políticas. Estruturas oficiais operam de uma maneira que privilegia manifestadamente seus *sujeitos brancos*, colocando membros de outros grupos racializados em uma desvantagem visível, fora das estruturas dominantes.[233]

Com Silvio Almeida, é preciso compreender que racismo é sempre uma característica estrutural, de modo que todas as ramificações decorrem da estrutura consolidada pela ideologia racista presente antes mesmo da invasão portuguesa. Assim, ao asseverar que ideologia é sempre prática, o autor estabelece o *racismo estrutural* no sentido de sustentação do arranjo racista por organizações sociais a partir da economia e da política que manifestarão a violência racial de maneira normalizada e normatizada, pois "[...] é tratado como resultado do funcionamento das instituições, que passam a atuar em uma dinâmica que confere, ainda que indiretamente, desvantagens e privilégios com base na raça."[234]

Sistematizando as discriminações raciais, que vagam entre o consciente e o inconsciente, e a atribuição de desvantagens ou privilégios à indivíduos/grupos em decorrência de suas raças no âmbito estrutural, Silvio salienta que manifestações individuais e institucionais resultam da estrutura na qual estão inseridos e que lhes conformou:

> [...] racismo é uma decorrência da própria estrutura social, ou seja, do modo "normal" com que se constituem as relaçãoes políticas, econômicas, jurídicas e até familiares, não sendo uma patologia social, nem um desarranjo institucional, O racismo é estrutural. Comportamentos individuais e processos institcionais são derivados de uma sociedade cujo *racismo é regra e não exceção*. O racismo é parte de um processo social que "ocorre pelas costas dos indivíduos e lhes parece legados pela tradição". Nesse caso, além de medidas que coíbam o racismo individual e institucionalmente, torna-se imperativo refletir sobre mudanças nas relações sociais, políticas e econômicas. A viabilidade da reprodução sistêmica de práticas racistas está na organização política, econômica e jurídica da sociedade. O racismo se expressa concretamente como desigualdade política, econômica e jurídica.[235]

---

233 KILOMBA, 2019, p. 77.

234 ALMEIDA, 2018, p. 37.

235 ALMEIDA, 2018, p. 38-39.

A construção da ideia de racismo estrutural não é nova, como recorda Samuel Santana Vida; ela é parte das contribuições do movimento negro estadunidense que denota como o racismo estrutura as instituições. Sem a compreensão do racismo nessa magnitude, a luta antirracista não repercutiria no campo político.

Entretanto, a banalização do conceito criou um problema, já que a branquitude, por *modismo,*[236] se apropriou da expressão – e toda manobra nesse sentido acaba por esvaziar nossas pautas, que perdem suas capacidades políticas mobilizadoras e transformadoras –, passando apontar para "estruturas indeterminadas" como matriz do racismo:

> É como se houvesse uma condicionalidade invisível, imperceptível, diante da qual nós não teríamos como diagnosticar adequadamente e atacar no sentido de erradicar o que produz o racismo.
>
> Então a expressão racismo estrutural tem virado, eu diria que nos últimos anos, um álibi para justificar tanto práticas individuais quanto práticas institucionais. E, ao mesmo tempo, apresenta-se sempre como sendo uma espécie de fatalidade. Então, as pessoas alegam, 'olha, isso é resultado do racismo estrutural, ponto'. E não se discute, não se apresenta a lista dos responsáveis por isso.[237]

Assim, não apenas não há discussão como a branquitude se exclui enquanto pilar da estrutura. O termo *racismo estrutural*, então, não pode ser (mais) utilizado para aliviar a culpa ou isentar as responsabilizações por perpetrações de práticas racistas, de qualquer espécie, tal qual a ideia da alegação "sou produto de uma sociedade racista", que indica a tentativa de jogar a responsabilidade por reprodução do racismo para o terreno do inconsciente, legitimando o *status quo* racista.

Por outro lado, a fluidez e as imediatas reconfigurações do racismo antinegro demonstram sua maleabilidade e readequação frente às novas conjunturas políticas, sobretudo após a conquista negra por reconhecimento de direitos. Essa capacidade de reorganização para assegurar a supremacia branca deve ser cotejada à perspectiva estrutural do racismo, eis que, nossa estrutura é racista em decorrência do reflexo colonial, responsável pela implantação das estruturas estatais, jurídicas e administrativas nos moldes da antinegritude portuguesa. A garantia da naturalização da dominação branca, assim, foi produto do fácil con-

---

236 Em adesão acrítica à convocação de Angela Davis: "não basta não ser racista, é necessário ser antirracista! ".

237 VIDA, 2021.

senso sobre manifestações que são estruturantes nas relações raciais, enraizadas em todos os âmbitos.

O que quero dizer é: se a compreensão do racismo, enquanto fenômeno estrutural, é imprescindível ao combate ao racismo antinegro brasileiro, é fundamental reconhecer a necessidade de autopreservação da branquitude face às reações negras. Os rearranjos do poder racial branco – que nada tem de irracional; muito ao contrário, pois se trata de uma lógica de dominação, multiplicadora e multidimensional de violências e opressões –, produzem outras manifestações consoante as especificidades de cada agência de controle racial, campo de atuação e funcionamento prático, tudo de modo complementar, em sincronia perfeita, objetivando, de modo cautelar, anular a negritude brasileira em todos os níveis.

Assim, temos o "milagre da multiplicação" das manifestações do racismo antinegro que vai se desdobrando ao sabor de uma retroalimentação desumanizante. A garantia da "superioridade" branca se expressa na ocupação de todo e qualquer espaço em que ela exige ser sacralizada através da demonstração de seu poder racial que se otimiza e se (re) organiza pela produção de novas legitimações, saberes, tecnologias e metodologias nem sempre tão rudimentares ou sofisticadas.

RACISMO INSTITUCIONAL

Tendo o racismo como fator que (in)forma e enreda indivíduos e grupos, que estão inseridos em instituições, de modo natural, a ideologia branca orientará e se manifestará em políticas públicas, nas estruturas institucionais, públicas e privadas, e formas de organização, resultando em *racismo institucional* ou *institucionalizado*. A partir destas relações, que determinam reciprocidade, Jurema Werneck organiza o racismo em dimensões:

Figura 2 – Organograma do racismo institucionalizado

RACISMO			
	Pessoal/Internalizado	Sentimentos	Inferioridade/Superioridade
		Condutas	Passividade / Proatividade / Aceitação / Recusa
	Interpessoal	Ações	Falta de respeito / Desconfiaça / Desvalorização / Perseguição / Desumanização
		Omissões	Negligência ao lidar com o racismo e seus impactos
	Institucional	Material	Indisponibilidade e/ou acesso reduzido a políticas de qualidade
		Acesso ao poder	Menor acesso à informação/Menor participação e controla social / Escassez de recursos

Fonte: WERNECK, 2013.

Chamando a atenção para os efeitos do racismo nas diferenças da renda média da população brasileira, capacidade contributiva para a Previdência Social, reflexos na produção da pobreza e indigência, nas políticas públicas na área da saúde, bem como para a interseccionalidade que amalgama, de modo cumulativo, as violências enredadas pelo imbricamento do racismo, sexismo e classicismo que recaem sobre a mulher negra, constituindo fator de supervulnerabilização, Jurema Werneck compreende o racismo institucional ou sistêmico como um:

> [...] mecanismo estrutural que garante a exclusão seletiva dos grupos racialmente subordinados – negr@s, indígenas, cigan@s, para citar a realidade latino-americana e brasileira da diáspora africana – atuando como alavanca importante da exclusão diferenciada de diferentes sujeit@s nestes grupos. Trata-se da forma estratégica como o racismo garante a apropriação dos resultados positivos da produção de riquezas pelos segmentos raciais privilegiados na sociedade, ao mesmo tempo em que ajuda a manter a fragmentação da distribuição destes resultados no seu interior.
>
> O racismo institucional ou sistêmico opera de forma a induzir, manter e condicionar a organização e a ação do Estado, suas instituições e políticas públicas – atuando também nas instituições privadas, produzindo e reproduzindo a hierarquia racial. [...].

> O racismo institucional é um dos modos de operacionalização do racismo patriarcal heteronormativo – é o modo organizacional – para atingir coletividades a partir da priorização ativa dos interesses dos mais claros, patrocinando também a negligência e a deslegitimação das necessidades dos mais escuros. E mais, como vimos acima, restringindo especialmente e de forma ativa as opções e oportunidades das mulheres negras no exercício de seus direitos.
>
> Dizendo de outro modo, o racismo institucional é um modo de subordinar o direito e a democracia às necessidades do racismo, fazendo com que os primeiros inexistam ou existam de forma precária, diante de barreiras interpostas na vivência dos grupos e indivíduos aprisionados pelos esquemas de subordinação deste último.[238]

Como característica fundamental do racismo institucional temos a negação e/ou obstrução de acesso a direitos ao povo negro pelas instituições, agências e empresas. Sua influência e manifestações adentram todos os cenários compostos pela branquitude que resguarda sua hegemonia pela institucionalização de dogmas racistas de forma natural, sem qualquer constrangimento ou confronto *interna corporis*. No Poder Judiciário, o perfil étnico-racial revelado pelo Conselho Nacional de Justiça (CNJ), em 2018, utilizando critérios identitários do IBGE, demonstra que brancos representam 80,3%, enquanto negros representam apenas 18,1% (16,5% pardos e 1,6% pretos), amarelos são 1,6% e indígenas somente 11 magistrados.

Segundo critérios cor/raça e Unidade da Federação, o Perfil Sociodemográfico dos Magistrados Brasileiros, naquele ano,[239] é assim apresentado:

---

238 WERNECK, 2013, p. 17-18.

239 CONSELHO NACIONAL DE JUSTIÇA. Perfil Sociodemográfico dos Magistrados Brasileiros - 2018. Disponível em: https://www.cnj.jus.br/wp-content/uploads/conteudo/arquivo/2018/09/49b47a6cf9185359256c22766d5076eb.pdf. Acesso em: 20 jul. 2022.

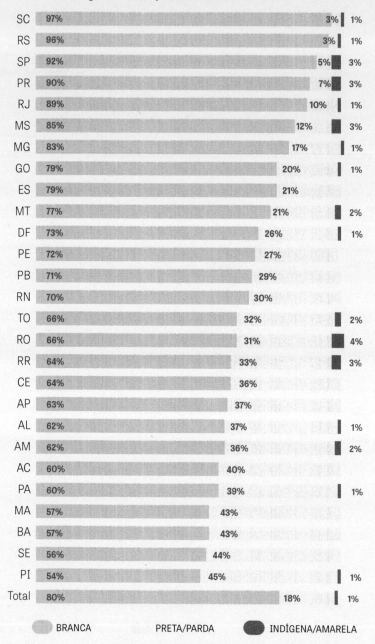

Figura 3 – Branquitude e o Judiciário - 2018

Fonte: CONSELHO NACIONAL DE JUSTIÇA. Perfil sociodemográfico dos magistrados brasileiros. Brasília: CNJ, 2018. p. 14. Disponível em: https://www.cnj.jus.br/wp-content/uploads/2019/09/a18da313c6fdcb6f364789672b64fcef_c948e694435a52768cbc00bda11979a3.pdf. Acesso em: 17 ago. 2022. Adaptação.

Em contrapartida, em 2021, os dados da *Pesquisa sobre negros e negras no Poder Judiciário*,[240] realizada também pelo Conselho Nacional de Justiça (CNJ), mostram que, enquanto na magistratura a porcentagem de pessoas autodeclaradas negras caiu para 12,8%, no número de servidores do Poder Judiciário esse percentual é de 30% e nos estagiários de 33,9%:

Figura 4 – Branquitude e Judiciário – 2021.

SERVIDORES

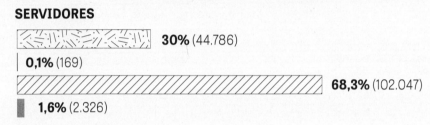

MAGISTRADOS

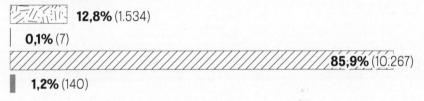

ESTAGIÁRIOS

Fonte: Conselho Nacional de Justiça, 2021.

---

240 CONSELHO NACIONAL DE JUSTIÇA. Pesquisa sobre negros e negras no Poder Judiciário. https://www.cnj.jus.br/wp-content/uploads/2021/09/rela-negros-negras-no-poder-judiciario-150921.pdf. Acesso em: 20 jul. 2022.

No Ministério Público, segundo a pesquisa *Ministério Público: guardião da democracia brasileira?*, desenvolvida pelo Centro de Estudos de Segurança e Cidadania (CESeC),[241] negros (pretos e pardos) representam 22%, enquanto brancos somam 76% dos membros da instituição. Assim, desenhada em branco e preto, a "democracia racial", representada pelo Judiciário e Ministério Público, evapora com um mínimo sopro, mesmo que despretensioso, arrancando a maquiagem que revela a face alva do racismo institucional no sistema de justiça brasileiro.

Para Sérgio São Bernardo, racismo institucional é a manifestação sustentada na razão hegemônica do Estado dogmatizada:

> [...] através de uma bem montada ordem política e jurídica, que, por meio da força e da violência, produzia leis e políticas estatais que reproduziam os papéis sociais de mando e submissão. Assim, o aparelho de estado aparece como um dos realizadores de uma violência material e institucionalizada como suporte de uma maneira de estratificar e segregar [...].[242]

É por intermédio da institucionalização do racismo que a "democracia racial" reflete, com fidelidade, a dialética de nossa geopolítica mais básica, fazendo das instituições, empresas e demais organizações, extensões, "puxadinhos" da Casa-Grande.

RACISMO AMBIENTAL

Por falar em geopolítica, quando tratamos da ocupação territorial, sua divisão e as disputas que envolvem direitos socioambientais, territorialidades, ocupação, desenvolvimento, urbanização etc., há de se considerar as discussões relacionadas ao *racismo ambiental*. O termo que foi criado em 1981, por Benjamin Franklin Chavis Jr., assistente de Martin Luther King Jr. na juventude e líder no movimento negro estadunidense na luta por direitos civis, a partir de pesquisas e manifestações coletivas contra o depósito de resíduos tóxicos na localidade negra de Warren County, na Carolina do Norte, que resultaram em centenas de prisões. Para Benjamin Chavis:

---

241 CENTRO DE ESTUDOS DE SEGURANÇA E CIDADANIA. MINISTÉRIO PÚBLICO: GUARDIÃO DA DEMOCRACIA BRASILEIRA? Disponível em: https://cesecseguranca.com.br/livro/ministerio-publico-guardiao-da-democracia-brasileira/. Acesso em: 15 ago. 2022.

242 SÃO BERNARDO, 2016, p. 109.

> Racismo ambiental é a discriminação racial nas políticas ambientais. É discriminação racial na escolha deliberada de comunidades de cor para depositar rejeitos tóxicos e instalar indústrias poluidoras. É discriminação racial no sancionar oficialmente a presença de venenos e poluentes que ameaçam as vidas nas comunidades de cor. E discriminação racial é excluir as pessoas de cor, historicamente, dos principais grupos ambientalistas, dos comitês de decisão, das comissões e das instâncias regulamentadoras.[243]

Foi, então, no bojo dos protestos negros por direitos civis que emergiu o conceito de racismo ambiental, como instrumento de resistência às políticas racistas, expandindo o campo de luta por reconhecimento e dignidade por meio de categorias que irão demandar análises mais apuradas. Ao contextualizarmos os efeitos negativos do racismo, produzidos por métodos e práticas de ocupação territorial, evidencia-se a caracterização e o desenvolvimento de áreas geográficas conforme aspectos raciais locais, determinando o sentido e a amplitude da (des) valorização, infraestrutura e saneamento básico.

Nos territórios construídos nas margens da sociedade, haverá um agravamento na segregação por intermédio da negação ao direito à cidade, que inclui mobilidade, cultura e lazer, afetando o modo de desenvolvimento dos espaços, construções e empreendimentos, que não raramente modificam completamente a localidade, suas atividades e qualidade de vida das pessoas que moram no entorno. Espaços identificados por sua "não-proletarização" que remete ao ideário da desorganização, habitacional e familiar, como lembra Raquel Rolnik, sobre os quais pesa(va)m o projeto de "limpeza racial", baseado na construção de um modelo urbanístico que, sob discursos de "modernização e valorização", paira o ideal eugênico.[244]

Relacionando, assim, políticas que atingem o povo negro, de modo muito mais gravoso e danoso do que a branquitude, tendo como instrumento a temática ambiental e sua influência no espaço geográfico, a ideia de racismo ambiental se ampliou desde sua criação:

> O conceito "racismo ambiental" se refere a qualquer política, prática ou diretiva que afete ou prejudique, de formas diferentes, voluntária ou involuntariamente, a pessoas, grupos ou comunidades por motivos de raça ou cor. Esta idéia se associa com políticas públicas e práticas industriais encaminhadas a favorecer as empresas impondo altos custos às pessoas de cor. As instituições governamentais, jurídicas, econômicas, políticas e

---

243 MATHIAS, 2021.

244 ROLNIK, 2021.

militares reforçam o racismo ambiental e influem na utilização local da terra, na aplicação de normas ambientais no estabelecimento de instalações industriais e, de forma particular, os lugares onde moram, trabalham e têm o seu lazer as pessoas de cor. O racismo ambiental está muito arraigado sendo muito difícil de erradicar.

A tomada de decisões ambientais muitas vezes reflete os acordos de poder da sociedade predominante e das suas instituições. Isto prejudica as pessoas de cor, enquanto oferece vantagens e privilégios para as empresas e os indivíduos das camadas mais altas da sociedade. A questão de quem paga e quem se beneficia das políticas ambientais e industriais é fundamental na análise do racismo ambiental.

O racismo ambiental fortalece a estratificação das pessoas (por raça, etnia, status social e poder), o lugar (nas cidades principais, bairros periféricos, áreas rurais, áreas não-incorporadas ou reservas indígenas) e o trabalho (por exemplo, se oferece uma maior proteção aos trabalhadores dos escritórios do que aos trabalhadores agrícolas).[245]

Como já afirmado, todas as manifestações racistas encontram relação íntima, de modo a integrar e interagir de forma sistemática. Em decorrência dessas características, o racismo ambiental resulta do racismo institucional que é determinante no nível econômico onde ascensão ou estagnação são ordenadas, por sua vez, pelo racismo. Isso significa que essa discussão não pode, de maneira alguma, ser tratada sob o prisma puramente econômico, quando se invisibiliza a questão racial.

O racismo ambiental opera tanto no ambiente rural quanto no urbano por meio de práticas danosas ao meio ambiente em virtude da discriminação de uma população geograficamente localizada. Nas cidades, muitas vezes, o resultado é a desterritorialização, engendrada sobre processos de gentrificação ou "megaeventos" que aumentam, consideravelmente, a vulnerabilidade dos já marginalizados. Nesse aspecto, as bases do racismo ambiental brasileiro foram determinadas com a abolição, dando contornos à territórios negros sem acesso a saneamento e à água potável, direitos constitucionais que ganham outras dimensões no exato momento de escrita destas frases por conta do chamado *marco legal do saneamento* que propicia a privatização desses serviços sob a justificativa de recuperação econômica.

Analisando o meio ambiente artificial, João Paulo Trabuco aponta o racismo ambiental como marco para a coleta e tratamento do lixo humano nos centros urbanos no pós-abolição. Isto é, a construção de prisões e suas organizações internas para o encarceramento negro, re-

---

245 BULLARD, 2005.

produzindo a lógica de espaços marginalizados onde a desumanidade negra segue garantida por uma segregação geográfica. Bairros negros, favelas, comunidades, guetos e presídios são instituições de confinamento que interagem dialeticamente como um *continuum*. São locais pensados como próprios ao descarte de rejeitos tóxicos, onde "o lixo dialoga com a realidade, que é humana e não coisificada em termos racializados, de modo que não cabe em contêineres e tem ânsia cada vez que a sua voz é obstruída."[246]

No campo, o racismo ambiental ocorre, principalmente, em terras indígenas, quilombolas e de povos tradicionais, por meio da exploração, invasão e disputas sobre demarcações territoriais com grileiros e ruralistas, sem mencionar a maior exposição às consequências desastrosas da degradação ambiental pela ocupação massiva de mineradoras, provocando injustiças contra grupos vulnerabilizados. Assim, esse tipo de discriminação racial indireta determina uma perspectiva para se reconhecer a influência do racismo na constituição do direito à cidade, meio ambiente, decisão de atividades econômicas e gerenciamento de seus riscos, e nesses aspectos, os privilégios da branquitude são inquestionáveis; basta pensarmos que as catástrofes ambientais, ou crime ambientais premeditados e anunciados, possuem um direcionamento racista.[247]

Questões que envolvem o racismo ambiental, no âmbito jurídico, decorrem do direito a um ambiente ecologicamente equilibrado, disposto no art. 225 da Constituição Federal, que engloba suas manifestações rurais e urbanas. Ou seja, ultrapassam temas aprisionados no "ambientalismo", pois o racismo se instrumentaliza de discursos e metodologias distintas, visando o velho resultado de segregar, ainda mais, o povo negro.

Em torno do racismo ambiental aglutinam-se várias resistências, aparentemente separadas. No entanto, entre exclusões e expulsões, os territórios negros transitam entre *territórios de refúgio* e *zonas de sacri-*

---

246 OLIVEIRA, 2020, p. 63-64.

247 Segundo Luiz Jardim Wanderley (2015), no município de Mariana/MG, o rompimento da barragem de Fundão, da mineradora Samarco em 2015, atingiu Bento Rodrigues (84,3% de população negra), Paracatu de Baixo (80%) e o município de Barra Longa (60,3%). No rompimento da barragem B1, da Vale, em Brumadinho/MG, na área atingida pelos primeiros quilômetros do caminho do rejeito, 63,8% da população era de não brancos.

fício, como salienta Selene Herculano, nos quais a sobrevivência se dá em meio a envenenamentos, degradação de seus ambientes de vida, poluição e despejos químicos, conjuntura de extrema vulnerabilidade, naturalizada pela inferioridade racial.[248]

Muito embora seja um campo promissor de denúncia e combate do racismo para além do cenário ambiental, se expõe dentro do ativismo de proteção ao meio ambiente uma faceta racista muito bem conhecida em outras áreas. Em que pese ganhar, a cada dia, mais visibilidade e importância, avançando, política e globalmente, em suas pautas, a luta contra o racismo ambiental mantém como prática a segregação, invisibilização e silenciamento de pessoas negras, enquanto pessoas brancas se tornam, facilmente, grandes personalidades.

RACISMO RELIGIOSO

> *Tolerar*
> *to·le·rar*
> *1 Aguentar algo com conformação e paciência;*
> *2 Consentir alguma coisa em relação à qual se faz*
> *restrições ou com a qual não se concorda.*[249]

Para início de conversa, é necessário entender que a ideia de *intolerância religiosa* é errônea e na etimologia está sua confissão, elucidando questões que retratam a contrariedade, o contragosto em suportar algo por demais pesado, ou alguém que não se quer, mas que, por questões alheias e incontroláveis, se atura por obrigação.

De modo direto, não queremos ser tolerados, pois, tal conceito moral de condescendência revela a superioridade racial.[250] Lutamos e exigimos o direito de termos os mesmos direitos e tratamentos que todas as outras religiões, e isso nos transfere a outra questão, igualmente básica e que explicita o racismo antinegro: que outra religião recebe o mesmo tratamento que nós, povo do axé, religiões de matriz africana? Talvez a melhor pergunta seja: quem gostaria de ser tratada/o como nós somos tratadas/os?

---

248 HERCULANO, 2008.

249 MICHAELIS. Tolerar. Disponível em: https://michaelis.uol.com.br/busca?id=poO1M. Acesso em: 20 jul. 2022.

250 NASCIMENTO, 2016, p. 49.

Esse questionamento é fundamental para a interrupção da prática de não nomear o racismo que constitui o Estado, cuja laicidade é apenas mais um estratagema discursivo para desviar suas práticas de domínio e hegemonia branca no campo religioso. O deslocamento das questões que envolvem todo amálgama de violência direcionada à matriz negra civilizatória, tutelada pelo Povo de Terreiro, para o centro dos debates reforça sua complexidade e, portanto, impossibilidade de redução ao campo da religiosidade, considerando o que já foi dito sobre a dimensão do genocídio e apagamento da cosmogonia africana, *corpus* da ancestralidade como atributo da personalidade negra diaspórica.

Mesmo imerso em um arcabouço jurídico que reconhece e estabelece a liberdade religiosa como direito fundamental, criminalizando violações e ataques desta natureza, inclusive como "crime contra a humanidade",[251] o Brasil nunca tomou medidas efetivas nesse sentido. Muito pelo contrário, pois toda manifestação racista representa um exercício legítimo da supremacia branca sob a pregação do cristianismo que sacraliza a marginalização das religiões negras. Esse processo que pode ser visto nas guerras durante o processo de "Reconquista da Península Ibérica" que confrontou Cristianismo e Islamismo, brancos e mouros,[252] no século VIII.

A reconquista do território perdido potencializou a já sedimentada diabolização das religiões africanas (vistas até hoje como expressões primitivas), durante a escravização negra, legitimada pela *maldição de Cam* e abençoada pela Igreja Católica, que enriqueceu sobre nossos corpos, a ponto de se constituir enquanto país. O processo de transformação de uma religião pagã em oficial foi determinante à inferiorização das epistemes, práticas e rituais africanos, um eficaz sistema de dominação que em seu contínuo resultou em marginalização e manifestações do mal.

Na relação branco - luz = bem, de um lado, e negro - trevas = mal, de outro, a inimização das religiões de matrizes africanas procurou erradicar as chamas da resistência negra oriundas do panteão africano, fonte inesgotável de forças incontroláveis que se materializam na natureza, presença inquestionável. A religião, nesse sentido, foi e continua sen-

---

251 Estatuto de Roma, art. 6º, "c".

252 De origem africana, o termo "moreno" se originou como sua descendência e, durante a inquisição, foi um fator importante na seleção de quem deveria ser queimada/o nas "fogueiras santas".

do, um importante instrumento de controle racial no âmbito informal, sendo imposta como pressuposto de dupla salvação. Do branco, ao retirar o povo negro de seu estado primitivo, ou seja, em seu próprio benefício ao salvar sua alma. E do negro, ao conhecer a verdade, "Deus" e seu paraíso branco, discursos que legitimam o manuseio de qualquer violência imaginada sem qualquer culpa ou remorso, eis que autorizado "em nome do pai".

Característica do processo de integração racial é a segregação produzida pelo branqueamento assimilacionista que impulsiona violências "não-explícitas", inatas ao sistema de *socialização primária*.[253] Configurada por critérios e parâmetros brancos, a normatização decorreu da criminalização e estigmatização dos deuses africanos que legitimam "[...] transgressões que a moral judaico-cristã institucionalizada condena; possibilitam ainda a compreensão e o reequacionamento de uma gama de conflitos oriundos da visão maniqueísta que essa moralidade gera."[254]

Através de uma *pedagogia ancestral transgressora*, os orixás metamorfoseiam corpos domesticados em caçadores que precisam apenas de uma flecha para abater seus alvos; em guerreiras/os que chegam como borboletas e se transformam em búfalas/os indomáveis; em estrategistas que não precisam erguer sequer seu *alfange* para vencer demandas, mas se for preciso, inundam campos de batalhas, afogando inimigos em águas "calmas" e varrem a terra com raios e trovões.

A demonização das religiões de matriz africana, assim, não foi (é) sem propósito, mas uma estratégia branca para dominação e, sobretudo, neutralização da resistência negra que tem nos terreiros sua incorporação. A transformação de corpos negros ao dotá-los com movimentos subversivos, determinando sua criminalização e inferiorização pela folclorização, "um instrumento mortal no esquema de imobilização e fossilização de seus elementos vitais".[255]

Em suas cruzadas, o medo branco de levantes negros foi transformado em medo negro do inferno branco. Este lugar aterrorizante é concretizado e representado pelo próprio branco, já que é criação sua, uma vez que na cosmologia africana esse lugar amaldiçoado não existe.

---

253 CASTRO, 2005.

254 CARNEIRO, 2008, p. 151.

255 NASCIMENTO, A., 2016, p. 147.

Mas, apesar da imersão compulsória, a passividade cristã e seu dom divino em perdoar o "irmão" que faz da violência sobre o corpo negro um modo de vida, apenas aterraram raízes profundas, transatlânticas e inquebrantáveis, de onde brotam inúmeras formas de resistências que se renovam e se (re)modelam desde África.

Um dos modelos de resistência foi a quebra da característica geopolítica, basilar e estrutural, do país com a formação de quilombos – projetados e concebidos nos cativeiros – que se transformam em unidade básica de organização na luta pela liberdade. O povo negro que se livra dos grilhões e se converte em dínamo para a subversão do sistema de controle racial[256] ao refazer vínculos com a territorialidade despojada desde as necessidades e objetivos em proteger e recuperar todos os pedaços que sobraram da mãe África. O resultado é uma identidade diaspórica com matriz africana que faz do corpo um lugar sagrado, assentamento de memórias ancestrais (re)vividas.

Warderson Flor do Nascimento leciona que o objetivo primevo da constituição de comunidades de terreiros é, exatamente, a reconstituição de nossos modos de vida roubados, e somente no sentido radical de *religare* podemos aceitar a sumária síntese de todo complexo sistema de modos de vida africanos ao caráter religioso. Segundo o autor,

> [...] podemos dizer que essas "religiões" são muito mais que religiões, no modo como o ocidente as entende: são modos de vida que contêm em seu interior uma espiritualidade. Se são religiões – na medida em que se resgata o sentido de *religare* –, o são muito mais em uma conotação política, no sentido de reconstruir vínculos quebrados pelo racismo e pela colonização entre as pessoas africanas (e suas descendentes) e suas histórias pregressas ao processo escravizador que aconteceu na história de nosso país: tinham – e têm – a função de religar comunidades quebradas pelo violento processo que desumanizou e escravizou milhões de pessoas que foram forçadas a deixarem suas famílias, suas tradições, seus territórios.[257]

Reorganizando a resistência negra com o resgate da ancestralidade no seio das comunidades de tradição de matriz africana,[258] entre denúncias das violências vivenciadas reconstruímos, também, nossa

---

256 MOURA, 2014.

257 FLOR DO NASCIMENTO, 2017.

258 Povos e Comunidades Tradicionais, nos termos do Decreto nº 6.040/2007, que institui a Política Nacional de Desenvolvimento Sustentável dos Povos e Comunidades Tradicionais.

belicosidade perante as contraposições inatas às premissas brancas genocidas. Logicamente, o sistema de controle racial se reorganiza no sentido acautelatório de sua estrutura e sobrevivência, criminalizando esses espaços de pertencimento e aquilombamento, onde quer que se instalem e qualquer que seja o seu formato, na tentativa de impedir a vida negra organizada consoante seus próprios preceitos, fundamentos e conhecimentos ancestrais.

Como dominação significa resistência, com o acirramento do controle racial brasileiro sobre os terreiros, o povo negro, estrategicamente, se "fez convertido". Então, de perseguida e criminalizada, a ancestralidade, protegida no *Candomblé*, fez do sincretismo estratégia de sobrevivência. Salvaguardando conhecimentos e os orixás em imagens católicas brancas para manter suas origens, um dos resultados foi a constituição da *Umbanda*, religião brasileira que representa nosso projeto de democracia multirracial através de seu panteão, já que é inclusiva e traduz a interação de elementos de todas as raças e demais religiões, indistintamente.

Entretanto, esse processo resultou, também, em embranquecimento dos terreiros que manifesta o genocídio antinegro em múltiplos planos, seja em suas práticas, fundamentos e/ou reprodução de comportamentos brancos, totalmente desconexos e opostos às matrizes africanas. Desgraças trazidas com a integração no mundo branco e sua imposição por mães de santo e pais de santo que abrigam e acolhem não apenas a branquitude, mas seu racismo que, embasada no "*somos todos iguais*", prega que "*orixá não tem cor*", exterminando a potência quilombista dos ilês.

De modo muito diverso se apresentam as religiões brancas em relação à "magia negra", inferiorizando questões ancestrais do povo negro, mantendo a atuação colonizante – isto é, genocida através da catequização –, incutindo o racismo de forma direta, consolidando e disseminando concepções pejorativas[259] em relação às quais tiveram participação ativa na criação. Impregnadas de ódio racial, as religiões cristãs, incitam a violência sobre o *povo de terreiro*, seus patrimônios e rituais, demonstrando a função reprodutiva da ideologia de branqueamento no grande número de fiéis, sobretudo das igrejas evangélicas, que recebem como "missão" a salvação de almas, arrancando-as das mãos do demônio.[260]

---

259 Dentre muitas, destaco "religião do demônio" e "macumba", que é, na verdade, um instrumento africano de percussão.

260 Demônio, diabo, Lúcifer etc., assim como inferno, são construções brancas e não existem nas religiões de matriz africana.

Ao lecionar que a manifestação racista no campo "religioso" apenas evidencia que tais ataques almejam, em verdade, subjugar uma dinâmica civilizatória repleta de valores, filosofias, sistemas cosmológicos e modos negros de ser, viver e existir, amalgamados nas Comunidades Tradicionais de Terreiros (CTTro), protegidas pela Convenção 169 da OIT, Sidnei Nogueira constata:

> Trata-se de um racismo que se pretende racional, individual, determinado pelo genótipo e pelo fenótipo, mas transforma-se facilmente em um racismo cultural. Nesse caso, o objeto do racismo já não é o homem particular, mas certa forma de existir. No limite, fala-se de mensagem, de estilo cultural. Os "valores ocidentais" reúnem-se singularmente ao já célebre apelo à luta da "cruz contra a espada" [...].
> O racismo religioso condena a origem, a existência, a relação entre uma crença e uma origem preta. O racismo não incide somente sobre pretos e pretas praticantes dessas religiões, mas sobre as origens da religião, sobre as práticas, sobre as crenças e sobre os rituais. Trata-se da alteridade condenada à não existência. Uma vez fora dos padrões hegemônicos, um conjunto de práticas culturais, valores civilizatórios e crenças não pode existir; ou pode, desde que a ideia de oposição semântica a uma cultura eleita como padrão, regular e normal seja reiteradamente fortalecida.
> É provável que o termo "intolerância" seja mais aceito por conta dos mitos da democracia racial e da democracia religiosa (laicidade). No Brasil tudo o que colocar o povo brasileiro em uma posição cordial será mais aceito do que qualquer noção que confrontá-lo ou que pode colocá-lo na posição de extremista, excludente e violento.[261]

No rol de violações sofridas pelo *Povo de Axé*, o Estado tem papel fundamental na negligência da tutela constitucional conferida às demais religiões, em especial à católica. Essa omissão estatal demarca o comprometimento com a preservação das violências antinegras, observado pelos crucifixos em ambientes públicos, em especial em sedes do Poder Judiciário, contradizendo explicitamente a laicidade e a igualdade declaradas constitucionalmente. O domínio branco-cristão, em espaços nos quais "cruzes" simbolizam a morte negra,[262] em muitos aspectos,

---

261 NOGUEIRA, 2020, p. 47.

262 Exercitando a "pedagogia da encruzilhada" pensada por Luiz Rufino (2019), já que a branquitude se nega, em nome de sua ideia de laicidade, a retirar seus crucifixos dos espaços públicos, proponho uma substituição: que tal trocarmos esses "amuletos" por tridentes? A provocação é proposital e demonstra o racismo religioso em múltiplos sentidos. Primeiro o susto apavorante que algumas pessoas irão tomar com a proposta, isso porque, instrumentar Exú com um tridente é parte de sua demonização. Depois, na Umbanda, como símbolo do sincretismo, o tridente é

moderniza as "cruzadas santificadas", mormente quando levamos ao Judiciário casos de racismo religioso, muitas vezes praticados por agentes estatais.

Esse confronto pode ser visualizado nos dados apresentados pelo CNJ, sobre o perfil da magistratura brasileira. Nela, 66,2% pertencem ao cristianismo (57,5% – igreja católica, 6,2% – igreja evangélica tradicional e 2,5% – igreja evangélica pentecostal), 12,7% ao espiritismo e 0,6% às religiões de matrizes africanas.[263]

Figura 5 – Religião declarada pelos magistrados, de acordo com região de atuação, em percentual

Religião	Região					Total
	Centro-Oeste	Nordeste	Norte	Sudeste	Sul	
Católica	51,8%	64,6%	58,6%	55,6%	55,5%	57,5%
Espírita/Kardecista	17,2%	9,7%	13,3%	13,4%	12%	12,7%
Evangélica Tradicional	8,9%	6,4%	8,6%	5,1%	5,6%	6,2%
Evangélica Pentecostal	4,4%	2,1%	4,9%	2,2%	1,5%	2,5%
Matriz Africana (Candomblé, Umbanda)	0,2%	0,6%	0,3%	0,9%	0,6%	0,6%
Judáica	0,3%	0,2%	0,2%	0,5%	0,3%	0,4%
Outra	1,6%	1,7%	2,7%	2,2%	1,7%	1,9%
Sem Religião	15,5%	14,8%	11,3%	20,2%	22,8%	18,2%

Fonte: CNJ – Perfil Sociodemográfico dos Magistrados - 2018 CONSELHO NACIONAL DE JUSTIÇA. Perfil sociodemográfico dos magistrados brasileiros. Brasília: CNJ, 2018. p. 21. Disponível em: https://www.cnj.jus.br/wp-content/uploads/2019/09/a18da313c6fdcb6f364789672b64fcef_c948e694435a52768cbc00bda11979a3.pdf. Acesso em: 17 ago. 2022.

---

representação da conexão multiversal por meio dos elementos primordiais: a água, o fogo, o ar (três pontas voltadas para cima) e a terra (ponta central voltada para baixo), já no Candomblé, ele inexiste, é uma criação branca, pois Exú carrega o *Ogó*, seu porrete em formato fálico, feito de madeira e cabaças, com o poder de transportá-lo e da criação. Mas advirto, isso não significa, em absoluto, qualquer representação patriarcal, já que esse domínio do masculino sobre o feminino é, também, branco. Fundamentando na pedagogia de Exú, fica minha gargalhada debochada provocada com cenas imaginadas pelo "mal-estar e desconforto" (manifestações do racismo religioso) criados no momento em que você está lendo estas linhas e que, talvez um dia, você me conte pessoalmente, sentindo ainda sua reverberação.

263 Não desconsidero a perseguição sofrida pelo espiritismo, mas preciso ratificar que o kardecismo possui estrutura racista, representando os espíritos negros como inferiores, de modo que não foi à toa que Cesare Lombroso seguiu sua linha doutrinária, após abandonar o positivismo, no final da vida. Cf.: GÓES, 2016, p. 130.

O racismo religioso se manifesta, sem disfarces, quando elencamos os tipos de violências direcionadas a nós. Além de todas as violências enraizadas no genocídio negro, já exposto, nenhuma outra religião terá seus templos invadidos e incendiados (por "traficantes" que obedecem às ordens de pastores, expulsando candomblecistas/umbandistas dos morros), suas liturgias interrompidas (inclusive por policiais), , atentados contra a vida e integridade física de seus integrantes (atos tipificados como terrorismo), fechamento de seus espaços com denúncias por "poluição sonora", destruição e pichações de imagens, injúrias, xingamentos e vilipêndios de toda sorte. Tal gramática de violência comprova a existência atemporal de um hiato entre direitos constitucionais e o cotidiano de violação que vitimiza as *Comunidades de Terreiro*, como leciona Hédio Silva Júnior.[264]

Nesse contexto, é preciso destacar o racismo religioso no campo do Direito de família, onde fundamenta a perda do poder familiar (conjunto de deveres, direitos e condutas consideradas "adequadas", nos termos do art. 227 da Constituição Federal) que inclui a guarda de crianças. Quando se trata de crianças que vivem (n)os terreiros, sejam elas iniciadas ou não, vemos que o "melhor interesse da criança" (princípio condutor das normas elencadas no Estatuto da Criança e do Adolescente) é manuseado para romper os vínculos com as religiões de matrizes africanas, já que em tais lugares são praticados "atos contrários à moral e aos bons costumes", segundo as normas brancas estabelecidas no Código Civil.[265]

Assim, as denúncias contra mulheres, feitas por familiares e ex-companheiros, que vão de "maus tratos" à "ambientes inadequados" pelo "barulho" ou uso de bebidas alcoólicas, são justificativas mais que suficientes para a suspensão ou perda da guarda de crianças ao mobilizar todo o arsenal racista que envolve, além do Ministério Público e Judiciário, o Conselho Tutelar, muitas vezes responsável pela denúncia e solicitação de apoio policial para ingresso, urgente, nos terreiros e retirada das crianças a força não apenas dos braços das mães, mas de toda família de axé. Essas ações e narrativas, por razões racistas óbvias,

---

264 SILVA JÚNIOR, 2008, p. 198.

265 "Art. 1.638. Perderá por ato judicial o poder familiar o pai ou a mãe que:

[...]

III – praticar atos contrários à moral e aos bons costumes."

não se direcionam às religiões brancas, núcleos inabaláveis da moral e dos bons costumes que garantem a segurança integral das crianças, já que se desconhece qualquer denúncia de violência, assédio sexual e estupro nesses palácios sagrados e santificados, não é mesmo!?

O perigo representado pelas religiões de matriz africana se consubstancia em seus preceitos fundamentais que, vindos do ventre negro da humanidade, orientam modelos de sociedades e relações que lhe dão contornos não apenas muito distintos da "civilização" branca, mas radicalmente opostos e confrontantes, observados desde o choque inicial.

> De um dia para o outro, os pretos [e as pretas] tiveram de se situar diante de dois sistemas de referência. Sua metafísica ou, menos pretensiosamente, seus costumes e instâncias de referência foram abolidos porque estavam em contradição com uma civilização que não conheciam e que lhes foi imposta.[266]

Em sua ideologia, a branquitude se considera "senhora predestinada" do mundo e de tudo que nele existe, fazendo da apropriação a essência de suas relações que adquirem cariz hierarquizante e objetificante,[267] o que resulta em exploração e capitalização do que for (im)possível, pois tudo o que existe, existe para ela, conclusão lógica do egoísmo eu(ro)cêntrico colonial.

Nas cosmogonias de matriz africana, *Aiyê*[268] é parte de *Orum*,[269] polos da mesma cabaça. Seus elementos são moradas dos orixás que se manifestam através das forças da natureza, estabelecendo relações não baseadas na ideia de propriedade, mas de pertencimento que contorna e produz sentimentos não apenas no sentido do respeito, mas de complementariedade. Nossos corpos são também moradas dos orixás, portanto, extensões territoriais e lócus de enlaces, integração, completude, dependência, comunhão e submissão. Como partes inseparáveis do todo, nossas existências só possuem sentidos em uma concepção coletiva que possibilite o manuseio responsável de todas as vidas, movimentando o axé constituinte, jamais de destruição e acumulação.

Assim, nas compreensões e percepções estruturadas sob essas matrizes, reproduzidas por núcleos de (con)vivência e guardiões da centelha

---

266 FANON, 2005, p. 104.

267 FANON, 2008, p. 117.

268 Terra, mundo físico da humanidade.

269 Mundo "espiritual" dos orixás.

da vida negra, antirracismo e anticapitalismo se imbricam naturalmente (embora não necessariamente, já que nem todo anticapitalismo é antirracista), demonstrando a autodestruição da própria humanidade fundada no projeto branco de mundo e seus dogmas. O combate à resistência negra – organizado e coordenado pelo modelo hierarquizante – é imprescindível, portanto, que este último seja defendido como único, descredibilizando e exotizando o manancial de potências políticas afrocentradas, pois, como Césaire estabelece: "o colonizado que quer avançar e é o colonizador que o retém."[270]

No confronto inconciliável entre concepções de mundo, fundamentos e premissas básicas sociais, as limitações que definem a polarização preordenada pela perspectiva branca narcísica[271] são erigidas pelo individualismo que motiva a sistemática capitalista. Reelaborando o conflito, a concorrência trajada de "sobrevivência do mais forte" não encontra qualquer ponto de sustentação nos espaços de reontologização e (re)ligação ancestral. Estes se assentam na primazia da coletividade e em saberes afrodiaspóricos que conservam sua natureza oposta às premissas padronizadas, dicotômicas e excludentes.

Como leciona Wanderson Flor do Nascimento:

> Não é apenas, ou exclusivamente, o caráter religioso que é recusado efetivamente nos ataques aos templos e pessoas vivenciadoras dessas tradições. É exatamente esse modo de vida negro, mesmo quando vivenciado por pessoas não negras, que se ataca; ou seja, mesmo pessoas brancas que vivenciem as tradições de matrizes africanas podem ser vítimas de um racismo originalmente destinado a elementos negros dessas tradições.
> Não se apenas trata de uma intolerância no sentido de uma recusa a tolerar a diferença marcada pela inferioridade; ou discordância, como podem pensar algumas pessoas. O que está em jogo é exatamente um desrespeito em relação a uma maneira africana de viver, um modo negro de organizar as relações com o mundo, com a comunidade, com a natureza e com as outras pessoas, com os saberes (JESUS, 2003), aliados a elementos culturais indígenas.[272]

Ao evidenciar que o objetivo imutável do racismo no campo religioso é a destruição de nossas raízes, Lívia Sant'Anna Vaz leciona que o fracasso dessa política foi determinado pela resistência milenar que brota de *Baobás*, denotando sua força no confronto com a infindáveis

---

270 CÉSAIRE, 2020, p. 27.

271 FANON, 2008.

272 FLOR DO NASCIMENTO, 2017, p. 54.

manifestações racistas esboçadas pelo histórico de atentados antinegros e sobre o qual ela desfere, com a pujança que lhe é peculiar: "no Brasil, o povo negro nunca experimentou igual liberdade religiosa!".[273]

Revelando a emergência e persistência do racismo religioso como instrumento de esvaziamento do potencial de aglutinação racial pela via da religiosidade afro-brasileira, sobressaindo as estratégias de contenção e limitação da identidade negra por um "não reconhecimento" (cujas reverberações no âmbito jurídico se destacam), e colocando no meio da roda antirracista o patriarcado, Lívia Sant'Anna Vaz enfatiza:

> Nesse campo *pecaminosamente* fértil, a intolerância e o racismo religiosos se proliferam como um *milagre da multiplicação* às avessas. A *expiação do pecado alheio* e o *sacrifício do diferente* (intolerável) parecem convertidos em mandamentos sacralizados, em verdadeiras leis divinas, de cujas boas intenções até mesmo Deus duvida.
>
> Apesar de toda a violenta história de repressão, as religiões de matriz africana, no Brasil, representam o resgate do sentido de família para as pessoas negras escravizadas, separadas de suas famílias de origem pelo sistema escravocrata. Não é à toa que se diz mãe, pai, filha/o e irmã/o de santo. A partir e em torno dos terreiros se formaram e se formam verdadeiras famílias. A tradição matriarcal afro-brasileira – em especial, no candomblé – é mais uma demonstração da matripotência das mulheres negras que gestam e gerem suas comunidades. As mesmas mulheres negras que foram as primeiras empreendedoras desse país e que, em seus tabuleiros, serviam quitutes e estratégias de sobrevivência e resistência para o seu povo, arquitetando revoltas e insurgências. Elas que – para além das lideranças dos terreiros – intentaram inúmeras ações de liberdade e se reuniram em irmandades em busca da libertação dos seus e das suas.
>
> O legado afro-brasileiro, com seus sabores e saberes, é único no mundo! Nós, no entanto, insistimos em ignorar as possibilidades epistemológicas que os saberes ancestrais nos proporcionam e continuamos apegadas/os às perspectivas epistemicidas do colonizador. Seguimos buscando uma *alvura* inalcançável que não é nossa e que continua elegendo como alvos sempre os mesmos corpos negros.[274]

A hegemonia branca – resultante de longos processos de formação de "rebanhos" catequizados por zelosos (e raivosos) pastores – se apresenta na continuidade de práticas violentas, diretas ou indiretas, com autorização expressa do Estado que impulsiona a criminalização das religiões de matriz africana. Para tanto, se utiliza de métodos nem sempre tão sofisticados, mas diversificados, como forma de "exorcizar"

---

273 VAZ, 2021.

274 VAZ, 2021.

os espaços "civilizados" sob o discurso de manutenção da ordem que objetiva o confinamento e esmagamento de saberes contracoloniais nos limites das margens brasileiras.

No (re)encontro com práxis ancestrais que entonam ressignificações da marginalidade a que fomos condenadas/os, somos dotadas/os com o poder comunicativo que rompe as (de)limitações brancas, nos outorgando um protagonismo transgressor das tentativas de nulificação. Práticas desordeiras, então, ganham formas inesperadas, fazendo do estranhamento um movimento de contragolpe em que Exú, senhor dos caminhos de nossa libertação, como diz o preto velho Abdias em seu *padê*, cria novas propostas de vivências, debochando dos finais imaginados.

Abrindo giras em várias rodas, seguimos sambando em tom de oração e marcha, pedindo proteção a quem sempre olha por nós.

> *Oyá*
> *É o povo de cá pedindo pra não sofrer*
> *Nossa gente ilhada precisa sobreviver.*
> *E levantam-se as mãos pedindo pra Deus Oyá*
> *Já não se vive sem farinha e pirão não há.*
>
> *Não haveria motivos pra gente desanimar*
> *Se houvesse remédio pra gente remediar*
> *Já vai longe a procura da cura que vai chegar*
> *Lá no céu de Brasília estrelas irão cair*
> *E a poeira de tanta sujeira há de subir, Oyá.*
>
> *Será que a força da fé que carrega nosso viver*
> *Pode mover montanhas e jogar dentro do mar*
> *Tanta gente de bem que só tem mal pra dar.*
>
> *Será que a força da fé que carrega nosso viver*
> *Pode mover montanhas pra gente poder passar*
> *É a nossa oração pedindo pra Deus Oyá…*[275]

Em que pese toda sua importância fundamental, não apenas para a obra, mas em minha vida, não posso me furtar de denunciar o racismo antinegro arraigado em muitas comunidades de terreiro. Ele se concretiza não apenas na presença maciça da branquitude,[276] mas sobretudo

---

[275] Grupo Sensação, intérprete do canto de oração *Oyá*.

[276] O problema, assim, não são as pessoas brancas, mas a branquitude e seu racismo antinegro congênito que não se contenta em ocupar esses territórios negros, mas dominá-los e desnaturalizá-los, embranquecê-los, erradicá-los.

pela imposição da ideologia branca, pela sobreposição de valores judaico-cristãos e de uma ética branqueadora. De fato, há um controle (quase) absoluto sobre fundamentos e conhecimentos com objetivos claros de impedir que tais espaços, radicalmente aquilombantes, sejam totalmente despolitizados, alheios ao racismo explícito que sustenta *casas de santo*.

Na omissão consciente e repulsa de qualquer autocrítica, tais territórios apenas fortalecem o racismo antinegro, se instituindo como partes da "terra prometida". Na esperança do perdão, salvam um sistema jurídico que os violenta ininterruptamente. O resultado, então, são locais que de matriz africana só possuem o nome (e olhe lá)!

RACISMO ALGORÍTMICO

No dia 21 de fevereiro de 2021, o programa de TV *Fantástico* apresentou uma reportagem especial sobre os "erros" provocados por reconhecimentos de acusados realizados unicamente por fotografias contidas nos "catálogos de suspeitos" existentes nas delegacias de polícia do país. Segundo a reportagem, produzida com base no levantamento inédito feito pelo Colégio Nacional de Defensores Públicos Gerais,[277] em parceria com a Defensoria Pública do Rio de Janeiro, 83% das vítimas desse tipo de equívoco são pessoas negras.[278]

Longe de ser um mero "erro de reconhecimento do criminoso", o dado demonstra como a programação racista do nosso sistema de controle mobiliza toda a branquitude que integra agências distintas, mas que atuam de modo sincronizado na produção da seletividade racial. Fica evidenciada a desigualdade constitucional que tutela corpos brancos com a "presunção de inocência" como um direito fundamental, de um lado, e, de outro, imputa a corpos negros a *presunção de periculosidade* que legitima seu encarceramento sem qualquer esforço discursivo. Já o *periculum libertatis* acompanha nossas vivências ou, dito de

---

277 Trata-se de uma associação civil de âmbito nacional que funciona como órgão permanente de coordenação e articulação dos interesses das Defensorias Públicas brasileiras.

278 FANTÁSTICO. Exclusivo: 83% dos presos injustamente por reconhecimento fotográfico no Brasil são negros. G1, 21 fev. 2021. Disponível em: https://g1.globo.com/fantastico/noticia/2021/02/21/exclusivo-83percent-dos-presos-injustamente-por-reconhecimento-fotografico-no-brasil-sao-negros.ghtml. Acesso em: 20 jul. 2022.

outro modo, e se houver dúvidas, prende-se, pois o cárcere é um dos "lugares naturais" para corpos negros que correspondem a 67,5% da população prisional.[279]

Assim, tais erros judiciais não são apenas meros erros do Poder Judiciário, são condenações que refletem as muitas manifestações – entrelaçadas e profundamente arraigadas – do racismo antinegro brasileiro, o que torna tais sentenças e posteriores confirmações, apenas a ponta do *iceberg* da antinegritude brasileira. A articulação branca que orbita corpos negros acusados é estruturada pelo Direito Penal do autor, motivando tais reconhecimentos nas delegacias sob a supervisão e legitimação do Ministério Público e legalização do Judiciário que consagra todas essas manipulações e manobras sistematizadas. Dessa maneira, são rechaçadas as "garantias" estabelecidas pelo artigo 226 do Código de Processo Penal, com completa indiferença em relação a todas as (muitas) nulidades que, como regra, são inalcançáveis por corpos negros por não serem reconhecidas nesses processos criminalizantes.[280]

Pode-se argumentar: "mas errar é humano, Luciano!", evidenciando uma aposta na infalibilidade da Inteligência Artificial (IA), cujo uso é cada vez mais comum em nosso cotidiano, nos conferindo comodidades e segurança na aplicação da tecnologia no campo da segurança pública, e também jurídico com o desenvolvimento do Victor, o sistema de inteligência artificial do Supremo Tribunal Federal.

Ao elencar as fontes dos dados que alimentam sistemas baseados em IA – por exemplo, locais e horários de crimes, perfis de criminosos abordados pela polícia; buscas de perfis e posterior engajamento com vídeos em plataformas de mídias sociais; todos os registros de interfaces de aplicativos, sistemas de geolocalização, câmeras e sensores espalhados pelas cidades etc. Tarcízio Silva lembra que o uso de bases gigantescas de dados para o aprendizado de *softwares* cada vez mais inteligentes, buscando incessantemente otimização e lucratividade em

---

279 Anuário Brasileiro de Segurança Pública – 2022.

280 Considerando tais "equívocos" no reconhecimento pessoal como uma das principais causas de erro judiciário, o Conselho Nacional de Justiça (CNJ), através da Portaria n.º 209, de 31 de agosto de 2021, instituiu um Grupo de Trabalho, do qual fiz parte, destinado à realização de estudos e elaboração de proposta de regulamentação de diretrizes e procedimentos para o reconhecimento pessoal em processos criminais e a sua aplicação no âmbito do Poder Judiciário, com vistas a evitar condenação de pessoas inocentes.

nome do progresso, simplesmente reproduz o *status quo* social, suas desigualdades e pré-conceitos, devidamente escamoteados em programas e sistemas computacionais comprometidos "[...] com a ignorância sobre a realidade social, racial e histórica. Ou, mais especificamente, com a epistemologia da ignorância branca [...]."[281]

Devidamente reinscritos em termos tecnológicos, todas as manifestações do racismo, direcionarão as decisões tomadas por inteligências artificiais que são espelhos digitais da branquitude, refletindo a ideologia branca, hegemônica na área:

> Não se trata de algoritmos racistas ou apenas "enviesados" nas bases de dados e códigos, mas sim de racismo algorítmico: a intensificação da opacidade e da ignorância para a reprodução das desigualdades e estruturas de poder contemporâneas. Subjacente à lógica do aprendizado de máquina, o poder hegemônico estabelece que as decisões e dinâmicas sociais, comerciais e de gestão pública nos últimos anos estavam corretas e devem ser replicadas e reforçadas, com mais eficácia e opacidade, por sistemas algorítmicos. Abdicar da epistemologia da ignorância – tanto sobre a tecnologia quanto sobre o racismo – é indispensável para um futuro justo.[282]

Em termos criminógenos, Pablo Nunes, coordenador de pesquisa da Rede de Observatórios da Segurança, enfatiza que se, por um lado, as promessas associadas ao uso do reconhecimento facial são tão tentadoras quanto o discurso de impunidade é para o punitivismo, por outro, ao analisarmos mais de perto, vemos que as promessas de "mais segurança" são difíceis de serem atingidas. Isto porque, se atendo às questões técnicas para a transformação do rosto humano como *unidade de registro,* Pablo ressalta que nossas faces nunca são analisadas por completo.

Ou seja, ocorre uma seletividade de alguns pontos do rosto e, com base nas distâncias entre esses pontos, é calculada a probabilidade daquele rosto ser da pessoa cadastrada no banco de dados, que é reduzida pelas modificações, inatas ou momentâneas, das expressões faciais, como envelhecimento, bocejamento, piscadas etc.

> As tecnologias de reconhecimento facial aplicadas ao policiamento se utilizam dessas assinaturas, calculadas de acordo com os pontos da face de indivíduos, para acionar alertas. Esses alertas são emitidos quando o rosto da pessoa filmada pela câmera possui certo grau de semelhança com alguma das faces presentes no banco de dados utilizado – nesses casos, o

---

281 SILVA, 2020.

282 SILVA, 2020.

de pessoas com mandados de prisão em aberto. Esse grau de semelhança tem de ser calibrado, porque se for fixado em níveis menores do que 90% de semelhança, por exemplo, pode provocar um número muito grande de falsos positivos. No extremo oposto, se o nível de semelhança exigido pelo algoritmo for 99,9%, por exemplo, a chance de o sistema emitir alertas será muito baixa.[283]

Em 2019, de março a outubro, a Rede de Observatórios de Segurança pesquisou os resultados de cinco estados brasileiros que possuem sistemas de monitoramento com aplicações tecnológicas para reconhecimento facial: Bahia, Rio de Janeiro, Santa Catarina e Paraíba. Totalizando 151 pessoas reconhecidas, a pesquisa revelou a modernização tecnológica da seletividade racial, já que 90,5% das pessoas presas por monitoramento facial no Brasil eram negras e apenas 9,5% brancas.

O aumento do uso de programas para o reconhecimento facial pelas polícias e outras agências que integram, informalmente, o sistema de segurança pública (aeroportos, metrôs, câmeras de trânsito etc.), apostas em uma "infalibilidade" punitiva, se contrapõe às advertências feitas por especialistas – que fundamentam ações judiciais e projetos de leis – e pedidos de abolição desse instrumento de reconhecimento. Trata-se, portanto, de uma espécie de "atualização *high-tech* para o velho e conhecido racismo que está na base do sistema de justiça criminal e tem guiado o trabalho policial há décadas."[284]

---

283 NUNES, 2019, p. 68.

284 NUNES, 2019, p. 69-70.

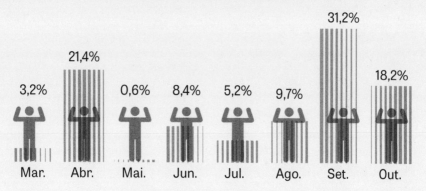

Figura 6 – Proporção de prisões efetuadas com uso de reconhecimento facial por mês (2019, em %)

Fonte: CENTRO DE ESTUDOS DE SEGURANÇA E CIDADANIA. RETRATOS DA VIOLÊNCIA – CINCO MESES DE MONITORAMENTO, ANÁLISES E DESCOBERTAS. Disponível em: https://cesecseguranca.com.br/textodownload/retratos-da-violencia-cinco-meses-de-monitoramento-analises-e-descobertas. Acesso em: 15 ago. 2022.

Utilizando dois exemplos, Pablo Nunes comprova a seletividade do sistema de monitoramento e reconhecimento facial brasileiro. No carnaval de 2019, em Feira de Santana (BA), foram capturados os rostos de mais de 1,3 milhões de pessoas, durante os quatro dias, "[...] gerando 903 alertas, o que resultou no cumprimento de 18 mandados e na prisão de 15 pessoas, ou seja, de todos os alertas emitidos, mais de 96% não resultaram em nada."[285] No Rio de Janeiro, em julho de 2019, o reconhecimento de uma mulher inocente, como sendo uma "procurada pela justiça", motivou sua prisão arbitrária, constrangimento e diversas violações dos direitos humanos, sendo que a "a criminosa procurada já estava presa há quatro anos, indício claro de que o banco de dados utilizado à época tinha graves problemas de atualização. Dias depois, policiais do Rio de Janeiro prenderam outra pessoa por engano."[286]

Nesse cenário, Tarcízio Silva chama atenção para os inúmeros riscos provocados por essa tecnologia para os direitos humanos e para a própria democracia, mesmo quando tecnicamente eficiente. O autor destaca a enorme quantidade de erros nesses reconhecimentos, em especial no seu uso em Londres (onde 81% das abordagens de suspeitos na região metropolitana estavam erradas), e também na Bahia, estado que acumula "[...] casos e anti-casos de reconhecimento facial para

---

[285] NUNES, 2019, p. 68.

[286] NUNES, 2019, p.68.

policiamento [...]",[287] cuja política de reconhecimento facial foi responsável pela prisão de procurado por homicídio que estava fantasiado de mulher no carnaval de 2019, mas também pela prisão de um inocente (nem preciso lembrar a cor dessas duas pessoas, né!?).[288]

Um fato que evidenciou e desnudou o racismo algorítmico foi o reconhecimento do ator estadunidense Michael B. Jordan como um dos suspeitos da chacina de Sapiranga, que resultou em seis mortos e cinco feridos, ocorrida durante a celebração do Natal de 2021, em Fortaleza. O sistema de reconhecimento facial, utilizado pela Polícia Civil do Estado de Ceará incluiu, no Termo de Reconhecimento Fotográfico, a foto do ator como sendo um dos 28 suspeitos identificados.[289]

Figura 7 – Racismo e classe social: o dinheiro não protege corpos negros do racismo

Fonte: NOTÍCIA PRETA. Sistema de reconhecimento facial do Ceará inclui foto de Michael B. Jordan como suspeito de chacina. Disponível em: https://noticiapreta.com.br/sistema-de-reconhecimento-facial-do-ceara-inclui-foto-de-michael-b-jordan-como-suspeito. Acesso em: 7 jan. 2022.

Tarcízio Silva é categórico ao enfatizar que "este tipo de tecnologia deveria ser banida do espaço público", não apenas em razão da reportagem que denuncia o erro acima referido, mas pelos muitos casos de dano tecnológico programado pelo racismo que ele elenca em sua Linha do Tempo do Racismo Algorítmico.

---

287 SILVA, 2019.

288 SILVA, 2019.

289 NOTÍCIA PRETA. Sistema de reconhecimento facial do Ceará inclui foto de Michael B. Jordan como suspeito de chacina. Disponível em: https://noticiapreta.com.br/sistema-de-reconhecimento-facial-do-ceara-inclui-foto-de-michael-b-jordan-como-suspeito Acesso em: 7 jan. 2022.

Nesta, Tarcízio traz uma série de casos, dados, reações e repercussões, demonstrando a opacidade das manifestações racistas tecnológicas, suas muitas aplicações e as armadilhas que esses programas constroem sob o invólucro de um desenvolvimento neutro, no melhor estilo *colorblind*, ou "inteligências artificiais não veem raças" (o que, de certa forma, é verdade, já que ao não se ver raças, se observa o racismo ao olhar para hegemonia da branquitude).

Dentre as múltiplas ocorrências, além do uso policial, é possível observar a atuação do racismo algorítmico na internet, na busca por "garotas negras" que resulta em conteúdo pornográfico; na invisibilização dos protestos contra a violência policial pelo Facebook; na identificação de pessoas negras como gorilas pelo GooglePhotos; no *software* de análise de reincidência COMPAS que favorece réus brancos e prejudica réus negros; na reprodução de padrões racistas de beleza; na exclusão racial (negros, latinos, asiáticos) do sistema de anúncios do *Facebook*; no embranquecimento realizado pelo aplicativo FaceApp cujos filtros tornariam as *selfies* "mais bonitas"; nas regras do Facebook que protegem, explicitamente, a categoria "homem branco" de discursos de ódio (ao contrário de "crianças negras"); nos carros autônomos que foram treinados para identificar melhor pedestres de pele clara, aumentando as chances de atropelamento de pedestres negros; nas ferramentas de análise e ajustes automatizados de textos que restringem o alcance da linguagem e temas negros; na identificação da linguagem afro-americana como "discurso de ódio"; no reconhecimento pelo Instagram de "armas" em ilustração inocente de um garoto em cenário de favela; na visão computacional da Google que confunde instrumento musical com arma – mas só em mãos negras; na tarifa dinâmica de aplicativos como Uber que cobra valores mais altos de moradores jovens de bairros com população não-branca etc.[290]

O reconhecimento facial, em termos práticos promovidos pelo racismo programático que utiliza como fonte os dados da terceira maior população em situação de cárcere do mundo, se transforma em *reconhecimento racial* da *presunção de periculosidade*, fazendo das promessas de segurança pública, que costumeiramente são utilizados para legitimar a aplicação de tais tecnologias, não mais que promessas brancas, já

---

290 SILVA, Tarcízio. Linha do Tempo do Racismo Algorítmico: casos, dados e reações. Blog do Tarcízio Silva, 2019. Disponível em: https://tarciziosilva.com.br/blog/destaques/posts/racismo-algoritmico-linha-do-tempo. Acesso em: 3 mar. 2021.

que a programação computacional reproduz sua ideologia, reduzindo-a aos algoritmos que fortalecem o racismo pela inquestionabilidade da "neutralidade" tecnológica. Se os algoritmos hipervisibilizam e relacionam corpos negros aspectos negativos, as questões positivas são invisibilizadas.

Tudo é racismo quando o racismo está em tudo! Todas as manifestações do racismo antinegro, elencadas aqui ou não, comungam da estereotipagem do povo negro, identificado sobre estigmas pejorativos que remetem à inferioridade, edificando sua personalidade sob traços não condizentes e inadaptáveis ao perfil desejado pelas agências que integram o sistema de controle racial informal. Isto é, funcionalizam e garantem a reprodução das violências racistas e a segregação negra de modo indireto, manipulando, artificiosamente e com altíssimo nível consensual, argumentos imparciais e equânimes.

Joel Rufino dos Santos leciona que uma das características do racismo é sua fundamentação sobre concepções e percepções negativas atribuídas ao corpo outrificado, carga ideológica petrificada que estabelece a necessidade branca de defesa, justificando uma agressão antecipada,[291] construindo subterfúgios que dissolvem a violência racial no tecido social. Assim, é assegurada a ininterruptibilidade daquele ideário repulsivo e a obstrução de conscientização do processo de conciliação desumanizante que determina os tons da cordialidade, desenhada e esperada pelo Estado ao preconizar a subjetivação do "bom negro", o "negro de alma branca" ou, ainda, o "negro da casa" que aceita, passiva e pacificamente, as chibatadas incessantes.

Ouça, é possível ouvir a socialização do racismo em termos de branqueamento e assimilação, um sistema de dominação arraigado na pregação da superioridade ideológica impulsionado, a princípio, em pequenos grupos, reuniões familiares, até sua sedimentação e divulgação massiva e capilarizada. Se, para a consolidação e alcance do racismo, em seu caráter globalizado, as legitimações religiosas[292] e científicas foram

---

291 SANTOS,1984, p. 19.

292 O Cristianismo foi responsável, direto e inquestionável, pela escravização negra africana. No dia 13 de maio de 2020, a Comissão Brasileira Justiça e Paz, publicou uma mensagem sobre o "Dia da Abolição da Escravatura no Brasil", na qual, consciente de sua missão sócio-transformadora, critica o contexto de "exclusão social vivida pelos negros e negras", apontando que: "um dos caminhos para sanar esta dívida, passa pela adoção de políticas públicas e ações por parte dos poderes consti-

imprescindíveis, atualmente, alicerçado em suas próprias bases solidifi-cadas, o racismo prescinde de qualquer saber justificante, se mantendo pela defesa da branquitude, de seus direitos irrevogáveis, privilégios e benesses adquiridos como herança irrenunciável da macroestrutura construída através dos séculos.

ASPECTOS DOGMÁTICOS E (ANTI)PUNIÇÃO LEGAL

Axé, Axé...
Cheia de graça é a nossa raça cor de café
Passa o que passa e sé de pirraça cai no afoxé.

Axé, Axé...

Chega de pranto, meu bem abre o peito e vem cantar
Quem sofre tanto também tem direito de debochar.
Axé...

Arlindo Cruz, Sereno; *Força, fé e raiz*

Para iniciar as análises sobre normas jurídicas antirracistas em nosso país, retorno à Declaração Universal dos Direitos Humanos, pois, assim como aconteceu com o genocídio e os crimes contra a humanidade, ela foi também a fonte primeva para a tipificação do racismo, o que significa que foi em torno da própria branquitude que sua "indigna-ção narcísica"[293] – motivada pelo terror provocado pela desumanidade branca durante o holocausto judeu – mobilizou fundamentos filosóficos no sentido antidiscriminatório para inaugurar a companha global de combate (?) às práticas racistas.

No pós Segunda Guerra Mundial, a humanidade branca foi resgata-da e sua dignidade reconstituída, havendo, posteriormente, explícita preocupação com sua tutela, o que determinou as diretrizes normativas

---

tuídos, assegurando a melhoria das condições de vida da população Afro-brasileira". Nota-se que, apesar de confessar sua dívida, a Igreja se exime do pagamento ao jogar a responsabilização para o Estado. Reconhecer sua culpa na violência racista/colonial e pedir perdão, como fizeram os papas João Paulo II e Francisco, é o mínimo. A Igreja Católica nos deve reparação por seus crimes, suas arquiteturas racistas, muito bem preservadas, não são apenas banhadas à ouro, mas com nosso sangue, nossos gritos de dor ainda reverberam por suas paredes.

293 BENTO, 2002, p. 28.

que repercutiram nas constituições modernas. Em paralelo, a (des)umanidade negra não foi reparada ou recuperada, muito ao contrário, foi soterrada, projetando a tutela estatal de modo a não alcançar o racismo antinegro e a manter o povo negro como alvo de inúmeras violências, alheias à justiça e aos direitos iguais consagrados à "família humana".[294]

Nesse sentido, a desumanização da branquitude, desencadeada pelo nazismo, foi a justificativa para a criminalização do racismo no cenário internacional, culminando, no Brasil, com a primeira norma para o seu "enfrentamento", a Lei nº 1.390/1951 (Lei Afonso Arinos), que tipificou o racismo como contravenção penal. É notória a "preocupação" com as manifestações racistas de um país construído sobre corpos negros – escravizados durante 388 anos e desumanizados, republicanamente, por mais 63 anos –, que inaugurou seu arcabouço antidiscriminatório após uma parcela da branquitude ser racializada e condenada à negridão, estabelecendo tal dispositivo como "contravenção" que entra para o extenso rol de "leis para inglês ver".

Essa conjuntura internacional de "combate ao racismo" deve ser cotejada com o Projeto UNESCO[295] que financiou uma série de pesquisas sobre as relações raciais no Brasil, entre os anos de 1951 e 1952, como forma de divulgar ao mundo, sobretudo aos EUA e África do Sul, a "receita do bolo" para a "paz racial" (para a branquitude).[296] O referido

---

294 Preâmbulo da Declaração Universal dos Direitos Humanos.

295 A Organização das Nações Unidas para a Educação, Ciência e Cultura (UNESCO), foi criada após a Segunda Guerra Mundial, em 1946. O Projeto desenvolvido no Brasil, portanto, reforça a preocupação do mundo com a branquitude, com o racismo antissemita e as repercussões do holocausto nazista.

296 Importante salientar que o Projeto UNESCO foi um instrumento de silenciamento e apagamento da intelectualidade negra brasileira, já que privilegiou a branquitude. Durante o I Congresso do Negro Brasileiro (1950), Guerreiro Ramos apresenta uma série de teses que fundamentaram uma agenda de pesquisas vinculadas às demandas políticas negras. Essa agenda foi encaminhada à UNESCO que recusou as propostas sob a justificativa da necessidade de um "saber científico neutro", produzido por *experts*. O silenciamento da intelectualidade negra e ignorância de sua tecnicidade, conferidos pelo etiquetamento de ativismo, colocando a branquitude como "especialista", ainda se faz muito presente em nossos dias. No Grupo de Trabalho instituído pelo CNJ para discutir os equívocos judiciais produzidos por erros no reconhecimento de pessoas acusadas por crimes, foi realizado, no dia 25/10/2021, uma discussão com especialistas com a finalidade de subsidiar o Grupo com os principais problemas que envolvem a questão. Após o Seminário Técnico: *O reconhecimento de pessoas para além da dimensão conceitual*, o grupo formado por

projeto foi idealizado por Arthur Ramos, discípulo de Nina Rodrigues, para quem o Brasil era um "laboratório de civilização", e influenciado pelo pensamento de Gilberto Freyre, em sua miragem de um paraíso racial na terra graças à amizade e amistosidade portuguesa.

No Congresso Nacional do país situado no centro da efervescente "onda antirracista", o deputado federal pela UDN, Afonso Arinos de Melo Franco (herdeiro de escravocratas[297] e de uma tradicional família política mineira), se transformaria em protagonista na política brasileira contra o racismo, sem jamais ter se preocupado com as manifestações racistas no, e do, Brasil. Antissemita declarado em sua obra *Preparação ao nacionalismo* de 1934, Afonso Arinos, consciente dos vínculos que unem história e política, não perderia a chance de entrar para a história nacional em julho de 1950, quando o luxuoso Hotel Esplanada, vizinho do Teatro Municipal de São Paulo, descobriu que a cliente que tinha uma reserva antecipada era negra, se recusou em hospedar a dançarina negra estadunidense Katherine Dunham, reconhecida mundialmente e que também era antropóloga e pesquisadora da cultura africana.

Com a enorme repercussão internacional, o deputado redigiu, em um final de semana, o Projeto de Lei nº 562/1950, em que pese sua afirmação inicial de que a motivação para a lei contra eram as violências racistas sofridas e suportadas por seu motorista negro, Jose Augusto, casado com uma mulher catarinense, de descendência alemã. A "mudança radical" de antissemita à antirracista comprovou sua "evolução" ao patamar de "antinazista apaixonado", motivado pela repugnância do racismo ao acompanhar as "monstruosidades praticadas na Europa pela camarilha hitleriana em nome da religião racial".[298]

Mas a postura de "salvador" da pátria negra – que faria recair sobre Afonso Arinos a acusação de apresentar o projeto com intenções

---

8 pessoas negras (pesquisadoras e pesquisadores reconhecidos nacionalmente, que ratificaram, fala após fala, que o racismo era uma das causas das condenações), o CNJ, em um post divulgado em seu perfil do Twitter (@CNJ_oficial), assim se manifestou: "ativistas pautam discriminação racial no debate sobre reconhecimento de pessoas". Cf.: TWITTER. CNPJ_oficial, 30 out. 2021. Disponível em: https://twitter. com/CNJ_oficial/status/1454510411462623235/photo/1. Acesso em: 27 out. 2021.

297 Seu avô, José Cesário de Faria Alvim, é bisavô de Chico Buarque de Hollanda.

298 FRANCO, 1965.

eleitoreiras para angariar votos e garantir sua reeleição[299] -, teria sido, exclusivamente, pelo racismo sofrido por Katherine Dunham e amplamente divulgado pelos jornais. Ao defender sua proposição, Arinos disse que sua voz vinha "[...] ao encontro das vozes do sofrimento e das aspirações, muitas vezes conscientes e muitas outras imprecisas e inconscientes, de milhões de patrícios nossos."[300]

Essa é uma das justificativas reais do projeto apresentado por Afonso Arinos, em 1950, um deputado alinhado ideologicamente à União Democrática Nacional (UDN), partido manifestamente conservador, opositor ferrenho das políticas sociais de Getúlio Vargas (para quem o partido perdeu a disputa presidencial naquele ano). A lógica racista foi explicitada por Ricardo Westin na reportagem intitulada *Brasil criou 1ª lei antirracismo após hotel em SP negar hospedagem a dançarina negra americana*.[301]

O fato desmontava a ideia branca de "democracia racial" que, inclusive, era promovida no exterior, desqualificando e desmentindo seu principal ideólogo, Gilberto Freyre, que era deputado federal pela UDN-PE. Assim, para defender sua tese (e defender-se, sobretudo), o sociólogo, pai da "amistosidade portuguesa", no mesmo dia em que o projeto de lei "antirracismo" foi apresentado por Afonso Arinos, discursou na Câmara, reforçando suas lições:

> Se é certo que um hotel da capital de São Paulo recusou acolher como hóspede a artista norte-americana Katherine Dunham por ser pessoa de cor, o fato não deve ficar sem uma palavra de protesto nacional nesta Casa. Entre nossas responsabilidades, está a de vigilância democrática. Este é um momento em que o silêncio cômodo seria uma traição aos nossos deveres de representantes de uma nação que faz do ideal (se não sempre da prática) da democracia social, inclusive a étnica, um dos seus motivos de vida, uma das suas condições de desenvolvimento.[302]

---

299 Essa intenção eleitoreira foi negada pelo próprio Afonso Arinos após o resultado das urnas. No entanto, é evidente que ele, como político, jamais se recusaria a captar votos negros.

300 WESTIN, 2020 (texto sem marcação de página). Disponível em: https://brasil. elpais.com/brasil/2020-07-21/brasil-criou-1-lei-antirracismo-apos-hotel-em-sp-negar-hospedagem-a-dancarina-negra-americana.html. Acesso em: 26 de jul. 2022.

301 WESTIN, 2020. Disponível em: https://brasil.elpais.com/brasil/2020-07-21/brasil-criou-1-lei-antirracismo-apos-hotel-em-sp-negar-hospedagem-a-dancarina-negra-americana.html. Acesso em: 04 de jul. 2021.

302 CAMPOS, 2016, p. 154.

Entretanto, é Walter de Oliveira Campos que traz o principal objetivo do projeto de lei: o desmonte e desarme do Movimento Negro (tomado aqui em sede de abstração que não condiz com sua multiplicidade) que se organizava de forma nacional e que materializava o "racismo às avessas" - a versão antiga do "racismo reverso" - que ainda povoa o imaginário da branquitude que teme perder sua supremacia e, por isso, se apressa em nos acusar de promover uma ideologia que é sua criação. O medo branco no Legislativo ganhava concretude nas, já aguardadas, manifestações negras após o racismo sofrido por Katherine Dunham e que reivindicariam o combate às outras expressões do racismo antinegro brasileiro.

Era urgente desarmar a "bomba relógio negra" através do esvaziamento de sua pauta principal. A desmobilização do Movimento Negro era imprescindível para dar continuidade à despolitização do povo negro brasileiro, garantindo, assim, a manutenção do paraíso racial terrestre:

> [...] um dos aspectos simbólicos mais significativos da Lei Afonso Arinos era a visão de que ela representava o sentimento coletivo brasileiro de repúdio ao racismo e ao preconceito racial e o propósito de extirpar esse mal do seio da sociedade. Tal sentimento estaria expresso na Constituição Federal de 1946, a qual era mencionada com frequência nas reportagens sobre a Lei 1.390/51. A ideia de suficiência da lei para combater a discriminação racial, decorrente de sua harmonia com a Constituição e com a vontade do povo, desautorizaria qualquer movimento que lançasse dúvidas sobre a unidade nacional em torno da questão racial. Isso ajudar a compreender a falta de simpatia para com o movimento negro.[303]

O terror branco de mais um levante negro é notabilizado pela total ausência de diálogo com o Movimento Negro (tomado aqui em sede de abstração que não condiz com sua multiplicidade) que, em 1945, ao final da Convenção Nacional do Negro em São Paulo, publicou o *Manifesto da Convenção Nacional do Negro à Nação Brasileira*, que definia o racismo como "crime lesa-pátria":

> Não precisamos mais consultar ninguém para concluirmos da legitimidade de nossos direitos, da realidade angustiosa de nossa situação e do acumpliciamento de várias forças interessadas em nos menosprezar e em condicionar, mesmo, até o nosso desaparecimento!
> Eis por que conclamamos a todos vós, sem distinção de sexo, idade, credo político ou religioso, para cerrardes fileiras em torno do Grupo de Pioneiros que se propõe a conseguir, dos poderes competentes, por todos os meios lícitos e segundo os ditames da própria CONSCIÊNCIA NACIONAL, as seguintes reivindicações:

---

303 CAMPOS, 2016, p. 122.

1) Que se torne explícita na Constituição de nosso país à referência à origem étnica do povo brasileiro, constituída das três raças fundamentais: a indígena, a negra e a branca.
2) Que se torne matéria de lei, na forma de crime de lesa-pátria, o preconceito de cor e de raça.
3) Que se torne matéria de lei penal o crime praticado nas bases do preceito acima, tanto nas empresas de caráter particular como nas sociedades civis e nas instituições de ordem pública e particular.[304]

Um dos projetos estabelecidos no manifesto foi levado à Assembleia Constituinte de 1946 através da Emenda nº 1.089, de autoria do deputado Benício Fontenele e defendido pelo senador Hamilton Nogueira, branco e da União Democrática Nacional (UDN), que tinha por objetivo incluir a expressão *"sem distinção de raça e de cor"* no parágrafo primeiro do artigo 141 da Constituição que estabelecia *"todos são iguais perante a lei"*. A emenda foi rejeitada por argumentos ideológicos e também de técnica-jurídica – um estratagema que a branquitude vai utilizar inúmeras vezes para não combater seu racismo. Num país em que todo mundo é igual, expressar o racismo "inexistente", além de ilógico serviria apenas para criar conflitos e tensões, isto é, acabar com a paz da branquitude.

Para manter essa paz e sua segurança, a estratégia branca de impedir a organização do Movimento Negro brasileiro, e consequente conscientização e politização do povo negro em geral, é comprovada, também, pela tentativa do deputado federal Hermes Lima (UDN-DF) de incluir no Projeto de Lei nº 562/1950 a proibição "da formação de 'frentes negras' ou de quaisquer modalidades de associação com fins políticos baseadas na cor"[305]. Segundo Ricardo Westin, Afonso Arinos foi a favor da proibição, uma vez que "as organizações negras deveriam ser eliminadas porque alimentariam o racismo dos negros contra os brancos"[306]. Apesar dos apelos ao medo branco de uma vingança negra, a emenda não foi aprovada.

Durante a tramitação do Projeto de Lei de Afonso Arinos, seu relator na Comissão de Constituição e Justiça, o Deputado Plínio Barreto (UDN-SP), defensor do racismo científico, inscreveu seu nome da história com o manifesto:

---

304 NASCIMENTO, 1982, p. 111.

305 WESTIN, 2020.

306 WESTIN, 2020.

> Nunca haverá leis que os destruam. Nunca houve lei alguma que pudesse desarraigar sentimentos profundos e trocar a mentalidade de um povo. Mas isto não impede que, por meio de leis adequadas, se eliminem algumas das manifestações públicas desse preconceito.

Sem as contribuições e influência de vozes negras, e ignorando suas demandas, o projeto de lei tramitou sem polêmicas ou grandes debates e, com sua aprovação por unanimidade, o combate ao racismo brasileiro na Lei nº 1390/51 (Lei Afonso Arinos) se limitou a tipificar como contravenções penais, puníveis com prisão simples (de quinze dias a um ano), multas e/ou perda do cargo (inclusive do diretor, gerente ou responsável pelo estabelecimento comercial ou educacional), as manifestações racistas de cunho segregacionista em espaços públicos ou privados.

Ivair Augusto Alves dos Santos, lembra que a Lei era "topográfica", ou seja, tipificava a materialização de condutas racistas em determinados locais (hospedagem, elevador, clubes, bares etc.) e não pela natureza das condutas. Sobre o tema, há uma entrevista de Afonso Arinos à *Folha de S. Paulo*, em julho de 1980, quando ele reconheceu a (in) eficácia da lei:

> Ela tem eficácia, mas não tem funcionamento formal, porque é muito raro, raríssimo, que ela provoque um processo que chegue a conclusão judicial [...] a lei funciona mais em caráter, vamos dizer, social [...] do que em caráter jurídico. Uma vez verificada a infração penal, se a vítima apresenta queixa à polícia, habitualmente a coisa se resolve ali. Normalmente, ou o agente, o infrator, desfaz a razão da queixa ou se procura um outro tipo de acomodação [...] É falso dizer que ela é ineficaz. Mas eu reconheço que ela não tem uma normalidade de aplicação penal.[307]

Diante de todo apelo, nacional e internacional, para que a jovem democracia emergente do maior sistema escravagista moderno (portanto, uma autêntica democracia necropolítica) considerasse o racismo como fonte de violações dos direitos "adquiridos" pelo povo negro e começasse a tutelá-lo (projeção de uma incipiente e limitada reparação), as palavras de Afonso Arinos refletem a confissão de sua manipulação jurídico-política com a intenção de:

1. eximir o Brasil, e a branquitude, das acusações de omissão (sem ignorar o sonho de se tornar um redentor);

2. reduzir ao mínimo a eficácia punitiva do Direito Penal aos corpos brancos através de sanções que reproduziam a leniência.

---

307 SANTOS, 2013, p. 61-62.

Nota-se na suposta resolução dos crimes de racismo nas delegacias de polícia o *dolo branco* que orientou a *exclusão de sua ilicitude na prática*, pois, as elementares do tipo penal não eram reconhecidas, assim como a reprovação das ações elencadas na Lei nº 1390/51, executando o desejo branco em tutelar sua liberdade em ser racista, servindo para a manutenção da mentira, mal contada, da "democracia racial" já que a "inexistência" da contravenção penal comprovava a "paz racial brasileira".[308] Enfim, estratégias de imunização penal manuseadas pelo autor da Lei, ex-promotor de justiça, jurista e autor de obras sobre Direito Constitucional.

A não responsabilização pelas práticas racistas foi a marca da Lei Afonso Arinos até sua revogação em 1989, quando nosso ordenamento criminal antirracista foi alterado substancialmente. Mérito do Movimento Negro brasileiro que integrou a Assembleia Nacional Constituinte, desde sua instalação em fevereiro de 1987, e teve papel fundamental nas discussões e produção de nossa Carta Magna de 1988, apesar de contar com apenas 11 (onze) representantes dentre os 559 membros eleitos para o processo constituinte, o que significa um percentual de 2%.[309]

Sem representação numérica, a força da luta antirracista veio do Movimento Negro que realizou em 1986 a Convenção Nacional do Negro, na qual as demandas principais foram estabelecidas sob a orientação específica do documento *O Negro e a Constituinte*, que elencou a criminalização do racismo. Thula Pires destaca a proposta de criação do indicativo criminalizante referente à discriminação racial (art. 3º), encaminhada à Comissão da Ordem Social:

> Art. 3º Constitui crime inafiançável subestimar, estereotipar ou degradar grupos étnicos mesmos, por meio de palavras, imagens ou representações, através de quaisquer meios de comunicação.[310]

Natália Néris lembra que a ideia de criminalização, nos termos estabelecidos pelo Movimento Negro, "de qualquer discriminação atentatória aos direitos humanos entendendo como discriminação os atos de subestimar, estereotipar ou degradar grupos étnicos, raciais ou de cor

---

308 Esses comportamentos são inerentes às *técnicas de neutralização* pensadas por Gresham M. Sykes e David Matza.

309 PIRES, 2013, p. 108.

310 PIRES, 2013, p. 116.

através de diferentes meios", se manteve semelhante durante boa parte do processo de elaboração do texto constitucional, porém, foi suprimida na fase decisiva. De fato, o "Projeto A", discutido em Plenário, trazia uma criminalização abstrata, sem qualquer menção à raça ou ao racismo. Foi Carlos Alberto Oliveira (Caó) que apresentou uma emenda ao art. 5º do "Projeto B", explicitando o racismo como crime inafiançável e imprescritível. [311]

Assim, no ano do centenário da farsa da abolição da escravatura, o povo negro brasileiro arranca uma confissão do racismo perpetrado pela "democracia racial", estabelecendo o crime de racismo como cláusula pétrea que lhe conferiu singularidades no ordenamento punitivo. Mas, apesar das conquistas históricas que não se restringem à criminalização do racismo, a Constituição espelha a ideologia branca, orientando e protegendo seus valores, nos invisibilizando nas sombras dos direitos fundamentais que ocultam suas colonialidades.

Ao questionar *"cadê Oxum no espelho constitucional?"*, Nailah Neves Veleci evidencia como a dominação branca é garantida por meio dos direitos constitucionais, infraconstitucionais e internacionais, por suas impossibilidades de combater as violências racistas que lhes são ínsitas e decorrentes de suas manifestações. É, somente diante do *abebê* de Oxum que a projeção de nossas imagens, reveladas pelas resistências que ordenam nossas existências, refletem nossos direitos, em termos, conteúdos e dimensões contra hegemônicos, nos ensinando que devemos "[...] sempre ficar de olho nos inimigos que se aproximam em forma de Estado".[312]

A constitucionalização do crime de racismo, insculpido no art. 5º, inciso XLII, da Constituição Federal, estabeleceu as características de inafiançabilidade e imprescritibilidade ao delito, que foi regulamentado pela Lei nº 7.716/1989, a Lei Caó (em homenagem ao autor de seu projeto, Carlos Alberto de Oliveira).[313] A Lei entrou em vigor três meses após a promulgação da Constituição Federal, demonstrando a necessidade de que o dispositivo constitucional tivesse aplicabilidade o

---

311 SANTOS, 2015, p. 155.

312 VELECI, 2017, p. 126.

313 Enquanto Deputado federal, Carlos Alberto Caó foi autor do projeto que deu origem à Lei nº 7.437/1985, que alterou a Lei Afonso Arinos, fazendo incluir, entre as contravenções penais, a prática de atos resultantes de preconceito de sexo ou de estado civil, dentre outras alterações na redação original.

mais rápido possível, já que o Projeto de Lei nº 668 foi apresentado em 11 de maio de 1988, durante os trabalhos da Assembleia Constituinte e antes mesmo da inclusão de "racismo" no "Projeto B".

A Lei Caó foi certamente uma enorme evolução em nosso ordenamento, porém nem sempre (para não dizer "quase nunca") nossas "conquistas" são, de fato, conquistas. Isso porque a branquitude, detentora da ampla cadeia do poder criminalizante, adota medidas para equilibrar a balança de sua (in)justiça, o que significa, em termos práticos, que a *criminalização primária* do racismo não significou, em absoluto, sua *criminalização secundária* e muito menos *terciária* (exercício do poder criminalizante dentro da execução penal, nas instituições carcerárias).[314] Com efeito, com toda a estrutura punitiva nas mãos, a branquitude garante a vigência da inaplicabilidade da Lei Afonso Arinos, demonstrando que a funcionalidade de uma lei penal não decorre do tipo de infração legal estabelecida, mas a que(m) se destina.

Dogmaticamente, assim como sua antecedente, a Lei Caó tipificava o crime de racismo como formal, apenas em termos segregacionistas, reproduzindo diretrizes *anti-aparthedianas* pois, estabelece o crime de racismo, de modo geral, em razão do lugar. Desse modo, a Lei Caó criminalizava as condutas específicas de impedir, negar ou recusar o acesso de alguém, a estabelecimentos comerciais, educacionais e esportivos, entradas sociais de edifícios e elevadores, transportes públicos, emprego, cargo ou função em instituições públicas (incluindo concessionárias) ou privadas, ao casamento ou convivência familiar e social etc., não tipificando as ofensas racistas, que são as violências mais comuns.

Em 1990, com a alteração feita pela Lei nº 8.081, tais violações à dignidade humana, individuais ou coletivas, passaram a ser criminalizadas, desde que praticadas, induzidas ou incitadas, pelos meios de comunicação social ou por publicação de qualquer natureza, não incluindo, portanto, as ofensas e xingamentos pessoais, que acabavam (quando

---

314 Todo processo de criminalização pressupõe seletividade. Assim, enquanto na *criminalização primária*, o Poder Legislativo escolhe os bens jurídicos que devem ser tutelados e, a partir dessa seleção geral e abstrata, cria as leis penais, na *criminalização secundária* temos a atuação, em contextos específicos e práticas concretas, das agências que integram o "sistema de justiça" (Polícias, Ministério Público e Judiciário), pela qual vemos a seletividade (racial) de autoras/es que devem ser punidos em caso de violação de leis penais (ou serem punidas/os mesmo sem violação dessas leis). Já na *criminalização terciária*, o exercício do poder de selecionar quem deve ser punida/o se opera dentro da execução penal, nas instituições carcerárias.

muito) tipificadas como crime contra a honra, nos termos do Código Penal (calúnia, injúria e difamação).

A título de aperfeiçoamento técnico, o lento movimento de enfrentamento do racismo, via penalização das manifestações diretas, sofre uma profunda ruptura dogmática que torna o objetivo negro de discutir o racismo, em toda sua dimensão e multiplicidade a partir de sua criminalização individual, inviabilizado. Como veremos a seguir, esse caminho foi desviado exatamente com a criação da injúria racista, rompendo com a incondicionalidade da ação penal, com a inafiançabilidade e imprescritibilidade, especificidades constitucionais que representam, teoricamente, a gravidade do racismo.

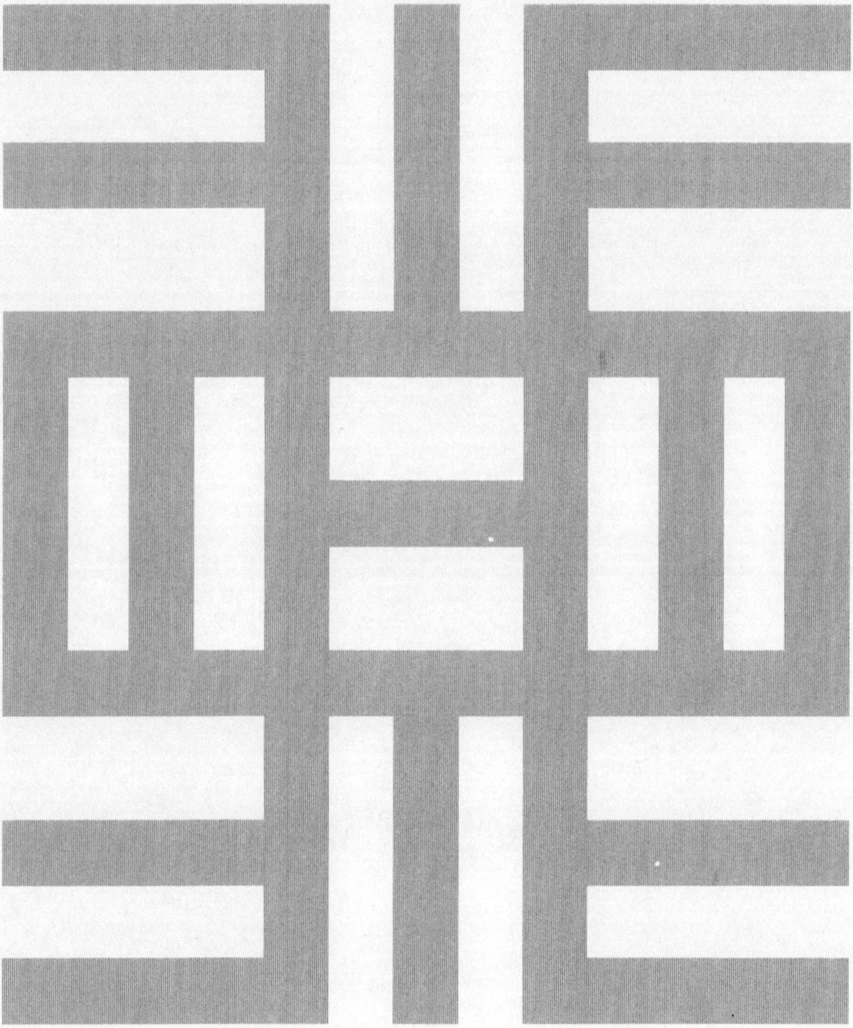

NEA ONNIM NO SUA A OHU

"Quem não sabe pode saber aprendendo"

*Símbolo do conhecimento, da educação
contínua e busca pelo saber e sabedoria.*

O ouro da pena brilhou, reluziu
Como cano de fuzil a fumegar
E a Lei áurea, áurea lei
Libertar jamais iria

Por concessão
Todo o povo que sofria
Na escravidão
Libertar jamais iria
Por concessão
Todo o povo que sofria
Na escravidão

A cor da pele é quem sabe
Que liberdade não cabe
Num pedaço de papel
Dona Isabel, me desculpe
Vou à luta não me culpe
Vou atrás do que é meu

Me Zumbi-me, Palmares
Eu me lanço pelos ares
Mundo, aqui vou eu
Me Zumbi-me, Palmares
Eu me lanço pelos ares
Mundo, aqui vou eu...".

Sônia Pereira, *Zumbi-Me, Palmares*

INJÚRIA RACISTA: O (ANTI)COMBATE LEGAL(IZADO) AO RACISMO BRASILEIRO

Pra mostrar que há força no amor.
Vamos… nos unir que eu sei que dá jeito,
E provar que nós temos direito
Pelo menos a compreensão.
Senão um dia,
Por qualquer pretexto
Nos botam cabresto e nos dão ração…".

Zé Catimba e Martinho da Vila, *Bandeira da fé*

Como já apontado, a postura "antirracista" do Brasil foi uma celebração à humanidade branca, declarada universalmente após o holocausto semita. A criminalização se operou por meio de uma "temida" contravenção penal, cuja norma apresentava ao mundo nossa nota de repúdio aos países "verdadeiramente racistas", inscrita através de tipos penais de caráter segregacionista, excluindo as ofensas, verbais ou escritas, comprovando "nossos esforços e nossa árdua luta na manutenção da igualdade racial conquistada há séculos".

Presente no processo constituinte que recolocava o país em trilhos democráticos, o Movimento Negro certificou o racismo genético brasileiro com a Carta Maior. Uma aposta no caráter educativo, via recrudescimento da resposta punitiva, que tentou manusear o Direito Penal como instrumento de reparação de danos históricos. A medida de criminalização volta-se para a punição do racismo praticado por indivíduos formados por uma educação que sempre foi (e ainda continua sendo) racista, orientada para o branqueamento pelo epistemicídio que determinou o corpo negro, e não o racismo, como problema nacional.

Como as agressões racistas, verbais, gestuais ou escritas, sem o uso de meios de comunicação ou publicação de qualquer natureza, não foram incluídas na Lei nº 7.716/1989 – que se dedicava, quase em sua totalidade, a tipos penais que expressam a intenção eugênica em relação aos espaços que a branquitude tenta "proteger" –, algumas manifestações racistas não *apartheidianas* eram objetos de um "arranjo tipificador" dentro da lógica penal geral dos crimes contra a honra subjetiva, portanto, de baixíssimo potencial lesivo, mesmo quando a natureza das ofensas e xingamentos era, inequivocamente, racista.

Nesse contexto, a justificação do Projeto de Lei nº 1.240/95, de autoria do Deputado Federal Paulo Paim,[315] é clara em seu objetivo:

> A reputação, o decoro, a honra, a dignidade das pessoas dmandam consideração e respeito. As práticas discriminatórias ou de preconceito de raça, cor, etnia, procedência nacional, apresentam alarmantes índices de aumento. Esses fatos precisam ser coibidos imediatamente. *O estereótipo, muito usado nessas condutas, é uma forma de preconceito pois trata-se de um expediente jocoso, irônico, debochado e com acentuado componente de desprezo no descrever alguém. Muitos programas de televisão, textos jornalísticos, novelas e filmes em geral tem praticado racismo sob o falso discurso de denúncia.*
> [...]
> A carta política de 1988 dispõe em seu art. 5º, inciso XLII, que *"a prática do racismo constitui crime inafiançável e imprescritível, sujeito à pena de reclusão, nos termos da lei"*. A severa criminalização de práticas de racismo, prevista na norma constitucional, teve seu complemento com a edicção da lei nº 7.716, de 05 de janeiro de 1989, *de autoria do ex-deputado Carlos Alberto Caó, a denominada lei Caó,* onde o legislador ordinário tipificou essas práticas sancionando-as com pena de reclusão.
> Fazemos justiça também ao *ex-deputado Ibsem Pinheiro* que é o autor do art. 20 desta lei.

---

315 O projeto foi apresentado em 20 de novembro de 1995 e, em sua conclusão, foca registrado que "a melhor forma do Congresso Nacional homenagear a raça negra neste tri centenário em que lembramos a vida e morte de Zumbi dos Palmares é aprovar este projeto. Seria o primeiro passo que esse país daria para começar a reparar a enorme dívida política, social e econômica que o mesmo tem com o povo negro."

A maioria dos tipos penais da lei nº 7.716, já estava prevista como contravenção na lei nº 1.390. Não se pode negar, obviamente, a importância da lei nº 7.716 que cumpriu a determinação do legislador constituinte no que concerne a severa criminalização de práticas racistas. Essas condutas abjetas prosseguem e ampliam seu campo de ação impondo a atualização da lei nº 7.716, especialmente no que se refere aos tipos penais que precisam ser aumentados para criminalizar atos atentatórios aos bens jurídicos protegidos. Os bens jurídicos protegidos, como ensina o *Professor Luiz Luisi em seu livro "O Tipo Penal, a Teoria Finalista e a Nova legislação Penal"*, p. 51, servem de critério orientador e ordenador dos tipos das legislações penais. A perda do sentido do valor e dignidade do ser humano, prevista por Nietzsche, não pode se materializar. A sociedade, em seu lamentável processo de degeneração, é a principal responsável por tudo isso. *Este projeto, que aumenta os tipos penais com a alteração e acrésicmo de arts. a lei nº 7.716/89, de autoria do ex-deputado Carlos Alberto Caó,* visando criminalizar práticas de discriminação ou preconceito de raça, cor, etnia e procedência nacional, objetiva resgatar todos esses valores e atacar a impunidade. Por este projeto as citadas transgressões não serão mais tipificadas como delitos da calúnia, injúria e difamação, e sim, crimes de racismo.

[...] Queremos eliminar, de todas as formas, a manifestação pública do odioso preconceito. Este é o objetivido do nosso projeto.

Essa realidade perdurou até que o Projeto de Lei nº 1.240/1995 fosse aprovado, porém, não em seus termos originais.[316] Transformado na Lei nº 9.459/1997, o texto normativo foi produto de uma emenda substitutiva apresentada em Plenário da Câmara dos Deputados que não apenas alterou o art. 20 da Lei Caó – introduzindo, concomitantemente, as práticas racistas verbalizadas em seu rol e o § 3º no art. 140 do Código Penal – mas, assim como em outros países, acabou por tipificar condutas que dão vida ao pesadelo branco de ver sua dignidade e memória afrontadas, relembrando a possibilidade de ser *denegrido*,[317]

---

316 Em sua proposta original, o Projeto acrescia à Lei nº 7.716:

"Art. 21 Praticar ou instigar preconceito ou discriminação de raça, cor, religião, etnia ou origem.

Art. 22 Constranger, injuriar, caluniar e difamar utilizando elementos referentes à raça, cor, etnia, religião ou origem.

Art. 23 Discriminar alguém por razões econômicas, sociais, políticas ou religiosas."

317 Tornado negro, tratado como o povo negro.

criminalizando a divulgação do nazismo, excluindo símbolos, emblemas ou ornamentos antinegros.[318]

Na justificativa da proposta da emenda substitutiva, encontramos:

> Os dispositivos ora propostos para a redação final do Projeto de Lei 1.240-A de 1995, *visam unicamente adequar tecnicamente os avanços sociais colimados à legislação penal vigente.*
>
> Desta forma, o acréscimo de artigos anteriormente previsto se torna desnecessário ante a alteração da redação de disposições legais já existentes; adota-se a expressão "procedência nacional", conforme a redação original, tendo em vista que a mesma consta do artigo 20 da Lei 7.716/89, com a redação dada pela Lei n° 8.081/89, portanto, já incorporada ao mundo jurídico; e *a tipificação do crime anteriormente previsto no artigo 2° da redação aprovada pela Comissão de Constituição e Justiça passa a ter enquadramento específico, tecnicamente possível ressalte-se, como injúria, face a dificuldade da caracterização penal enquanto calúnia e difamação.*[319]

A emenda, que alterou substancialmente o projeto e rechaçou a ofensa à coletividade, se restringindo ao indivíduo, demonstra a estratégia branca em esvaziar nossos pleitos, não sendo obra do acaso que antes de ser aprovado naquele momento decisivo, o projeto foi retirado de pauta no dia 21 de novembro de 1996. Foi, então, entre reuniões nos bastidores legislativos que a branquitude discutiu, redigiu o projeto substitutivo, planejou e se organizou para a decisão de jogar o racismo, manifestado em forma de ofensas e inúmeras violências raciais verbais, para o Código Penal, concretizando o desejo de neutralizar as incursões jurídicas negras para responsabilizar a branquitude por seus atos, combater o racismo individual e, por meio da criminalização, discutir e conscientizar a sociedade sobre as manifestações racistas.

Essa manobra mostra como a violência sobre nossos corpos, nosso sofrimento e lamentos, são ignorados pela branquitude, mesmo quando ela, pressionada por nossas estratégias, fica sem opção a não ser reconhecer o racismo. Nessa situação, a tradução para o *juridiquês* (adequação às regras como condição de existência no mundo jurídico), minimiza o alcance de nossas conquistas, equilibrando, novamente, a balança da justiça branca. Ou seja, sob a justificativa de "adequação

---

318 A discussão sobre "símbolos" racistas foi dimensionada com a derrubada, ou pedido de transferência, de estátuas de colonizadores/escravagistas/genocidas de locais públicos, ressoando os brados negros "Meus heróis [e heroínas] não viraram estátua, morreram lutando contra quem virou."

319 Grifo meu.

técnica" para efetivar a criminalização primária, o enfrentamento ao racismo foi rechaçado da lei que, em tese, tutelaria nossa dignidade... Ah, a branquitude e seu paternalismo!

Esse *conto* é reproduzido por Guilherme de Souza Nucci, para quem, a injúria racista:

> [...] foi introduzida pela Lei 9.459/97 com a finalidade de evitar as constantes absolvições que vinham ocorrendo de pessoas que ofendiam outras, através de insultos com forte conteúdo racial ou discriminatório, e escapavam da Lei 7.716/89 (discriminação racial) porque não estavam praticando atos de segregação. Acabavam, quando muito, respondendo por injúria – a figura do caput deste artigo – ou eram absolvidas por dizerem que estavam apenas expondo sua opinião acerca de determinado assunto. Assim, aquele que, atualmente, dirige-se a uma pessoa de determinada raça, insultando-a com argumentos ou palavras de conteúdo pejorativo, responderá por injúria racial, não podendo alegar que houve uma injúria simples, nem tampouco uma mera exposição do pensamento (como dizer que todo "judeu é corrupto" ou que "negros são desonestos"), uma vez que há limite para tal liberdade.[320]

No mesmo sentido, Cezar Roberto Bitencourt, ao comentar o fundamento político da "injúria racial", diz:

> O fundamento político da alteração legislativa reside no fato de que a prática de crimes descritos na Lei 7.716/89 (preconceito de raça ou cor) não raro era desclassificada para o crime de injúria. O legislador, em sua política criminalizadora, resolveu dar nova fisionomia às condutas tidas como racistas e definiu-as como injuriosas, com exagerada elevação da sua consequência jurídico-penal.[321]

Assim foi concebida a injúria racista, uma nova "promessa" de igualdade em termos de proteção normativa que resgata as práticas de resguardo do racismo estabelecidas na Lei Afonso Arinos. Uma estratégia jurídica da branquitude na duplicação de tipos penais com vista à sua (in)diferenciação, pois esta traz a consolidação da "forma de combate" do racismo brasileiro concebida no pós abolição da escravidão: a não nomeação do racismo e, por conseguinte, sua ocultação e negação que deram origem à ilusão da "democracia racial" e perpetuação da estrutura racista através da omissão estatal.

Nesse sentido, a confusão e disputas hermenêuticas sobre os elementos normativos de cada tipo penal (auxiliadas pela ausência de

---

320 NUCCI, 2020, p. 944.

321 BITENCOURT, 2012, p. 556-557.

uma educação antirracista nos cursos de Direito) favorece à isenção da responsabilização de autoras/es de crimes raciais pela desqualificação do racismo em injúria racista, extraindo o potencial pedagógico resultante da acusação de racista, que ressoa as múltiplas manifestações do racismo, isto é, não restrita à "simples" ofensa.

Um artifício consciente, com o intuito claro de afastar, ainda mais, os tipos penais para que a prescrição suplantasse a tutela vislumbrada no texto constitucional, impedindo que a imprescritibilidade alcançasse a branquitude de modo massivo, já que o legislador não pode(ria) retirar o mandamento não prescricional por tratar-se de cláusula pétrea, mesmo sendo evidente que a qualificadora da injúria racista não existe com o objetivo de enquadrar as ofensas raciais como meros xingamentos. Esse não é o intuito da norma que nos remete às suas características constitucionalizadas.

A DIFERENCIAÇÃO JURÍDICA-DOGMATIZADA ENTRE O CRIME DE RACISMO E O CRIME DE INJÚRIA RACISTA

> *Mas nem por isso vamos ficar passivamente calados assistindo à decadência desse império romano de hoje que é a chamada civilização ocidental. Afinal, somos os bárbaros que o derrubarão. Por isso mesmo temos que assumir nossos bárbaros valores, lutar por eles e anunciar uma nova era. Nova era de que somos os construtores.*

Lélia Gonzalez, *Por um feminismo afro-latino-americano.*

Como já frisado, a Lei nº 7.716/89 traz em quase todos os seus artigos uma preocupação com a segregação ao criminalizar a discriminação que resulta em uma divisão racial de determinados espaços, nisso, parece não haver muita discussão. O ponto central do debate é com relação às violências verbalizadas, os xingamentos e ofensas, escritas ou gestuais, decorrentes do racismo que tendem a gerar confusão entre o crime de racismo, estabelecido no art. 20, em específico, e a injúria racista, exatamente pela proximidade normativa.

O art. 20 da Lei nº 7.716/89, em seu *caput*, assim estabelece:

Praticar, induzir ou incitar a discriminação ou preconceito de raça, cor, etnia, religião ou procedência nacional.
Pena: reclusão de um a três anos e multa.

Já o parágrafo 3º do artigo 140 do Código Penal:

Se a injúria consiste na utilização de elementos referentes a raça, cor, etnia, religião ou origem:
Pena: reclusão de um a três anos e multa.

Uma vez tipificada a conduta, seus efeitos jurídicos e consequências penais são muito distintas:

I) Fiança – Inafiançabilidade nos crimes de racismo[322] e possibilidade de fiança para a injúria racista;
II) Ação Penal – Pública incondicionada no racismo e pública condicionada à representação da vítima na injúria racista; e,
III) Elemento subjetivo – dolo específico[323] para os crimes de racismo e *animus injuriandi*,[324] para injúria racista.

---

322 O instituto da inafiançabilidade não exclui o direito de responder ao processo penal em liberdade, apenas que a restituição do direito fundamental à liberdade, que deveria ser a regra em um país verdadeiramente democrático (que não é nosso caso, haja vista o encarceramento da massa negra que caracteriza nossa democracia racista), não se dará através da garantia pecuniária ao juízo competente.

323 Nesse sentido, Cezar Roberto Bitencourt (2012, p. 557), aduz: "Para a configuração da injúria por preconceito, é fundamental, além do dolo representado pela vontade livre e consciente de injuriar, a presença do elemento subjetivo especial do tipo, constituído pelo especial fim de discriminar o ofendido, por razão de raça, cor, etnia, religião, origem ou a condição de pessoa idosa ou portadora de deficiência."

324 A manipulação jurídica/dogmática de rechaçar a acusação criminal de atos racistas com a alegação de ausências do *animus injuriandi*/dolo, reconhecendo a presença de *animus jocandi*, ou seja, a intenção de uma brincadeira, revela o dolo racista, é dizer, a intenção de manter o racismo enquanto estrutura de objetificação do corpo negro, fonte inesgotável do prazer branco em forma de "piadas" que dissimula e menospreza a violência racial que lhe constituiu, na qual o dolo racial advém da vivência e benefícios que jorram da estrutura, possibilitando corpos brancos a fazerem o que quiserem, sem temer represões ou reprimendas em seu direito constitucional de manifestação racista. Nesse sentido, Adilson Moreira (2019, p. 23), estabelece: "Os estereótipos raciais negativos presentes em piadas e brincadeiras racistas são os mesmos que motivam práticas discriminatórias contra minorias raciais em outros contextos. É mesmo possível afirmar que piadas e brincadeiras que reproduzem estigmas raciais não afetam a vida dos membros desses grupos, sendo então socialmente irrelevantes? Muitas teorias psicológicas demonstram que o humor não é uma mera reação reflexa, mas sim produto do contexto cultural no qual as pessoas vivem."

As sanções penais, a princípio idênticas para os dois tipos, indicam também o sentido da problematização aqui proposta, que não se relaciona com a punição, muito menos com o punitivismo que reclama um aumento das penas que resultaria, teoricamente, em prisão de quem cometer esses crimes, ou seja, a certeza de punição que significaria suposta maior eficácia no combate do racismo. Entretanto, o recrudescimento penal que faz da prisão sinônimo de justiça – não sem propósito, pois fruto do colonialismo – legitima um aumento da violência que irá alvejar, literalmente e de várias formas, a população negra.

Desconsiderando a natureza antinegra dessa "justiça" e todos os fatos que envolvem e determinam o processo (não) criminalizante, essa pretensão punitivista mostra sua falsidade, bem como o equívoco de pensar o Direito penal como instrumento de combate ao racismo, quando observamos o § 2º, do art. 141, do Código Penal, incluído pela Lei nº 13.964, de 2019.[325] Ou seja, com essa alteração, a pena cominada pelo crime de injúria racista pode chegar à 09 (nove) anos de prisão, se o for cometido através das redes sociais.

Desde 11 de março de 2020, com o início da pandemia da COVID-19 e a necessidade de isolamento social, as atividades virtuais (aulas, palestras, *lives* etc.) fazem parte das nossas vidas, possibilitando a democratização de lições antirracistas e de letramento racial, ampliação e fortalecimento da rede de combate ao racismo etc. Porém, esse contexto trouxe, também, a facilidade para o cometimento de crimes raciais, resultando em um aumento exponencial de invasões e ataques racistas em eventos antirracistas ou com temas relacionados ao racismo, sem corresponder ao aumento, esperado e desejado por muitas pessoas, das prisões (pelo menos até agora, mais de dois anos da vigência do aumento de pena).

Para além dessa "(in)eficácia", preciso salientar a contradição exposta pela "melhor técnica legislativa" que outrora criou o tipo penal de injúria racista sob o argumento de "combate ao racismo" e que agora promove o recrudescimento punitivo "antirracista" no Código Penal, deixando inalterada a pena do crime de racismo estabelecido no art. 20 da Lei nº 7.716/89. Dito de modo direto, em se tratando de ambiente virtual, o crime de racismo, com todas as suas especificidades constitucionais que prometem o combate e o fim da prática de um crime

---

325 "[...] se o crime é cometido ou divulgado em quaisquer modalidades das redes sociais da rede mundial de computadores, aplica-se em triplo a pena."

que atenta contra a coletividade, é menos gravoso do que o delito que ofende a honra de uma única pessoa.[326]

Assim, o objetivo da discussão proposta não é a exigência de uma resposta estatal mais rigorosa definida nos textos legais, mas sim as impossibilidades normativas de solucionar os problemas e conflitos originários do racismo antinegro, que é a base do nosso Estado. É essa limitação que expressa a eficácia legalizada em não tutelar as vítimas dos crimes raciais, isso é, o não reconhecimento de ofensas racistas que, atribuídas exclusivamente ao indivíduo, isentam, completamente, o Estado antinegro, responsável (in)direto pelo cometimento de tais crimes por sua "omissão", em vários aspectos, que apontam para uma conivência e autorização na perpetuação do racismo que o sustenta.

Em termos práticos, repito a pergunta clássica: qual a diferença entre os crimes de racismo e injúria racista?[327] Como (não) resguardar a tutela constitucional que estabelece a especificidade, quase exclusiva,[328] da imprescritibilidade que "denota" o zelo e preocupação do constituinte originário com o combate ao racismo antinegro?

Antes de começar a responder a esses questionamentos, é preciso mencionar a decisão do Supremo Tribunal Federal (STF) que considerou o crime de injúria racista imprescritível. O tema foi objeto de discussão através do *Habeas Corpus* nº 154248/DF – que se tornou um marco na luta antirracista – no qual o Plenário, no dia 28 de outubro de 2021, firmou maioria e indeferiu a ordem por oito votos a um, equiparando o crime de injúria racista como uma espécie do crime de

---

326 Curiosamente, em face da diferença considerável entre as penas e a tutela da branquitude por ela mesma, essa alteração legislativa poderá provocar a desclassificação do crime de injúria racial para o crime de racismo e, ainda, motivar a pessoa denunciada por crime racial na internet a confessar que cometeu o crime de racismo. De uma forma ou de outra, mesmo com o recrudescimento punitivo para o crime de injúria racista nas redes sociais, não haverá prisão para a pessoa que comete esse delito, já que ainda é possível a realização do Acordo de Não Persecução Penal (ANPP), tendo em vista que a pena mínima é de 01 (um) ano, podendo chegar à 03 (três). Nunca foi tão vantajoso ser racista!

327 Desconsidero a diferença apontada por parte numerosa da doutrina consistente que o racismo é tipificado pela lei especial (Lei nº 7.716/89) e injúria racista pelo Código Penal por ser pressuposto do debate.

328 De acordo com a CRFB/88, art. 5º, inciso XLIV, também é imprescritível a ação de grupos armados, civis ou militares, contra a ordem constitucional e o Estado Democrático.

racismo (gênero), portanto, imprescritível, conforme o artigo 5º, XLII, da Constituição.

De forma quase uníssona, a Corte seguiu o voto do relator do HC, Ministro Edson Fachin, que, considerando as disposições constitucionais, afirmou que é imperativo "não eclipsar a memória de eventos traumáticos pós-escravidão, ainda não finalizados, contra a população negra no Brasil, reconstituída especialmente com testemunhos oculares de experiências, negações e sobrevivências."[329] Em seu voto, a leitura de intelectuais negros foi um divisor referencial que possibilitou o reconhecimento do racismo enquanto estrutura permanente, geradora e propulsora de violências sistematizadas e sintetizadas nas ofensas racistas. Estas são manifestações superficiais, mas reprodutoras da desumanidade escamoteadas em imagens depreciativas que afrontam a dignidade de um indivíduo por seu pertencimento à sua raça.

Assim, afastando o entendimento majoritário de que "[...] a injúria afeta o indivíduo singularmente", reconhece o Ministro Fachin que tal "distinção é uma operação impossível, apenas se concebe um sujeito como vítima da injúria racial se ele se amoldar aos estereótipos e estigmas forjados contra o grupo ao qual pertence [...]",[330] declarando que:

> Mostra-se insubsistente, desse modo, a alegação de que há uma distinção ontológica entre as condutas previstas na Lei 7.716/1989 e aquela constante do art. 140, § 3º, do CP. Em ambos os casos, há o emprego de elementos discriminatórios baseados naquilo que sóciopoliticamente constitui raça (não genético ou biologicamente), para a violação, o ataque, a supressão de direitos fundamentais do ofendido.
>
> Sendo assim, excluir o crime de injúria racial do âmbito do mandado constitucional de criminalização por meras considerações formalistas desprovidas de substância, por uma leitura geográfica apartada da busca da compreensão do sentido e do alcance do mandado constitucional de criminalização é restringir-lhe indevidamente a aplicabilidade, negando-lhe vigência.[331]

O voto divergente foi do ministro Nunes Marques, que considerou que "no crime de injúria, o bem jurídico protegido é a honra subjetiva, e a conduta ofensiva se dirige à dela. Já no crime de racismo, o bem

---

329 Habeas Corpus nº 154248/DF.

330 Habeas Corpus nº 154248/DF.

331 SUPREMO TRIBUNAL FEDERAL. HABEAS CORPUS 154.248, DISTRITO FEDERAL. VOTO. p. 14. Disponível em: http://www.stf.jus.br/arquivo/cms/noticiaNoticiaStf/anexo/HC154248.pdf. Acesso em: 21 jul. 2022.

jurídico tutelado é a dignidade da pessoa humana, que deve ser protegida independente de raça, cor, etnia, religião ou procedência nacional", ou seja, repercutindo o entendimento da branquitude doutrinadora.[332]

No âmbito doutrinário, o ponto (branco) fora da curva (que continuará a ser controverso, em que pese a decisão do STF) é Guilherme de Souza Nucci, que mudou seu entendimento[333] e passou a defender que a partir a injúria racista se convencem grupos sociais de sua superiori-

---

332 Na retomada do julgamento do HC, após a suspensão por seu pedido de vistas, o Ministro Alexandre de Moraes salientou que a equiparação teria o condão de atenuar o sentimento de inferiorização imposto às vítimas. Sofre os efeitos e a violência do racismo, para além das ofensas, o Ministro Luís Roberto Barroso afirmou: "estamos todos precisando passar por um processo de reeducação nessa matéria". Já, a Ministra Cármen Lúcia salientou que a vítima, em casos de injúria racista, não é apenas a pessoa ofendida, mas toda a humanidade. Importante salientar que não é necessária uma "reeducação", pois isso seria impossível diante da educação racista antinegra, inclusive em sintonia com uma educação eugênica que já ganhou status constitucional e que, efetivamente, de modo mais ou menos declarado, sempre sustenta nosso sistema educacional, pensado em termos de processo de socialização que vincula todas as agências do controle informal. Imprescindível, antes, uma educação antirracista que desfaça toda essa estrutura. Também sublinho a fala da Ministra Cármen Lúcia, pois, a ideia de que "toda a humanidade é ofendida com a injúria" é apta a incluir, inclusive, a branquitude, mas exclui a "raça negra" como vítima, reforçando a ideia da "diferença" (?) entre os crimes de injúria racista e racismo. De qualquer forma, a decisão do STF está muito longe de pacificar o entendimento sobre a diferença entre os tipos penais, até mesmo porque, se a injúria racista é imprescritível, uma propriedade singular e restrita a tipos penais cuja gravidade determina tal efeito em nosso ordenamento jurídico, e sua equiparação é expressão da consciência do STF sobre todas as dificuldades e o necessário esforço em combater o racismo no país, a injúria racista deverá ter reconhecida, também, a característica de crime inafiançável, acarretando a alteração automática, à meu ver, da natureza de ação penal pública condicionada para incondicionada (com reflexos diretos em seu prazo decadencial). Sem estas alterações, a decisão do STF (que terá que enfrentar tais questões) não alcançará o efeito anunciado pela Corte.

333 Em sua obra "Leis Penais e Processuais Penais Comentadas", ao falar sobre o confronto entre injúria racista e racismo, Nucci (2010, p. 327) afirma: "[...] é preciso considerar que o art. 20 da Lei nº 7.716/89 diz respeito à ofensa a um grupo de pessoas e não somente a um indivíduo, enquanto o art. 140, § 3º, do Código Penal, ao contrário, refere-se a uma pessoa, embora valendo-se de instrumentos relacionados a um grupo de pessoas. Não é tarefa fácil diferenciar uma conduta e outra, porém, deve-se buscar, como horizonte, o elemento subjetivo do tipo específico. Se o agente pretender ofender um indivíduo, valendo-se de caracteres raciais, aplica-se o art. 140, § 3º, do Código Penal. No entanto, se o seu real intento for discriminar

dade (no caso da branquitude), de um lado, e, de outro, da inferioridade dos demais grupos (da raça negra que, pela repetição da violência, irá introjetar tal inferioridade, o que acarreta o desejo de embranquecer e ser assimilado). A injúria racista, portanto, seria mais um instrumento de dominação do nosso sistema de controle racial informal.

Sobre a "injúria racial", Nucci define:

> O art. 5º, XLII, da Constituição Federal preceitua que a "prática do racismo constitui crime inafiançável e imprescritível, sujeito à pena de reclusão, nos termos da lei". O racismo é uma forma de pensamento que teoriza a respeito da existência de seres humanos divididos em "raças", em face de suas características somáticas, bem como conforme sua ascendência comum. A partir dessa separação, apregoa, a superioridade de uns sobre outros, em atitude autenticamente preconceituosa e discriminatória. Vários estragos o racismo já causou à humanidade em diversos lugares, muitas vezes impulsionando ao extermínio de milhares de seres humanos, a pretexto de serem seres inferiores, motivo pelo qual não mereceriam viver. Da mesma forma que a Lei 7.716/89 estabelece várias figuras típicas de crime resultantes de preconceitos de raça de cor, não quer dizer, em nossa visão, que promova um rol exaustivo.
>
> Por isso, com o advento da Lei 9.459/97, introduzindo a denominada injúria racial, criou-se mais um delito no cenário do racismo, portanto, imprescritível, inafiançável e sujeito à pena de reclusão.[334]

Em que pese o reconhecimento da imprescritibilidade e da inafiançabilidade ao crime de injúria racista por equiparação ao crime de racismo, a controvérsia tipificante persiste, fazendo da injúria racista uma espécie de racismo, não racismo em si, não uma manifestação do racismo propriamente dito e, portanto, com potencial pedagógico antirracista reduzido por se isolar das manifestações diretas do racismo.

Aí está a demarcação da linha divisória desafiadora entre esses delitos que a perspectiva afrocêntrica impõe, haja vista que a própria distinção é equivocada. A injúria racista ("injúria racial") não deveria ser apenas equiparada ao racismo; ela é racismo e o fundamento da equivalência reside na violação da dignidade negra, cuja dimensão coletiva não é apenas produto do processo desumanizante que objetificou nossos cor-

---

uma pessoa, embora ofendendo-a, para que, de algum modo, fique segregada, o tipo penal aplicável é o do art. 20."

334 NUCCI, 2013, p. 723.

pos e tenta apagar nossos saberes, pois a coletividade, como princípio negro constituinte, emerge de epistemologias ancestrais.[335]

Dito isto, volto ao problema da distinção entre racismo e injúria racista, ou seja, quando somos violentados verbalmente, cenário em que o confronto formal entre o art. 20 da Lei Caó e a injúria racista oferta à branquitude possibilidades materiais de ser eximida da responsabilização por seu racismo (ou incentivada à continuidade de manifestá-lo), máxima que contorna o "Direito Penal antirracismo", que, na realidade, tutela o direito fundamental de expressão do pensamento racista.

A principal diferença, apontada de modo quase unânime pela doutrina[336] que fundamenta decisões judiciais, é a concepção colonial/colonialista que separou indivíduo e coletividade, orientando a metodologia que, normalmente, tipifica a conduta de xingamento racista como violação à honra subjetiva individual em detrimento da coletividade, razão própria da existência do indivíduo negro. Isto é, para os doutrinadores brasileiros, referências no Direito Penal, a diferença é se a ofensa foi dirigida à "raça", no sentido de coletividade, ou ao indivíduo, como destaco a seguir.

Fernando Capez, ao tratar do crime de "injúria qualificada" – desconsiderando a importância, já muito reduzida, da identificação do crime

---

335 É preciso salientar que o Senado Federal, aprovou no dia 18/11/2021, o Projeto de Lei nº 4373/2020, de autoria do Senador Paulo Paim (PT/RS), que tipifica a injúria racista como crime de racismo, incluindo-a na Lei nº 7.716/89, aumentando sua pena (de dois a cinco anos de reclusão). Mesmo motivado, a princípio e em tese, pelo mesmo objetivo (o fim da celeuma tipológica), o Projeto se afasta da perspectiva afrojurídica aqui assentada por sua natureza, conteúdo e, principalmente, forma de combate ao racismo antinegro brasileiro, já que acaba por legitimar o aparato legal (sistema penal) de genocídio antinegro, indo, portanto, no sentido contrário da proposta aqui assentada. Não obstante, preciso, também, salientar a tra(d)ição brasileira de celebrar o mês da consciência negra com leis penais "antirracistas", ofertando, ao povo negro, mais recrudescimento punitivo de um sistema que tem em sua essência a antinegritude.

336 Utilizo o termo no sentido de doutrinação, ato ou efeito de incutir uma metodologia de pensamento narcísico por meio do disciplinamento auto-referenciável, característica do campo jurídico (e não exclusivo a ele) que, através das obras dogmáticas reproduz a mesma ideia, os mesmos princípios e valores, alheios a outros saberes, obras, autores e autoras. Em verdade, é um método de controle e manutenção do poder, por isso que a branquitude se mantém hegemônica e monopoliza o saber jurídico.

de injúria racista como metodologia de enfrentamento ao racismo, pois marca as tensões raciais), aduz:

> É preciso distinguir o delito em estudo do crime de racismo. Dessa forma, na hipótese de a ofensa envolver verdadeira segregação racial, o crime será o previsto na Lei n. 7.716/89; por exemplo: "impedir ou obstar o acesso de alguém, devidamente habilitado, a qualquer cargo da Administração Direta ou Indireta, bem como das concessionárias de serviços públicos" (art. 3º); "impedir o acesso às entradas sociais em edifícios públicos ou residenciais e elevadores ou escada de acesso aos mesmos" (art. 11); "praticar, induzir ou incitar a discriminação ou preconceito de raça, cor, etnia, religião ou procedência nacional" (art. 20).
>
> Outra situação que pode trazer dúvidas ao intérprete refere-se à ofensa dirigida a uma pessoa, mas que configure verdadeira apologia à segregação racial. Nessa hipótese, o delito será o do art. 20 da Lei n. 7.716/89, cujo teor é o seguinte: "Praticar, induzir ou incitar a discriminação ou preconceito de raça, cor, etnia, religião ou procedência nacional", que prevê também a pena de reclusão de 1 a 3 anos mais multa.[337]

Christiano Jorge Santos, por seu turno, assim distingue os delitos:

> Quando a ofensa limita-se estritamente a uma pessoa, como a referência a um negro que se envolve num acidente banal de trânsito, como "preto safado" por exemplo, estaremos diante de injúria qualificada do art. 140, § 3º, do Código Penal, em princípio, por somente estarmos a verificar ofensa à honra subjetiva da vítima. Se, contudo, no mesmo contexto fático, diz-se: "Só podia ser coisa de preto, mesmo!", estaria caracterizada a figura típica do art. 20, caput, da Lei nº 7.716/89, porque, embora a frase seja dirigida a uma única pessoa, mesmo que seja num momentâneo desentendimento, está revelando inequivocamente um preconceito em relação à raça negra, ou aos que possuam a "cor preta", pois a expressão utilizada contém o raciocínio de que todo negro ou preto faz coisas erradas.[338]

No campo da "dogmática esquematizada", muito utilizada por quem concorre a uma vaga no funcionalismo público – o que demonstra que os posicionamentos adotados refletem os entendimentos das bancas examinadoras de vários concursos públicos –, Pedro Lenza enfatiza que o crime de injúria qualificada não se confunde com o crime de racismo, pois, este é endereçado a todos os integrantes de certa raça, enquanto naquele a ofensa é dirigia a pessoa ou grupo determinado.[339]

---

337 CAPEZ, 2018, p. 362-363.

338 SANTOS, 2001, p.121/126.

339 LENZA, 2011, p. 255.

Em seu *Direito Penal esquematizado*, Victor Eduardo Rios Gonçalves[340] "esclarece" (termo utilizado pelo autor), ilustrando a diferença:

> A 1ª parte do dispositivo, que trata da ofensa referente à raça, cor, etnia, religião ou origem, conhecida como injúria "racial", merece esclarecimento no sentido de ser diferenciada do crime de racismo do art. 20 da Lei n. 7.716/89, também introduzido pela Lei n. 9.459/97. Com efeito, o crime de injúria, como todos os demais crimes contra a honra, pressupõe que a ofensa seja endereçada a pessoa determinada ou, ao menos, a um grupo determinado de indivíduos. Assim, quando o agente se dirige a uma outra pessoa e a ofende fazendo referência à sua cor ou religião, configura-se a injúria qualificada. O crime de racismo, por meio de manifestação de opinião, estará presente quando o agente se referir de forma preconceituosa indistintamente a todos os integrantes de certa raça, cor, religião etc.

Apresentando uma comparação direta, como forma de facilitar e melhorar a captação e entendimento sobre "sua perspectiva" (ou petrificá-lo nas memórias para provas e concursos públicos em geral nos quais decorar é muito mais importante do que compreender), o autor assim estabelece as diferenças entre os crimes:

Figura 8 – A "diferença"esquematizada entre os crimes raciais

Ofensa à(s) pessoa(s) determinada(s)	Ofensa à(s) pessoa(s) indeterminada(s)
1. Referente à raça, cor religião etc., constitui injúria qualificada	1. Referente à raça, cor, religião etc., constitui racismo
2. Referentes a outros aspectos, constitui injúria simples.	2. Referentes a outros aspectos, não constitui crime

Fonte: GONÇALVES, 2016, p. 321.

Sobre a diferença "fundamental" entre os delitos, Luiz Flávio Borges D'Urso sublinha que, em que pese as semelhanças em relação aos bens jurídicos, "várias diferenças existem e precisam ser conhecidas":

> A principal diferença reside no fato de que o crime de racismo repousa na ofensa a toda uma coletividade indeterminada, sendo considerado inafiançável e imprescritível, conforme determina a Constituição Federal.
> Já o crime de injúria racial, é prescritível no prazo de oito anos (antes do trânsito em julgado da sentença), consiste em ofender a honra de pessoa determinada, em razão de raça, etnia, cor, religião, etc., com pena prevista de reclusão de um a três anos e multa, sem prejuízo da pena que se é atribuída à eventual violência praticada. Injuriar é ofender a dignidade de alguém,

---

340 GONÇALVES, 2016, p. 320-321.

por causa de sua raça, de sua cor, de sua religião, por sua deficiência física ou idade avançada.[341]

A "injúria preconceituosa", diz Rogério Sanches Cunha, não se confunde com o delito de racismo porque este pressupõe sempre a segregação, a marginalização. Já na injúria qualificada por preconceito, os xingamentos envolveriam a raça, cor, etnia, religião ou origem da vítima, sendo que a diferença entre os tipos penais estaria na "repercussão prática", ou seja, nos efeitos e consequências da tipificação. Considerando o entendimento do Superior Tribunal de Justiça (STJ), que reconheceu a injúria racista como um crime de racismo, portanto, imprescritível, por ter um sentido segregacionista e incluso no rol exemplificativo da Lei nº 7.716/89, o doutrinador afirma que se tratou, naquele julgamento, de "imprópria analogia incriminadora", pois:

> [...] a injúria em que o agente lança mão de elementos raciais não se confunde com o racismo. A segregação ou a intenção de segregar que o racismo pressupõe é real, ou seja, utilizada com o intuito de criar, por meio de ações concretas, efetiva divisão dos cidadãos em categorias baseadas em preconceito de raça ou cor. Basta, para assim concluir, que sejam lidas as condutas tipificadas na Lei nº 7.716/89, que, quando não relacionadas diretamente ao impedimento de acesso a locais diversos (como os arts. 32, 42, 52, 62, entre outros), são relativas a atos que visam a produzir o mesmo efeito (como o art. 20, § 12). Na injúria, de forma absolutamente diversa, a intenção é a ofensa moral, que, mesmo tendo como meio o abjeto preconceito de raça ou de cor, de nenhuma forma se equipara à conduta anterior. Ainda que neste caso se possa identificar, como menciona o acórdão, segregação, aqui o termo não tem, como no racismo, sentido literal. É evidente que se alguém profere uma ofensa utilizando elementos relativos a raça ou cor o faz convencido de que essa condição faz da vítima alguém menor, desigual, o que, de fato, evidencia um caráter segregativo. Não obstante, mesmo que na origem possamos identificar no racista e no injuriador racial a convicção de que há cidadãos que, por sua raça ou cor, devam ser discriminados (segregados), as formas como ambos exteriorizam essa convicção são legalmente tipificadas de formas completamente distintas, e não compete ao Poder Judiciário igualar duas situações que o legislador, ao menos até o momento, pretendeu claramente diferenciar.[342]

Nota-se, no corpo doutrinador, que há uma defesa contundente de que a Lei Caó visa, estritamente, o combate à discriminação racial que possui um aspecto de segregação racial no Brasil, ao que parece, extraí-

---

341 D'URSO, 2016.

342 CUNHA, 2016, p. 190.

da da justificativa do Projeto de Lei nº 668/1998, quando há menção da privação do direito à cidadania do negro brasileiro. Por isso a exigência da ofensa à raça negra para tipificação de uma conduta em termos do art. 20. Porém, como a branquitude brasileira, de modo geral, tem a visão deturpada de que o racismo só existe se manifestado legalizado por políticas segregacionistas, a própria ideia de segregação para a configuração do crime de racismo finda por inviabilizar a aplicação da Lei.

Segregar significa dividir, separar. Aplicando-se ao contexto (ou fenômeno) do racismo, segregar tem como efeito tornar espaços próprios à humanidade cada vez mais brancos e cada vez menos negros (e espaços próprios à desumanidade cada vez mais negros, cada vez menos brancos), objetivando garantir, com exclusividade, a presença branca e, portanto, a total ausência negra, mesmo com práticas pontuais e não sistematizadas, pois essas violências racistas, ainda que individuais ou individualizáveis e contrárias a um só indivíduo são manifestação de uma estrutura racista que se retroalimenta dessas "microviolências" que, em última análise, corroboram e perpetuam o sistema negra.

Segregação é, portanto, efeito do racismo, mesmo na forma de ofensas, pois estas, além de segregarem a pessoa negra da humanidade – ao recomporem a animalidade certificada pelo racismo científico ou a objetificação escravagista – possuem o condão (se não confrontadas e inibidas) de expulsar pessoas negras de qualquer lugar, excluindo-as pela insuportabilidade de permanecer em locais com tamanha hostilidade (que, em muitas ocasiões, antecipa a violência física – a segregação pela força). Segregação racial é pressuposto dos tipos penais descritos na Lei nº 7.716/89 por ser o objetivo e o resultado de práticas discriminatórias que dividem, racialmente, a população brasileira.

Porém, como no pensamento branco não tivemos, ou temos, uma segregação racial formal (resultante do "racismo verdadeiro", existente apenas nos EUA e na África do Sul), nem mesmo os tipos penais que descrevem práticas que definem, claramente, quais espaços são para brancos e quais são para negros, quem tem direito a determinado serviços e quem não tem, possuem ínfima eficácia para coibir tais crimes. Tal é a lógica do pensamento racista que se nega a ver a segregação racial brasileira, mesmo que não legalizada, ou informal, pois, se racismo só existe quando segrega e, no Brasil não há essa segregação legal, não teremos crime de racismo por ausência do dolo específico de segregar.

A segregação, assim, é elementar pré-estabelecida do racismo e, assim como os próprios crimes raciais tratados nesse livro, não deve ser entendida estritamente em termos jurídicos, já que é exatamente essa a fonte de legitimação da hegemonia e poder branco em dizer o que é e o que não é crime. Portanto, é preciso compreender, minimamente, o funcionamento do racismo brasileiro que nega a tutela a corpos negros com fundamento na lei branca, nos sentidos formal, material e principiológico, através dos quais a branquitude interpreta o art. 20, cujo objetivo está na justificativa do Projeto de Lei n° 1.240/1995: eliminar, "de todas as formas, a manifestação pública do odioso preconceito".

Portanto, a leitura racial que restringe a aplicação do art. 20 da Lei Caó à exigência de referência à raça negra, é fruto da hermenêutica branca sobre seu próprio racismo que se (re)produz doutrinariamente. Uma concepção completamente apartada e desfocada dos conflitos raciais no país, que ignora nosso racismo se manifestava por sua *denegação*[343] – até a emergência da "pós-democracia racial" –, construindo e consolidando um *apartheid* à brasileira, ou seja, também por denegação, cuja concretude se apresenta diante de qualquer pessoa que faça o "*teste do pescoço*"[344] em certos espaços reservados à branquitude.

É preciso ainda chamar a atenção para a "lição" de Damásio E. de Jesus, referenciado por muitos outros "doutrinadores", ao criticar a "benesse legislativa" que conferiu tratamento privilegiado ao crime de injúria racista, ao atribuir uma sanção penal desproporcional ao bem jurídico tutelado em relação a um crime contra a vida. Segundo o autor,

> De acordo com a intenção da lei nova, chamar alguém de "negro", "preto", "pretão", "negrão", "turco", "africano", "judeu", "baiano", "japa" etc., desde que com vontade de ofender-lhe a honra subjetiva relacionada com a cor, religião, raça ou etnia, sujeita o autor a uma pena mínima de um ano de reclusão, além de multa, maior do que a imposta no homicídio culposo (1 a 3 anos de detenção, art. 121, § 3°) e a mesma pena do autoaborto (art. 124) e do aborto consentido (art. 125). Assim, matar o feto e xingar alguém de "alemão batata" têm, para o legislador, idêntico significado jurídico, ensejando a mesma resposta penal e colocando as objetividades jurídicas, embora de valores diversos, em planos idênticos.[345]

---

343 GONZALES, 1988, p. 72.

344 Onde quer que você esteja, olhe ao seu redor e mapeie onde (não) estão as pessoas negras.

345 JESUS, 1995, p. 229.

Retornamos, então, ao racismo reverso estruturado sobre uma ideia (que poderia chamar de ingênua, se não estivéssemos falando da branquitude) repulsiva de equiparar as ofensas sofridas pelos povos racializados, sobretudo por meu povo, à própria branquitude colonizante, como se esta fosse inferiorizada com a fala "alemão batata". Como em outros doutrinadores, percebemos que não há um mínimo de esforço para a compreensão do racismo, como se fundamenta, como construiu nossa realidade e como é aviltante, doloroso, ser alvo de ofensas racistas que rememoram todas as violências desumanizantes que sofremos e que ainda iremos sofrer.

Assim, no enxerto de Damásio E. de Jesus, cuja importância "norteia" a discussão sobre injúria racista para a branquitude, há um deslocamento a outra objetificação, um menosprezo à nossa dignidade que a branquitude insiste em dogmatizar através do entendimento simplório de que *preconceito* (que qualquer pessoa pode sofrer, já que se trata de uma ideia pré-concebida) e *racismo* são idênticos. Ou seja, já que o preconceito não é nada (ou quase nada) – principalmente para quem possui a "aparência normal", padrão de uma sociedade (que se quer) branca, portanto, poucas coisas possuem o condão de realmente violentar –, racismo também não é.

Como fonte de aplicação da justiça (branca), tais posicionamentos doutrinários são reproduzidos por diversas instituições e organizações que se entrelaçam no "combate ao racismo e defesa dos direitos do povo negro", reforçando o monopólio da branquitude, que quase monopoliza o sistema de (in)justiça, sobre crimes raciais.

No âmbito institucional, o entendimento é o mesmo. Segundo o Conselho Nacional de Justiça (CNJ), órgão responsável pela orientação e aperfeiçoamento do Judiciário:

> Enquanto a injúria racial consiste em ofender a honra de alguém valendo-se de elementos referentes à raça, cor, etnia, religião ou origem, o crime de racismo atinge uma coletividade indeterminada de indivíduos, discriminando toda a integralidade de uma raça.
> [...]
> Em geral, o crime de injúria está associado ao uso de palavras depreciativas referentes à raça ou cor com a intenção de ofender a honra da vítima. Um exemplo recente de injúria racial ocorreu no episódio em que torcedores do time do Grêmio, de Porto Alegre, insultaram um goleiro de raça negra chamando-o de "macaco" durante o jogo. No caso, o Ministério Público entrou com uma ação no Tribunal de Justiça do Estado do Rio Grande do Sul (TJRS), que aceitou a denúncia por injúria racial, aplicando, na ocasião,

medidas cautelares como o impedimento dos acusados de frequentar estádios. Após um acordo no Foro Central de Porto Alegre, a ação por injúria foi suspensa.

Já o crime de racismo, previsto na Lei n. 7.716/1989, implica conduta discriminatória dirigida a determinado grupo ou coletividade e, geralmente, refere-se a crimes mais amplos. Nesses casos, cabe ao Ministério Público a legitimidade para processar o ofensor. A lei enquadra uma série de situações como crime de racismo, por exemplo, recusar ou impedir acesso a estabelecimento comercial, impedir o acesso às entradas sociais em edifícios públicos ou residenciais e elevadores ou às escadas de acesso, negar ou obstar emprego em empresa privada, entre outros.[346]

Ao pesquisar sobre "injúria racial" na internet, um dos primeiros resultados é uma notícia do TJDF, vinculada à campanha "Direito Fácil", intitulada "Injúria Racial x Racismo", que dispõe:

> O crime de injúria racial está inserido no capítulo dos crimes contra a honra, previsto no parágrafo 3° do artigo 140 do Código Penal, que prevê uma forma qualificada para o crime de injúria, na qual a pena é maior e não se confunde com o crime de racismo, previsto na Lei 7716/1989. Para sua caracterização é necessário que haja ofensa à dignidade de alguém, com base em elementos referentes à sua raça, cor, etnia, religião, idade ou deficiência. Nesta hipótese, a pena pode ir de 1 a 3 anos de reclusão.
>
> Os crimes de racismo estão previstos na Lei 7.716/1989, que foi elaborada para regulamentar a punição de crimes resultantes de preconceito de raça ou de cor, conhecida como Lei do Racismo. No entanto, a Lei nº 9.459/13 acrescentou à referida lei os termos etnia, religião e procedência nacional, ampliando a proteção para vários tipos de intolerância. Como o intuito dessa norma é preservar os objetivos fundamentais descritos na Constituição Federal, de promoção do bem estar de todos, sem preconceitos de origem, raça, sexo, cor, idade e quaisquer outras formas de discriminação, as penas previstas são mais severas e podem chegar até a 5 anos de reclusão.
>
> O que diferencia os crimes é o direcionamento da conduta, enquanto que na injúria racial a ofensa é direcionada a um indivíduo específico, no crime de racismo, a ofensa é contra uma coletividade, por exemplo, toda uma raça, não há especificação do ofendido.[347]

---

346 CONSELHO NACIONAL DE JUSTIÇA. Conheça a diferença entre racismo e injúria racial. Disponível em: https://www.cnj.jus.br/conheca-a-diferenca-entre-racismo-e--injuria-racial. Acesso em: 26 mar. 2021.

347 TRIBUNAL DE JUSTIÇA DO DISTRITO FEDERAL E DOS TERRITÓRIOS. Injúria racial x racismo. Disponível em: https://www.tjdft.jus.br/institucional/imprensa/campanhas-e-produtos/direito-facil/edicao-semanal/injuria-racial-x-racismo. Acesso em 20 mar. 2021.

Para a Associação Nacional das Defensoras e Defensores Públicos (ANADEP):

> Na injúria racial há ofensa a honra de alguém por meio da raça, cor, etnia, religião ou origem. O agressor pode ser punido com multa e prisão de um a três anos. É um crime contra a honra subjetiva da vítima. Já o racismo é bem mais grave, pois atinge uma quantidade indeterminada de indivíduos, discriminando toda a integridade de uma raça. A pena varia de um a cinco anos de prisão e multa.[348]

Usando o Portal do Geledés – Instituto da Mulher Negra,[349] organização política fundada por mulheres negras em 1988, por ser um destacado instrumento de (in)formação e (re)conhecimento do povo negro sobre temas atrelados ao combate do racismo, encontrei várias reportagens sobre a "distinção" entre os crimes de racismo e injúria racista.

Na reportagem *"As diferenças entre Racismo e Injúria Racial"*, que toma como marco para propor a discussão a ofensa racial sofrida pela atriz Taís Araújo em uma de suas redes sociais, afirma-se que, na grande maioria das vezes, os noticiários passam informações equivocadas sobre os de crimes de racismo ou injúria racista, definindo as diferenças:

> O crime de racismo está previsto na Lei n.º 7.716/89 e ocorre quando as ofensas praticadas pelo autor atingem toda uma coletividade, um número indeterminado de pessoa, ofendendo-os por sua 'raça', etnia, religião ou origem, assim, impossível saber o número de vítimas atingidas. A pena prevista é a reclusão de um a três anos e multa e é inafiançável.
> O crime de injúria racial está previsto no artigo 140, parágrafo 3º do Código Penal e ocorre quando o autor ofende a dignidade ou o decoro utilizando elementos de 'raça', cor, etnia, religião, condições de pessoas idosas e portadores de deficiência. Neste caso, diferente do racismo, a autor não atinge uma coletividade, e sim a uma determinada pessoa, no caso, a vítima. Já a pena prevista é detenção de um a seis meses ou multa e é possível o pagamento de fiança.[350]

---

348 ASSOCIAÇÃO NACIONAL DAS DEFENSORAS E DEFENSORES PÚBLICOS. Entenda as diferenças de injúria racial e crime de racismo. Disponível em: https://www.anadep.org.br/wtk/pagina/materia?id=40295. Acesso em: 26 mar. 2021.

349 PORTAL GELEDÉS. Disponível em: https://www.geledes.org.br. Acesso em: 21 jul. 2022.

350 PAVAN, Milena. As diferenças entre Racismo e Injúria Racial. Portal Geledés, 28 abr. 2016. Disponível em: https://www.geledes.org.br/as-diferencas-entre-racismo-e-injuria-racial. Acesso em: 18 mar. 2021.

A conclusão lógica é de que os crimes, "apesar de serem parecidos e confundidos na sociedade, possuem significados e penas bem distintos."

Em outra publicação sobre a distinção entre injúria racista e racismo, afirma-se, categoricamente, que *a questão é mais simples do que se pensa*. Nessa reportagem, intitulada *Injúria Racial x Racismo*, temos:

> Há a injúria racial quando as ofensas de conteúdo discriminatório são empregadas a pessoa ou pessoas determinadas. Ex.: negro fedorento, judeu safado, baiano vagabundo, alemão azedo, etc.
>
> O crime de Racismo constante do artigo 20 da Lei nº 7.716/89 somente será aplicado quando as ofensas não tenham uma pessoa ou pessoas determinadas, e sim venham a menosprezar determinada raça, cor, etnia, religião ou origem, agredindo um número indeterminado de pessoas.
>
> [...]
>
> Interessa-nos em particular o art. 20 do referido diploma legal. De acordo com esse dispositivo, pode ser punido com até 3 (três) anos de reclusão o agente que pratica, induz ou incita a discriminação ou preconceito por motivo de cor, raça, etnia, religião ou procedência nacional. Note-se que a ofensa, nesse caso, tem por objetivo atingir a uma raça como um todo, como a comunidade negra, ou aos adeptos de uma religião em geral, como os judeus ou os católicos.
>
> Exemplificando o exposto, ter-se-ia o crime de injúria qualificada se um determinado jogador, ao final de um jogo de futebol, ao ser entrevistado pela imprensa, dissesse que "todo negro é macaco". Nesse caso, o bem jurídico ofendido seria a igualdade e o respeito entre as etnias, pelo que o crime seria de racismo.
>
> [...]
>
> O crime de injúria qualificada, por sua vez, está previsto no art. 140, §3º, do Código Penal. Fala-se em injúria qualificada quando o agente ofende a honra subjetiva de outra pessoa, utilizando-se, para tanto, de elementos de cunho racista. Ou seja, se o objetivo do agente ao proferir as ofensas é exclusivamente ferir a honra subjetiva da vítima, o crime é de injuria qualificada. Se, ao contrário, o agente visa ultrajar uma determinada raça ou etnia como um todo, o crime praticado será o de racismo.
>
> Assim, se, por exemplo, o agente ofende sua vítima com expressões como "preto", ou "negro fedido", o delito em questão é o de injúria qualificada. Isso porque o objetivo do agente ao proferir seus impropérios é macular a honra subjetiva do ofendido, e não a comunidade negra em geral.[351]

---

351 PORTAL GELEDÉS. Injúria Racial x Racismo. 7 nov. 2011. Disponível em: https://www.geledes.org.br/injuria-racial-x-racismo/?gclid=CjwKCAjw9MuCBhBUEiwAbDZ-7q-4jtZWiU9uVcKXkBYPL0gzNOWkBsbVozaIz8-nkt4xtcTA3-sUSRoCyTQQAvD_BwE. Acesso em: 19 mar. 2021.

Na reportagem intitulada *Isso é racismo? Ou seria injúria racial?*,

> [...] a principal diferença entre o racismo e a injúria é que o primeiro se refere a uma ofensa voltada a um determinado grupo, enquanto o segundo ofende uma determinada pessoa.
>
> O crime de injúria está no código penal no Artigo 140 da Lei 9459/97 e se resume na utilização de elementos referentes à raça, cor, etnia, religião, origem ou a condição de pessoa idosa ou portadora de deficiência. "Este crime consiste justamente em ofender a dignidade, o decoro de uma pessoal em relação à sua raça ou à sua cor. Por exemplo, se tiver uma pessoa negra e a outra vier e falar "seu negro horroroso" ou "seu negro, você não vale nada. Você não tem estudo, né?", isso é considerado uma injúria racial", explica o advogado.
>
> O crime de racismo, por sua vez, é direcionado a um grupo específico. No caso dos negros, o racismo é direcionado à comunidade negra. Já a injúria racial é direcionada àquela pessoa especificamente, e mesmo sendo uma pessoa de cor não é considerado racismo.[352]

Assim, ao analisar o principal critério de distinção entre o crime de injúria racista e o crime de racismo, o entendimento majoritário da doutrina – que fundamenta a jurisprudência e é reproduzido, massivamente, pelo povo negro, inclusive pela advocacia negra – tem como ponto de partida a vítima. Ou seja, busca-se distinguir se o indivíduo é quem foi ofendida/o por ser negra/o, ou se a raça negra é que foi ofendida através do indivíduo.

É dizer que a diferença se realiza pela orientação estabelecida pela legislação que ignora o racismo enquanto estrutura e se moldou através do pensamento colonial/colonialista. Numa perspectiva eurocêntrica própria da branquitude, eleva-se o individualismo à categoria primordial nas relações, desprezando-se a coletividade. Assim, tais violências são atribuídas ao foro íntimo, alocadas sob o manto da honra subjetiva da vítima.

A distinção dogmatizada, representada pelos exemplos colacionados e que servem de normatização de decisões jurídicas – mesmo entre os

---

352 PORTAL GELEDÉS. Isso é racismo? Ou seria injúria racial? 13 abr. 2013. Disponível em: https://www.geledes.org.br/isso-e-racismo-ou-seria-injuria-racial. Acesso em: 19 mar. 2021.

agentes que deveriam defender as vítimas de crimes raciais[353] –, reflete o pensamento único, da branquitude, e sabemos quais os perigos (e as violências) de tal pensamento, fonte da história única, desmascarada por Chimamanda Ngozi Adichie. É a compreensão branca, unilateral e horizontalizada, que sedimenta o assunto "racismo" nas instituições de ensino de modo simplório, rechaçando as discussões que lhe são essenciais, simplificando sua complexidade, profundidade e radicalidade, inclusive sobre a branquitude.

É a partir da branquitude, e sua hegemonia em todos os espaços de poder – inclusive nas instituições de ensino – que aponto como um dos principais motivos para a distinção entre os crimes, a diferença entre o indivíduo e a coletividade, pois, não é difícil entendermos tal critério tendo como marco o local de fala. São, em geral, homens brancos os doutrinadores (em sentido literal) que escrevem obras que são leituras obrigatórias nas disciplinas de Direito Penal dos cursos de Direito, as mesmas obras que são cobradas nos concursos públicos e que figuram como fundamento de decisões judiciais.

Desse modo, é o entendimento da branquitude – uma compreensão sobre o racismo que a protege e reforça seu monopólio nos lugares de decisão sobre o tema – que determina a distinção entre os referidos crimes. Essa mesma base brancocêntrica e colonial estabelece a distinção entre indivíduo (honra subjetiva) e coletividade (honra coletiva) que, por sua vez, representa uma faceta do epistemicídio escamoteado pela dogmática penal.

---

353 Defensorias Públicas, Instituições, ONG's, Coletiva(o)s e advogada(o)s negra(o)s.

AFROCENTRANDO A DISCUSSÃO: A DESLEGITIMAÇÃO DA DIFERENÇA ENTRE INJÚRIA RACISTA E RACISMO[354]

Nós temos a lei e eu sei ter vontade.

Luiz Gama, *Coisas admiráveis*[355]

Firmando as lições de Lélia Gonzalez,[356] utilizo o *pretuguês* como estratégia metodológica para assentar a importância fundamental dos saberes matriciais africanos na construção do Brasil, uma sociedade que organizou e orientou seus esforços para a contenção de um legado irrepressível e insilenciável. É preciso ampliar a abrangência das influências africanas para a construção de uma gramática jurídica anticolonial capaz de desfazer a lógica imposta –, intrinsecamente ligada a um cientificismo racista pintado como "neutro" – para reclamar o lócus de enunciação e produção de uma *exunêutica* antidogmática (em substituição à hermenêutica colonial – instrumento de domínio relacionado a Hermes, o deus grego mensageiro e protetor dos ladrões), portanto, caminhos antiepistemicidas), enraizada em preceitos e valores negros.

Assim, risco forte epistemologias ancestrais e afrodiaspóricas que fundamentam a perspectiva jurídica-afrocentrada para ressignificar a quimérica distinção entre os crimes de injúria racial e racismo. Dito de outra forma, a segregação do *eu* do *nós* produzida pelo individualismo

---

[354] Muito embora não seja uma discussão nova, tendo em vista que eu já a problematizo há alguns anos, sua publicação se dá na conjuntura das discussões sobre crimes raciais no Supremo Tribunal Federal (STF) e, também, no Congresso Nacional. Entretanto, como se notará, minhas questões são outras e vão muito além da tipificação do crime de injúria racista como crime de racismo, permanecendo, a meu ver, a importância do debate proposto.

[355] Filho de Luiza Mahin, líder da Revolta dos Malês (1835), Luiz Gonzaga Pinto da Gama morreu em 1882. Em 2015 recebeu da Ordem dos Advogados do Brasil (OAB) o título de advogado e em 2019 recebeu o título de Doutor *Honoris Causa* da USP, a mesma instituição que em 1850 impediu seu ingresso no curso de Direito. Assim como outros tantos casos, o reconhecimento tardio de sua luta e compromisso com a liberdade de seu povo explicitam, ainda mais, o racismo antinegro. Hoje, Luiz Gama é "herói da pátria", patrono da abolição e da advocacia negra (ao lado de Esperança Garcia).

[356] GONZALEZ,1988.

(pilar do mundo branco ocidental) que acorrenta e neutraliza a potência emancipatória e os significados que derivam da coletividade, resulta numa concepção de honra subjetiva apartada do ente coletivo, configurando uma dignidade outrificadora que se constitui na subjugação.

Enquanto homem negro, intelectual, pesquisador e professor, ao contrário do que ensina a doutrina composta por homens brancos – cuja hermenêutica é reproduzida e repetida à exaustão até alcançar o status de dogma jurídico colonizante – afirmo que insultos, xingamentos, ofensas e outras manifestações da violência racista (verbais, escritas ou gestuais), tão comuns no cotidiano do povo negro, mesmo que direcionadas a um só indivíduo, possuem característica desumanizante e o poder de ignorar por completo a subjetividade individual. Tais condutas, por meio das quais se manifestam a *injúria racista*, transcendem os limites da ofensa individual para alcançar a coletividade, pois essa generalização fundada na raça é a marca ontológica do processo de dominação racial e de escravização do continente africano e seus descendentes.

Injúria racista, portanto, não existe (e nunca existiu) enquanto delito apartado do crime de racismo. O que temos e vivenciamos é apenas mais uma das diversas formas de manifestação concreta do racismo antinegro, já tipificada pela Lei nº 7.716/89. Não se pode reconhecer a injúria racista como mera ofensa à honra subjetiva de um indivíduo, em total desprezo à honra coletiva da população negra, sua dignidade, seu reconhecimento enquanto povo, independentemente das rupturas produzidas pela geopolítica colonial.

Isto porque a existência negra só encontra sentido se correlacionada, inserida e preenchida na coletividade. O *"eu sou porque nós somos"*, a tradução simples e comum da filosofia *ubuntu*, evidencia, há muito tempo, que o sentido de coletividade vai muito além do palavrear – costumeiro de muitas pessoas pretas caçadoras de *likes* e seguidores em suas redes sociais, reforçando a meritocracia –, ao determinar seu entrelaçamento à práxis voltada à própria essência do *Ser-negro* (sobre)vivente em diásporas.

A identificação negra, em contextos resultantes das múltiplas e infindáveis violências racistas/coloniais/colonialistas, não se opera apenas pelas semelhanças ou reconhecimento diante das características fenotípicas que nos constituem enquanto raça. A identidade do povo negro se dá também por sua ancestralidade comum, entrelaçada à Mãe

África e gestada por (e para) ela, após os processos de desconsideração da humanidade que ocasionaram nossa coisificação massiva. Desde então, a identificação de corpos negros se faz pelo compartilhamento de toda violência, sofrimento e dores, peculiaridades do projeto genocida fundante da diáspora que vincula todo o Ocidente, todos os corpos negros diaspóricos.

A complexa herança escravagista, produzida e mantida sob legitimações diferentes, apresenta-se como uma faceta para arredar a ideia branca sobre "crime contra a honra" decorrente da ofensa a bem jurídico individual. Trata-se, em verdade, de memória viva, um bem jurídico coletivo não reduzível à lembrança do passado escravagista, mas à reconstituição das experiências pessoais cotidianas indissociáveis da pertença à coletividade negra. Reviver contextos animalizantes, nos (re) colocam no lugar da vítima, seja a pessoa negra que for e onde quer que ela esteja, nos fazendo vítimas indiretas pela violência que nos interconectam às dores ancestrais e crises de *banzo*, sob as quais lágrimas, gritos e estalos de chibatas (bem como a perenidade do racismo) podem ser sentidas e ouvidas, de modo aterritorial e atemporal.[357]

Essa identificação é ignorada pela branquitude, mas não por nós. Como bem bradou Aimé Césaire: "[...] não há no mundo um pobre coitado linchado, um pobre homem torturado, em quem eu não seja assassinado e humilhado".[358] Trata-se de trecho de sua peça teatral *Et les chiens se taisaient* ("E os cachorros ficaram em silêncio"), na qual encena o último dia de um homem negro condenado à morte por sua insurgência diante da violência e dominação branca que atravessam séculos, vilipendiando sua raça, em nome da qual "[...] o sangue (água) derramado transforma-se em semente de esperança."[359]

Vilma Piedade, apontando para as limitações e inadequações do conceito de sororidade, traz à tona o conceito de dororidade, remetendo às dores, sofrimentos, aflições e violências que não ignoram nenhum corpo preto, sobretudo das mulheres pretas que sentem muito mais as feridas interseccionais abertas na alma, trazendo em si a multiplicidade

---

357 As lembranças vívidas da escravidão, relatadas em terreiros, por pretos velhos e pretas velhas, não deixam dúvidas sobre as dores ancestrais que são capazes de trazer o choro, mesmo sem um motivo aparente, eis que tais violências estão marcadas na alma dos escravizados e seus descendentes.

358 CÉSAIRE *apud* FANON, 2008, p. 83.

359 DOMINGUES, 1981.

da objetificação colonial, o padecimento como instrumento de imobilização diante da "dor e a nem sempre delícia de se saber ou de não se saber quem é". Uma paralisia momentânea (já que não podemos nos dar ao luxo de processar nossas dores), promovendo nosso encontro com "as sombras, o vazio, a ausência, a fala silenciada, a dor causada pelo Racismo, E essa Dor é Preta".[360]

Trazendo uma série de reflexões sobre as violências que, *a priori*, nos instituem, insculpem nossos corpos e os metamorfoseiam, Aza Njeri nos realoca no contexto colonial desde a construção da Amérikkka. Seguindo os passos panafricanistas de Assata Shakur, Aza se refere ao Ocidente como uma expressão da supremacia branca representada pela Ku Klux Klan, para demonstrar como a travessia transatlântica se redimensionou como uma espécie de travessia ontológica, provocando diversas fraturas do *Ser-negro*. As sistemáticas quebras identitárias, dilaceração subjetiva e destrinchamento da pertença resultam em um estado de banzo contínuo, impulsionando colonizações geográficas e mentais que incidem "de forma precisa na subjetividade negra, assimilando-os e fazendo-os abandonarem o seu trilho civilizatório[361] para imitar o trilho europeu".[362]

Essas são as características da *Maafa*, fenômeno de sequestro, cárcere, escravidão, colonização, objetificação, guetificação e genocídio:

> Maafa é o processo de sequestro e cárcere físico e mental da população negra africana, além do surgimento forçado da afrodiáspora. Este termo foi cunhado pela Drª Marimba Ani, *na obra Yurugu – uma crítica africano-centrada do pensamento e comportamento cultural europeu* (1994), e corresponde, em Swahili, à "grande tragédia", a ocorrência terrível, o infortúnio de morte, que identifica os 500 anos de sofrimento de pessoas de herança africana através da escravidão, imperialismo, colonialismo, apartheid, estupro, opressão, invasões e exploração.
>
> É o genocídio histórico e contemporâneo global contra a saúde física e mental dos povos africanos, afetando-os em todas as áreas de suas vidas: espiritualidade, herança, tradição, cultura, agência, autodeterminação, casamento, identidade, ritos de passagem etc. Desta forma, os africanos sofrem o trauma histórico da sua desumanização e reproduzem as violências, contribuindo – e muitas das vezes facilitando o trabalho – para o genocídio.[363]

---

360 PIEDADE, 2017, p. 16.

361 NOBLES, 2009.

362 NJERI, 2020, p. 174.

363 NJERI, 2020, p. 174.

Essa dinâmica que provoca a "fratura ontológica", induzindo o corpo outrificado ao embranquecimento para ser (re)conhecido, em determinadas conjunturas ocasionadas pelo cumprimento da *profecia racista,*[364] produz a *melancoleria.* Ou seja, "uma melancolia colérica, somatizadora do luto melancólico da morte do seu eu assimilado com a cólera às dinâmicas opressoras e à branquitude";[365] um estado de extrema tensão catalizadora de impulsos e rompantes que imantam o desejo por mudanças diante das farsas, contradições e perdas que vão sendo experienciadas pelo *Ser-negro* a cada golpe dilacerante em seu *Eu embranquecido* que colapsa.

Recolhendo seus destroços, o corpo negro diaspórico é, então

> [...] inundado por uma série de memórias que corporificam a sua alienação diante da sua crença em fazer parte dessa humanidade ocidental. Então começa a enxergar com os olhos da consciência racial a dinâmica estrutural e estruturante da sociedade em que está inserido e 'do cabelo alisado', passando pelo 'clareamento da família' e o 'eu nunca sofri racismo' até chegar no 'negro de pele branca' e 'branco de pele negra', vai se despindo dolorosamente de cada Eu de SI. Despindo-se do Ocidente de forma tão violenta e confusa, que pode ser metaforizada enquanto um surto afro ou um Afrosurto. [...] um fenômeno legítimo de conscientização da dinâmica de opressão racial e do Estado de Maafa que a população negra está inserida e deveria ser canalizado para a construção, transformando o #fogonosracistas em ações comunitárias que auxiliem efetivamente na luta prática anti-genocida do povo preto [...].[366]

A partir dessas vinculações existenciais, o ato de chamar uma pessoa negra de "macaca/o" não está apenas animalizando/desumanizando a vítima direta, ato que, *per si,* já traz à tona toda carga de violência racista, além de explicitar a legitimidade cientifizada que originou saberes/poderes, como a própria Criminologia.[367] Toda a coletividade é atingida,

---

364 Um dia, cedo ou tarde, todo corpo negro será encontrado pelo racismo, até então invisível, inominável e negado por alguns. Nesse momento, a violência racial será sentida e compreendida diante do confronto que desnuda sua essência de modo inegável e insuportável, sendo então, identificado. Esse é o dia do despertar negro, a linha limítrofe entre a conscientização ou assimilação, o livre arbítrio entre liberdade ou subserviência.

365 NJERI, 2020, p. 194.

366 NJERI, 2020, p. 193.

367 Cesare Lombroso concebeu o conceito de periculosidade como resultado da primitividade que caracterizava corpos negros, comprovando cientificamente que

pois inúmeras pessoas negras, independentemente da distância geográfica que as separa, são igualmente ofendidas dada a ligação umbilical diaspórica pela qual compartilhamos experiências, existências condenadas ao martírio racial que contorna nossas vivências em sociedades coloniais, além de processos de resistências diante das manifestações do genocídio antinegro.

É dizer que as pessoas negras não constituem, agem ou sentem de modo atomizado, apartado da coletividade, frente às violências racistas direcionadas a um corpo individualizado. Tais violações são atributos constitutivos da diáspora, são a matriz *necropolítica*, origem comum que é base do *Pan-africanismo* e que estriba uma *honra coletiva*, reluzindo a dignidade negra coletiva como bem jurídico que suplanta a honra subjetiva. Essa dignidade negra deve ser entendida também como concepção reparadora do processo histórico de desumanização, através do qual direitos fundamentais para a negritude, como identidade e memória, são (re)negados sistematicamente.

Nesse sentido, falando de modo direto, exemplifico com um caso de racismo no futebol. Em 10 de novembro de 2019, o jogador Taison, do Shakhtar Donestk, foi hostilizado por torcedores racistas do Dínamo Kiev, na Ucrânia, com ofensas e gestos que imitavam macacos.[368] Naquele momento, eu, um homem negro afastado do jogador por milhares de quilômetros, fui igualmente ofendido, sentindo as dores e, igualmente, me revoltando não apenas contra os torcedores, mas contra o sistema racista.

Onde está, então, a honra subjetiva? Tais experiências são incompreensíveis pela branquitude e improváveis para sua ciência, restando mistificadas e desqualificadas enquanto bem jurídico. As ofensas vol-

---

eles eram possuidores de uma natureza voltada ao cometimento de crimes, ou seja, um risco (sempre) vívido à segurança pública da branquitude ao redor do mundo. Por isso sua tese foi aclamada e mantida funcional, sob outros discursos, mesmo quando Lombroso foi deslegitimado pela branquitude judiciária. Cf.: GÓES, 2016.

368 Escolhi este caso, dentre muitos outros, inclusive mais recentes, pela distância que nos separava e pelo fato de que, ao reagir, Taison foi expulso e, revoltado, foi retirado de campo, demonstrando que o racismo impõe aos negros e negras uma passividade frente às violências e, quando isso acontece, o sistema de controle está sempre pronto para a repressão, extraindo do levante a comprovação da periculosidade. Não obstante, a moral judaico-cristã impõe o "oferecimento da outra face" a cada tapa e perdão do "irmão" pecador como pedagogia do domínio sob discurso salvacionista.

tadas ao corpo negro transpassam suas dimensões físicas e psíquicas, atingindo, em igual intensidade e nas mesmas dimensões, a coletividade negra, pois qualquer outro corpo negro, exposto e atingido por aquela situação, está sendo igualmente violentado.

Se necropolítica vincula a população negra à política de morte em escala global, Achille Mbembe lembra que não é apenas a morte que aproxima corpos negros, independentemente da distância e demarcações fronteiriças.

> A identidade negra só pode ser problematizada enquanto identidade em devir. Nesta perspectiva, o mundo deixa de ser, em si, uma ameaça. O mundo, pelo contrário, torna-se uma vasta rede de afinidades. Há uma identidade em devir que se alimenta simultaneamente de diferenças entre os Negros, tanto do ponto de vista étnico, geográfico, como linguístico, e de tradições herdeiras do encontro com Todo o Mundo.[369]

De fato, a branquitude, que (quase) monopoliza o saber jurídico e os locais de poder na criminalização secundária, precisa entender e compreender que racismo não pode ser resumível a mero ato segregacionista, muito menos a xingamentos. Racismo corresponde a uma estrutura que sustenta a própria branquitude que nega a humanidade negra em sua subjetividade para se colocar como norma/padrão, imposição que se pré-dispõe à inferiorização de todos os povos racializados e suas filosofias.

Assim, é preciso quebrar os grilhões epistemicidas e agenciar as filosofias africanas para que seu potencial de autodeterminação se enraíze por todos os campos de saber. É nesse caminho que explicito outro fundamento para a deslegitimação da diferença entre os crimes de injúria racista e racismo, invocando a *filosofia ubuntu* por tratar-se de categoria fundamental que é a raiz e estrutura, de modo inseparável, o pensamento e a compreensão da vivência e existência africana a partir da cosmopercepção bantu. Por isso, seu ideário é encontrado em várias línguas africanas.

Chamando a atenção para a ontologia do *ubuntu*, Mogobe Ramose frisa a distinção entre *be-ing* [em inglês, o verbo "ser"] e *being* [o substantivo "ser"], lecionando que, na perspectiva *ubuntu*, não há um centro. Estamos falando, então, de relações horizontalizadas, entrelaçadas e decorrentes de valores civilizatórios africanos, cuja resistência e concretude traz seu fundamento enquanto uma "filosofia do 'Nós'". Desta de-

---

369 MBEMBE, 2014, p. 166-167.

correm outros princípios, como partilha, preocupação, cuidado mútuo, solidariedade etc., elos inquebrantáveis do que nos é mais valioso: a coletividade, que pode ser entendida como sinônimo de comunitarismo e expressão da circularidade:

> A noção de comunidade na filosofia ubuntu provém da premissa ontológica de que a comunidade é lógica e historicamente anterior ao indivíduo. Com base nisso, a primazia é atribuída à comunidade, e não ao indivíduo. Entretanto, disso não se segue que o indivíduo perca a identidade pessoal e a autonomia. O indivíduo é considerado autônomo e, portanto, responsável por suas ações. De outra forma, toda a teoria e a prática do lekgotla – um fórum para a resolução de disputas entre indivíduos, assim como entre o indivíduo e a comunidade – não teriam sentido justamente porque a pressuposição da autonomia individual não se aplicaria. [...].
> A concepção ubuntu do direito é parte integrante da filosofia do "Nós" que define a comunidade como uma entidade dinâmica com três esferas, a saber: a dos vivos, a dos mortos-vivos ("ancestrais") e a dos ainda não nascidos. A justiça é a efetivação e a preservação de relações harmoniosas em todas as três esferas da comunidade, e o direito é o instrumento para alcançar esse fim.[370]

Encruzilhando perspectivas ontológicas, epistemológicas e éticas, Mogobe Ramose alerta para a combinação dos termos *ubu* e *ntu* que formam a palavra, denotando o movimento que caracteriza o processo de complementariedade, indivisibilidade e integralidade entre manifestações abstratas e manifestações particulares, indicando a constituição do *ser-sendo* ("be-ing") apenas diante de outras existências:

> Filosoficamente, é melhor abordar este termo como uma palavra com hífen, a saber, *ubu-ntu. Ubuntu* é, na verdade, duas palavras em uma. Consiste no prefixo *ubu-* e a raiz *-ntu. Ubu-* evoca a ideia geral de ser-sendo. É o ser-sendo encoberto antes de se manifestar na forma concreta ou modo da existência de uma entidade particular. *Ubu-* como ser-sendo encoberto está sempre orientado em direção ao descobrimento, isto é, manifestação concreta, contínua e incessante por meio de formas particulares e modos de ser. Neste sentido, *ubu-* está sempre orientado em direção a *-ntu*. No nível ontológico, não há separação estrita e literal ou divisão entre *ubu-* e *-ntu. Ubu-* e *-ntu* não são duas realidades radicalmente separadas e irreconciliavelmente opostas. Ao contrário, são mutuamente fundantes no sentido de que são dois aspectos do ser-sendo como un-idade e total-idade indivisível.[371]

---

370 RAMOSE, 2010.

371 RAMOSE, 2002, p. 1.

Wanderson Flor do Nascimento atrela outras dimensões à *ubu-ntu* para demonstrar o condicionamento relacional e interdependência no processo de realização, de "vindo a ser" junto à existência dinâmica (*ba-ntu*) e à existência falante, inteligente e criadora que somos nós (*umu-ntu = pessoa*):

> A existência, então, quando relacionada a ubuntu, está sempre em um processo de desdobramento e manifestação, dinâmico e incessante, manifestação esta sempre à espreita de ser observada pelo existente concreto que expressa ubuntu, o coletivo da humanidade. Assim, ubuntu expressa-se como um processo no qual os elementos relacionados são produtos desta mesma relação e inexoravelmente dependentes dela. Poderíamos, ainda, dizer que não há elementos isolados fora das relações dinâmicas: apenas em relação é que algo existe.
>
> Dito de outra maneira, a movimentação complexa e articulada da existência, quando expressa na humanidade, em seu coletivo e em sua definição, é o que o termo ubuntu denota. A passagem de uma existência que movimenta diversos elementos expressando-se nos existentes que os seres humanos são.[372]

Bas'Ilele Malomalo sublinha o potencial, a importância e a influência da filosofia *ubuntu* nos movimentos políticos do pan-africanismo e da negritude nas lutas contra o colonialismo e por independência de vários países africanos, na reconciliação da África do Sul pós-*apartheid,* na democratização de nações no continente africano e nas estratégias de sobrevivência do povo negro brasileiro, resistência mobilizada em torno da coletividade, fator primordial e que caracteriza a epistemologia bantu, devendo ser entendida em termos amplos.

> Etimologicamente, ubuntu vem de duas línguas do povo banto, zulu e xhona, que habitam o território da República da África do Sul, o país do Mandela. Do ponto de vista filosófico e antropológico, o ubuntu retrata a cosmovisão do mundo negro-africano. É o elemento central da filosofia africana, que concebe o mundo como uma teia de relações entre o divino (Oludumaré/Nzambi/Deus, Ancestrais/Orixás), a comunidade (mundo dos seres humanos) e a natureza (composta de seres animados e inanimados). Esse pensamento é vivenciado por todos os povos da África negra tradicional e é traduzido em todas as suas línguas.
>
> A origem do ubuntu está na nossa constituição antropológica. Pelo fato de a África ser o berço da humanidade e das civilizações, bem cedo nossos ancestrais humanos desenvolveram a consciência ecológica, entendida como pertencimento aos três mundos apontados: dos deuses e antepassados, dos humanos e da natureza.

---

[372] FLOR DO NASCIMENTO, 2016, p. 236-237.

Com as migrações intercontinentais e a emergência de outras civilizações em outros espaços geográficos, essa mesma noção vai se expressar em outros povos que pertencem às sociedades ditas pré-capitalistas ou pré-modernas. É dessa forma que se pode afirmar que essa forma de conceber o mundo, na sua complexidade, é um patrimônio de todos os povos tradicionais ou pré-modernos. Cada um expressa isso através de suas línguas, mitos, religiões, filosofias e manifestações artísticas.

Como elemento da tradição africana, o ubuntu é reinterpretado ao longo da história política e cultural pelos africanos e suas diásporas.[373]

Assim, desde a compreensão das vivências e experiências negras em diáspora, a partir da reorientação de nossas relações sob a perspectiva ancestral *ubuntu*, a intrínseca conexão e interdependência que decorre da responsabilidade com a coletividade marca o processo de reconhecimento da minha humanidade através do reconhecimento da humanidade do outro não outrificado e não outrificável, e sim parte do meu ser, que também pertencente ao todo. Nessa dinâmica, a desumanização do outro (de outro corpo preto, em especial) é minha própria desumanização.

A afirmação encontrada no provérbio Zulu: *Umuntu Ngumuntu Ngabantu* ("uma pessoa é pessoa por intermédio das outras pessoas") traz a radicalidade do significado e sua importância para a negritude no campo jurídico, afastando a ideia colonial da honra subjetiva, e por consequência, do individualismo, que sustenta a concepção dogmatizada pela branquitude de diferenciação entre injúria racista e racismo.

Na filosofia Bantu, grupo etnolinguístico da África subsaariana formado por 400 subgrupos e que correspondeu à 75% dos escravizados trazidos ao Brasil, o *Ser muntú* envolve o ser resultante de sua ancestralidade, não existindo, portanto, o indivíduo arredado de seu povo. A herança bantu, direito à identidade negra diaspórica renegada e obstaculizada pelo genocídio brasileiro, em sua dinâmica ininterrupta de apagamento da memória africana como método de controle racial, é aqui reclamada para conceber o *Ser-negro* enquanto *Ser-muntú*. Em outras palavras, um sujeito que deve ter sua coletividade reconhecida como condição primordial para existências que envolvem seu corpo físico que carrega toda memória ancestral.

Considerando as relações nas sociedades *yorubá*s, outra face do legado ancestral matricial, Ronilda Ribeiro ensina que a concepção de pessoa não exclui ou renega a importância do indivíduo, nem mesmo

---

[373] MALOMALO, 2010.

sua individualidade, porém, jamais permite um rompimento dos laços comunitários e com a vida social, no sentido de compartilhamento da felicidade e de dores, pois é exatamente a dimensão coletiva que confere sentido à sua existência.

> Cada indivíduo é considerado parte de um todo e seu nascimento físico é apenas o primeiro passo para o ingresso em sua comunidade, havendo rituais de integração ao grupo. O ocorrido a um indivíduo, ocorreu a seu grupo e o ocorrido ao grupo, ocorreu ao indivíduo: *sou porque somos e por sermos sou*.[374]

Este modelo identitário, próprio do contexto pré-diaspórico (ou pré-invasão branca), é identificado por Stuart Hall como uma identidade interativa que forma a "noção de sujeito sociológico", contrária à ideia de identidade iluminista, eurocêntrica e individualista, noções que serão transmitidas à concepção de sujeito pós-moderno, quando a identidade ficará mais fluida e complexa, pois

> [...] a consciência de que este núcleo interior do sujeito não era autônomo e auto-suficiente, mas era formado na relação com "outras pessoas importantes para ele", que mediavam para o sujeito os valores, sentidos e símbolos – a cultura dos mundos que ele/ela habitava. [...] A identidade, nessa concepção sociológica, preenche o espaço entre o "interior" e o "exterior" entre o mundo pessoal e o mundo público. O fato de que projetamos a "nós próprios" nessas identidades culturais, ao mesmo tempo que internalizamos seus significados e valores, tornando-os "parte de nós", contribui para alinhar nossos sentimentos subjetivos com os lugares objetivos que ocupamos no mundo social e cultural. A identidade, então, costura (ou, para usar uma metáfora médica, "sutura") o sujeito à estrutura. Estabiliza tanto os sujeitos quanto os mundos culturais que eles habitam, tornando ambos reciprocamente mais unificados e predizíveis.[375]

Desde sua proposta *afroperspectivista* – conjunto de pontos de vista, estratégias, sistemas e modos de pensar e viver de matrizes africanas –, Renato Nogueira, tomando o provérbio *Kiunuhu gitruagwo* ("a avareza não alimenta"), do grupo étnico *Gikuyu* localizado no Quênia, como pedagogia ancestral, frisa que a realização individual passa, necessariamente, pela vivência das outras pessoas. Demonstra, assim, que o compartilhamento é condição *sine qua non* da construção individual: "ubuntu como modo de existir é uma reexistência, uma forma afroperspectivista de configurar a vida humana coletivamente, trocando

---

374 RIBEIRO, 1996, p. 44.

375 HALL, 2006. p. 11-12.

experiências, solidificando laços de apoio mútuo e aprendendo sempre com os outros."[376]

Todo esse panorama teórico, que jorra de nascentes afrofilosóficas e que não pode ser resumível em virtude das dimensões que se desdobram na fluidez de *Òkòtó*,[377] é tangível e, sobretudo, sentido em nossas vivências[378] por se materializar em práxis corriqueiras enlaçadas à própria quinta-essência do *Ser-negro*, no ato de se reconhecer diante, com e a partir, de outra pessoa negra, sem jamais tê-la visto antes.

No "simples" cruzo de olhares, ocorre uma profunda (re)conexão. No (re)atar de laços ancestrais (re)feitos se opera, portanto, um reencontro, profetizado na complexidade que é o processo de construção da negritude, através da comunhão das percepções que traduzem a amplitude das experiências, positivas e negativas, compartilhadas naquele fugaz instante por corpos tão familiares, tão próximos, apesar da distância física que se apresenta, naquele momento, como inexistente.[379]

Nesses sentidos, resta completamente rechaçada e sem qualquer lógica (?) a diferenciação dogmatizada entre os crimes de racismo (art. 20 da Lei nº 7.716/89) e injúria racista (artigo 140, § 3º, do Código Penal), sendo compreendida como uma estratégia da branquitude em defender-se, mutuamente, diante da (possível) acusação de práticas racistas que ultrapassam, em muito, agressões verbalizadas, apontando para a naturalização de toda estrutura antinegra que a constitui em sua natureza outrificante e excludente.

---

376 NOGUERA, 2012, p. 149.

377 Uma manifestação de Exú, cabaça-útero da força ancestral que principia o movimento originário do processo de construção da negritude afrobrasileira e responsável pela evolução e progresso humano, por isso representado pelo caracol, símbolo do movimento que aflora de um centro e percorre, em movimento espiral e aberto, rumo à infinitude.

378 Esse processo lembra nossa primeira experiência com o racismo, ainda na primeira infância, no início de uma socialização voltada à construção de uma subjetividade embranquecida e antinegra, inscrita na "universalidade", quando sentimos na pele a violência racial sem termos a mínima possibilidade de entendermos o racismo, cuja amplitude é proporcional à quantidade de crianças brancas.

379 No caminho formado pelo cruzamento de olhares, o reencontro premeditado traduz, simultânea e silenciosamente, o cumprimento zulu sul-africano *Sawabona* ("eu te respeito, eu te valorizo, você é importante pra mim"), e sua resposta, *Shikoba* ("então eu existo pra você").

A injúria racista decorre do racismo enquanto sua matriz, sua raiz, não existindo de modo autônomo por ser apenas nosso velho racismo de todos os dias, violentando o povo negro (*sujeito passivo indireto*) através do corpo negro animalizado, inferiorizado e desumanizado (*sujeito passivo direto*). O sofrimento provocado coletivamente não pode ser deslocado para um conceito abstrato de "honra subjetiva" que, em sua individualização, extirpa sentidos concretos e esvazia significados compartilhados.

A ideia de honra individual, portanto, deve ser substituída pela honra coletiva, pois a dignidade negra individual não pode ser desassociada, desentranhada da dignidade coletiva, já que o processo subjetivo de construção e (re)conhecimento do *ser-negro* somente é viabilizado por meio de laços e afagos coletivos que transformam o sofrimento causado pelas violências experienciadas em luta e resistência, a dor em esperança que se alimenta, fortalece e exige sempre mais aquilombamento.

Totalmente oposto a esse doloroso processo de (re)conhecimento é a construção de subjetividade brancas, ou embranquecidas, tendo em vista que tudo que a integra não apenas está (ex)posta, mas é incutida pelo mundo branco, é algo herdado e pronto. Contrapõe-se, então, o processo de construção da negritude (condicionado pela coletividade) e da branquitude (individual e sem esforço algum – um presente para algumas pessoas, uma maldição para outras).

Consequência da dignidade negra parida da prática do *ubuntu*, a honra coletiva, enfim, é a essência do *ser-negro* em diáspora, que inexiste sem ela. É no seio coletivo que experimentamos o sentimento de pertencimento e significados de sermos negras e negros, de termos direitos que conferem sentidos às nossas existências, inclusive pela partilha da dor e "*o que sentimos não é contestável*".[380]

---

[380] Ensinamento da Vovó Anastácia, com lágrimas escorrendo em seu rosto, após lembrar da máscara que lhe impedia de falar e comer. O sorriso veio depois de me contar que tinha comido feijoada na celebração do Dia dos Pretos Velhos, 13 de maio, lembrança da esperança que tomou conta das senzalas espalhadas pelo país com a assinatura da Lei Áurea.

SEPOW

Justiça

É tempo de caminhar em fingido silêncio,
e buscar o momento certo do grito,
aparentar fechar um olho evitando o cisco
e abrir escancaradamente o outro.
É tempo de fazer os ouvidos moucos
para os vazios lero-leros,
e cuidar dos passos assuntando as vias
ir se vigiando atento, que o buraco é fundo.
É tempo de ninguém se soltar de ninguém,
mas olhar fundo na palma aberta
a alma de quem lhe oferece o gesto.
O laçar de mãos não pode ser algema
e sim acertada tática, necessário esquema.
É tempo de formar novos quilombos,
em qualquer lugar que estejamos,
e que venham os dias futuros, salve 2021,
a mística quilombola persiste afirmando:
"a liberdade é uma luta constante".

Conceição Evaristo, *Tempo de nos aquilombar*

BASES CRIMINOLÓGICAS E PRINCÍPIOS ANTIRRACISTAS PARA UMA JUSTIÇA AFRODIASPÓRICA

Xangô, Xangô
Orixá do poder seu Oxê é o divino Machado
Xangô, Xangô
Guardião das leis de Orun
Alafim justiceiro
Cultuado ao som do Alujá
Fez o seu reinado em Oyó
Yaô se firmou ao poder de Xangô
Pedras e raios vão cair sobre o mal
O mal da injustiça desfeito ao clarão do trovão
Rolou vento, cachoeira,
Na pedreira ele reinou
Ele reina!
Kaô, Kaô, Kaô
Kaô Kabecilé, Kaô…

Amílcar Paré, Artur Senna, Nego Bom e
Vinicius de Oliveira, *Guardião das Leis*

Há muito sabemos que o Direito Penal não é igual para todas/os e sua seletividade, em que pese ser comprovada por nosso realismo racial marginal, é fomentada pelo discurso de "impunidade", cuja aclamação resulta na veracidade do punitivismo, resultando em mais encarceramento massivo e manifestações genocidas do povo negro. Todavia, não há impunidade alguma quando tratamos da vitimização da maior população negra fora de África, reverberando um silenciamento ensurdecedor em relação aos crimes próprios da branquitude, cuja imunidade é quase inquestionável. A lei aplicada à branquitude nunca é a mesma aplicada a corpos negros.[381]

A distinção entre o crime de racismo e injúria racista (que conduz, normalmente, à não responsabilização) repercute a seleção de bens jurídicos que merecem a tutela estatal, e a dignidade do povo negro, certamente, não é uma preocupação de uma democracia antinegra (ao contrário da dignidade branca, o bem jurídico a ser protegido nesses casos). Uma realidade construída com a imprescindível contribuição da dogmática penal e sua suposta função de "traduzir" os saberes jurídicos centrais[382]. Uma prática "normal" com vistas à manutenção e segurança da dominação branca, a partir de uma série de formulações que buscam a adequação de conhecimentos aos objetivos perquiridos – dentre eles, a omissão sobre a questão racial e suas problematizações –, legitimando a branquitude enquanto fonte única de saber sobre crimes raciais.

Assim, por meio da sistematização de saberes que asseguram seu lugar de única porta-voz sobre crimes raciais, a dogmática penal desempenha a função de proteger a engrenagem racista brasileira a partir de racionalidades e programas de gerenciamento da questão criminal racial. Desse modo, produz-se um conhecimento *inquestionavelmente monocromático* que faz do Direito Penal um saber colonizante por excelência, característica que ainda é muito pouco problematizada, mesmo que a dominação e hegemonia brancas, mantidas por colonialidades, sejam tão explícitas, tais como suas normatizações naturalizadas.

Essa função foi fundamental para estabelecer, em bases solidificadas no campo de saberes jurídicos, a ilusão de uma democracia racial após a abolição do sistema formal de controle racial escravagista, que perdurou por quase quatro séculos, fazendo com que todos os seus efeitos fossem

---

381 MBEMBE, 2017, p. 48.

382 SOZZO, 2014.

"apagados" com a omissão nas discussões que questionam a branquitude e seu papel na política eugênica de um Estado genocida. A alienação racial, inscrita sobre os termos da ideologia branca que, do alto de seu *direito natural de ser racista*, saboreia e desfruta dos frutos produzidos por séculos de violências e violações sistematizadas.

Descaracterizando as violências raciais de suas práticas, compreendendo o racismo apenas como exceção (na segregação) e reconhecendo-o somente nos casos em que não há outra solução,[383] a dogmática penal é instrumento defensivo da branquitude em termos de crimes raciais. De fato, é ela quem define os elementos e requisitos para tipificação de seus próprios atos, tanto no Direito Penal como no Direito Processual Penal, produzindo o princípio da segurança jurídica branca por meio de práxis anti-incriminadoras, descriminadoras (descriminalizantes, descriminalizadoras?) racial.

Essa premissa vem explicitada na advertência feita por Cezar Roberto Bitencourt quando atitudes racistas costumeiras e naturalizadas são consideradas como "equívocos e excessos condenáveis". Ou melhor, quando "atos da vida racista normal" são identificados como racismo e confrontados, o risco de acusação orienta a postura da branquitude. Considerando o baixíssimo nível de responsabilização penal/racial (como se o encarceramento branco em massa fosse possível), a lição do doutrinador denota uma legítima defesa fundamentada no ridículo "racismo inverso" que somente existe na mente da branquitude, ao alertar:

> Têm-se cometido equívocos deploráveis com a nova lei, pois simples desentendimentos têm gerado prisões e processos criminais de duvidosa legitimidade, especialmente quando envolvem policiais negros e se invoca, sem qualquer testemunho idôneo, a pratica de "crime de racismo"; ou então simples discussões rotineiras ou em caso de mau atendimento ao público, quando qualquer das partes é de cor negra: invoca-se logo "crime de racismo", independentemente do que tenha realmente havido.
> Cautela redobrada na avaliação

---

383 Nessa situação limite, ao não restar outra opção à branquitude pela comprovação inquestionável do crime, de modo que não possa construir uma narrativa absolutória, a branquitude se vê obrigada a sacrificar um(a) racista, pois é condenação daquele fato (o que não significa, em absoluto, condenação ao racismo) ou expor (ela mesma, ainda mais e de forma irremediável, até para seu limite tolerável de proteção narcísica) a falsidade do princípio da igualdade e a ilusão democrática da tutela jurídica.

Recomenda-se, mais do que nos outros fatos delituosos, extrema cautela para não se correr o risco de inverter a discriminação preconceituosa, com o uso indevido e abusivo da proteção legal.

Enfim, recomenda-se muita cautela para se evitar excessos e coibir as transgressões legais efetivas sem contribuir para o aumento das injustiças.[384]

A lição pode ser entendida como uma "excludente de ilicitude" à branquitude, uma orientação (ou manual) de como se defender em caso de flagrante racismo, demonstrando que a maior preocupação da branquitude é com ela mesma, muito mais do que com a "clientela penal". Em contrapartida, há total desprezo em relação ao genocídio da juventude negra – realidade que se estende ao povo negro, como um todo –, que sequer é reconhecido pela dogmática – apesar dos dados e da importância oportunista (ou conforme a conveniência) que a branquitude confere a eles, já que a legitimidade de nossas pautas só é reconhecida pela empiria contabilizada – e com a violência potencializada que recai sobre o corpo da mulher negra.

Além de questionar, *a priori*, a palavra das vítimas negras e exigir a idoneidade das testemunhas, o alerta para processos criminalizantes sem justa causa é completamente distorcido da realidade, pois rechaça as manifestações do racismo e concebe um poder de mobilização desse sistema de justiça que nós jamais teremos. Isto é, agencia-se o Direito Penal racista para criar um simulacro de responsabilização criminal da branquitude, sem considerar todo o sofrimento e dor que a estrutura judicial provoca com a revitimização de pessoas negras quando da denúncia do racismo.

Ser negro no Brasil é ter que estar preparado para ser vitimado pela violência racial todos os dias, seja aonde for, em qualquer horário, ininterruptamente durante toda vida, pois o racismo não descansa e, ao não nos dar descanso, impõe como modelo de vida ao povo negro a obrigatoriedade de estar sempre preparado para o conflito e o confronto. Essa reação, no entanto, nem sempre é possível, mesmo quando se trata de pessoas negras conscientes de sua negritude e de seus direitos, já que o racismo também promove imobilização e desarmamento pela *surpresa*. Essas vivências cotidianas integram e complementam a desumanidade provocada pelo *racismo nosso de cada dia*, que nos leva à exaustão que, não raramente, se consubstancia em adoecimento.

---

384 BITENCOURT, 2012, p. 557. (grifo meu)

É na certeza de ser vítima de crimes raciais e violentada(o) pela branquitude que as considerações sobre a palavra da vítima e sua valoração ganham relevância, pois, a "extrema cautela", sucedâneo de desqualificação, elimina dos relatos das vítimas e das testemunhas negras o potencial comprovatório. Na dinâmica racista das agências de controle formal (Polícias, Ministério Público e Judiciário), testemunhas negras têm suas palavras sempre questionadas, desacreditadas e depoimentos considerados inválidos por compartilhar da mesma imaginação, pelo desejo de vingança e ajuda à vítima que quer enriquecer ilicitamente, por padecer do mesmo ressentimento irracional etc., tantas justificativas quanto a branquitude judicante quiser. Assim, há uma determinação, implícita e explícita, para que nós, pessoas negras, andemos, sempre, como um/a amigo/a branco/a no "bolso" para sacá-lo/a quando o fato se materializar, trazendo um pouco mais de confiabilidade à materialidade e autoria de crimes raciais.

Apesar de termos nos crimes raciais, como característica normal, a mesma clandestinidade encontrada na prática de violência doméstica e familiar, o tratamento conferido pelo sistema de (in)justiça às vítimas de tais crimes, por exemplo, é muito distinto. Com efeito, nos delitos que são praticados em contextos de violência doméstica e familiar, a palavra da ofendida assume especial relevo (principalmente se estivermos tratando de mulheres brancas), podendo representar, inclusive, prova suficiente para sustentar uma condenação penal, desde que coerente com os demais elementos carreados aos autos, entendimento pacificado na jurisprudência e na doutrina.[385]

Muito embora tais crimes raciais acontecerem, normalmente, na clandestinidade ou, em raras exceções, quando a/o racista não consegue controlar o ímpeto de seu racismo, vindo a romper os instrumentos psicológicos de sua contenção (quando existem), importante sublinhar que essa clandestinidade, condizente com o racismo da "democracia

---

[385] Não se trata de uma defesa irresponsável (com sérios riscos em ser entendida como sexista) de que o combate aos crimes raciais é mais importante do que combater a violência doméstica e familiar, numa (i)lógica de comparação de violência, mas apenas para demonstrar outra manifestação jurídica do pacto narcísico. Não obstante as especificidades em relação a natureza de tais crimes, as diferenças ficam patentes nos avanços do feminismo branco que nem sempre (para não dizer quase nunca) alcançam as mulheres negras, ainda obrigadas a questionar às suas "irmãs brancas" se elas não são, também, mulheres, fazendo ecoar a lição de Sojourner Truth.

racial", foi renegada no "pós-democracia racial". Nessa nova conjuntura política, nosso racismo se apresenta sem qualquer maquiagem, máscara ou disfarce, um momento de ruptura metodológica com as práticas "veladas" daquela democracia que se esforçava em produzir discursos que negavam, a todo custo, seu racismo congênito, uma performance que conhecíamos como "racismo à brasileira".

A dogmática penal, assim, mesmo em seus silenciamentos e apagamentos das tensões e violências raciais, profere aulas sobre nosso racismo através de seu *silêncio eloquente*, propagando a estratégia de nosso sistema de controle racial, que segue firme em pilares "igualitários", ditando a desigualdade não confessada que criminaliza o povo negro, obstruindo a conscientização racial e dificultando novas insurgências pretas.

São muitas as influências e justificativas em nosso sistema de (in) justiça para concretizar um movimento circular de pressupostos racistas, legitimado no autorreferenciamento branco para sua autoproteção. Esse discurso autofágico se apresenta, sem qualquer máscara, no cotidiano de advogadas e advogados na defesa de vítimas de crimes raciais, quando a estrutura composta por agências de controle ocupadas, predominantemente, pela branquitude se mobiliza em torno da *metarregra racial*,[386] isto é, o não (re)conhecimento da tipicidade do racismo.

Nas delegacias, a negação do racismo resulta em negativa do registro de suas ocorrências, na equivocada tipificação como injúria racista – em substituição à tipificação como racismo – ou sua identificação como fato atípico, rechaçando o princípio fundamental de acesso à justiça às

---

386 De acordo com Alessandro Baratta (2011, p. 105), meta-regras são normas não declaradas e mecanismos psíquicos que orientam o comportamento de operadores, intérpretes e aplicadores do direito perante as regras jurídicas, ou seja, lei. Apesar do seu caráter subjetivo, as meta-regras "são regras objetivas do sistema social", sustentando o conjunto de "regras de aplicação" do direito positivado, que são "seguidas, conscientemente ou não, pelas instâncias oficiais do direito, e correspondentes às regras que determinam a definição de desvio e de criminalidade no sentido comum, estão ligadas a leis, mecanismos e estruturas objetivas da sociedade, baseadas sobre relações de poder (e de propriedade) entre grupos e sobre as relações sociais de produção". Reorientando as lições da Criminologia Crítica a partir do afrocentrismo (que vai expor as omissões da branquitude criminológica em relação ao racismo), a meta-regra racial corresponde à manifestação da ideologia branca, da sua postura colonial objetificante ao negar a humanidade negra através da negação de seus direitos, (re)afirmando, assim, sua inferioridade.

vítimas. Nesse contexto, o acompanhamento de um/a advogado/a torna-se condição quase obrigatória, diante das violências manifestadas em indiferenças e menosprezo do sofrimento negro (que não raras vezes produzem mais humilhações), descréditos e ameaças para impedir a acusação da branquitude.[387] É óbvio que a presença de profissionais do direito não é garantia de nada,[388] pois, mesmo após o registro perfeito de um crime de racismo, ainda contamos com as omissões e negligências nas apurações por parte das autoridades policiais que, muitas vezes, encaminham, erroneamente, os inquéritos aos Juizados Especiais Criminais, onde são processados como meras *injúrias simples*.[389]

Perante tantos obstáculos na fase inquisitorial, a representação no Ministério Público ou o direto ajuizamento da *notitia criminis* podem ser estratégias processuais eficazes para driblá-los e controlar juridicamente a atuação policial. Porém, outros problemas surgem quando o Ministério Público, o "dono" da ação penal, entra em campo, pois, costumeira e consensualmente, atua pela regra da não acusação, pedindo o arquivamento da representação criminal por ausência de dolo do acusado por crime de racismo (art. 5º, da Lei nº 7.716/89),[390] antes mesmo da denúncia. Assim, em relação aos crimes raciais, o Ministério Público se apresenta como *sinhô* da ação penal, agindo de modo *de-*

---

387 Certa vez, ao acompanhar um grupo de estudantes negros, vítimas de racismo na Universidade Federal de Santa Catarina (UFSC), presenciei um policial perguntando se eles tinham certeza de que queriam registrar a ocorrência, porque poderiam ser processados por calúnia, injúria e difamação, além de danos morais. Se isso aconteceu com jovens negros, graduandos, portanto, sabedores de seus direitos, e na minha frente, enquanto coordenador e advogado do "S.O.S. Racismo", é fácil imaginar o que vítimas sem instrução e sem qualquer orientação vivenciam.

388 Muitas vezes, para conseguirmos registrar uma ocorrência, se faz necessária uma aula prévia, resumindo, em minutos, vários dos assuntos aqui abordados.

389 As sanções penais do crime de racismo e da injúria racial ultrapassam os limites para caracterização de crimes de "menor potencial ofensivo", conforme estabelece o art. 61 da Lei nº 9.099/95: "Consideram-se infrações penais de menor potencial ofensivo, para os efeitos desta Lei, as contravenções penais e os crimes a que a lei comine pena máxima não superior a 2 (dois) anos, cumulada ou não com multa."

390 Em 2017, em um processo criminal do "S.O.S. Racismo", o promotor da 35ª Promotoria de Justiça da Comarca da Capital/SC, assim se manifestou: "Analisando os autos não se evidencia a materialidade do crime de racismo, o que é imprescindível para oferecimento de denúncia, além do mais não se vislumbra que Marcos agiu imbuído de dolo em ofender ou discriminar [...]".

cisivo na não condenação e proteção da branquitude, seguido (quase sempre) pelo Judiciário que endossa suas manifestações, corroborando entendimentos que fortalecem o racismo e a impunidade aos racistas.

No Relatório nº 66/06, de 21 de outubro de 2006,[391] a Comissão Interamericana de Direitos Humanos publicou a decisão de mérito do caso Simone André Diniz contra a República Federativa do Brasil, reconhecendo diversas manifestações racistas indiretas que o povo negro, há séculos, denuncia e enfrenta, ao tentar combater o racismo e responsabilizar suas/seus autoras/es:

> 84. A Comissão tem conhecimento que o racismo institucional é um obstáculo à aplicabilidade da lei anti-racismo no Brasil. "Da prova testemunhal, passando pelo inquérito na polícia até a decisão do Judiciário, há preconceito contra o negro. Os três níveis são incapazes de reconhecer o racismo contra o negro".
> 85. Segundo informou os peticionários, este tratamento desigual que é dado aos crimes raciais no país, seja na fase investigativa, seja na judicial, reflete a distinção com que os funcionários da polícia e da justiça tratam as denúncias de ocorrência de discriminação racial, pois na maioria das vezes em que recebem estas denúncias, alegam a ausência de tipificação do crime e dificuldade em provar a intenção discriminatória toda vez que o perpetrador nega que quis discriminar a vítima, como fatores para não processar a denúncia.
> 86. Pretende-se também minimizar a atitude do agressor, fazendo parecer que tudo não passou de um mal entendido. Poucos ou raríssimos casos são denunciados, entre estes, a maioria é barrada na delegacia, onde os delegados minimizam a ação do acusando, entendendo como simples brincadeira ou mal entendido. Das denúncias que chegam a virar inquérito, muitas são descaracterizadas como mera injúria.
> 87. Essa prática tem como efeito a discriminação indireta na medida em que impede o reconhecimento do direito de um cidadão negro de não ser discriminado e o gozo e o exercício do direito desse mesmo cidadão de aceder à justiça para ver reparada a violação. Demais disso, tal prática causa um impacto negativo para a população afro-descendente de maneira geral. Foi isso precisamente que ocorreu com Simone André Diniz, quando buscou a tutela judicial para ver sanado a violação de que foi vítima.

---

[391] COMISSÃO INTERAMERICANA DE DIREITOS HUMANOS. Relatório n. 66/06, de 21 de outubro de 2006, Caso 12.001. Simone André Diniz vs. Brasil. Disponível em: http://www.cidh.org/annualrep/2006port/brasil.12001port.htm. Acesso em: 13 abr. 2021.

Dentre as recomendações expedidas pela CIDH ao Estado brasileiro, que transcendem a reparação da vítima direta, há orientações de mudanças paradigmáticas no âmbito das relações raciais, dentre elas: modificações legislativas e administrativas necessárias para uma legislação antirracista efetiva; a criação, pelos Estados, de delegacias especializadas para a investigação de crimes raciais; a criação, pelos Ministérios Públicos Estaduais, de promotorias especializadas no combate aos crimes raciais; e, a adoção e instrumentalização de medidas educacionais dos funcionários de justiça e da polícia para evitar práticas racistas nas investigações, nos processos ou nas condenações civis ou penais referentes por prática de racismo.

Apesar da decisão da CIDH, poucas de suas recomendações foram implementadas e as medidas educacionais promovidas não possuem eficácia em face da branquitude, fazendo de cursos de capacitação "antirracistas" meras campanhas publicitárias, jamais instrumentos de combate ao racismo já que não encontram respaldo e abertura no Judiciário e no Ministério Público (ou em seus cursos preparatórios). Nesse sentido, é urgente uma mudança de comportamento das agências que integram o sistema de justiça. É preciso que haja compromisso efetivo – para além do mero discurso –, capaz de transpor o sistema educacional em termos de igualdade formal para dar concretude a uma educação antirracista de fato e de direito, o que significa que ela terá que ser, obrigatoriamente, anticolonial ou teremos uma educação embranquecedora, pautada no racismo enquanto fonte empírica e, portanto, protetora do *status quo*.

Em espaços brancos e racistas, onde a "normalidade" da presença negra era limitada ao banco dos réus ou serviçais há um estranhamento e mal-estar em colocar a branquitude na condição de acusada, não apenas pela prática de crimes raciais, mas também como coautora pela proteção (quase) incondicional de seus iguais no cometimento desses crimes. Disso resulta uma construção de espaços de disputas de narrativas através da inserção, sem qualquer solicitação prévia, do racismo na pauta para além do processo penal, promovendo, assim, seu lugar como como instrumento de combate e superação, o que significa arrancar privilégios – muitas vezes convertidos em direitos – da branquitude.

O Direito Penal, então, se transforma em campo de batalha onde a branquitude, abrigada pela fortaleza jurídico-dogmática, luta pela conservação e manutenção de seus "direitos naturais". Desse modo, as discussões jurídicas e debates motivados pelo reconhecimento da cidadania negra se direcionam para destruição da estrutura geopolítica mais básica de nossa sociedade: a Casa Grande, muito bem representada pelo sistema de (in)justiça. O combate ao racismo, assim, significa combate à branquitude, que não tolera questionamentos ou problematizações de seus direitos, privilégios e vantagens derivados do racismo antinegro e mantidos por ele, fazendo questão de manter sua herança escravocrata enquanto nega sua origem.

A Criminologia Crítica há muito estabeleceu que não existe criminoso/a sem um processo orientado à sua criminalização, fenômeno que resulta do confronto entre sujeitos que ocupam lugares de poder pré-estabelecidos: o poder de selecionar/punir *vs.* a subordinação de ser selecionado/a e punido/a. Nesse sentido, a partir do *labeling approach,* foi possível entender que para a criminalização *é indispensável uma reação do meio social orientada à exclusão e punição* de alguém, motivada por seu etiquetamento, que desembocará na identificação do *status* político delinquencial e atribuição de efeitos negativos.[392]

Trazendo a *teoria da rotulação* para o meio da roda criminológica afrocentrada, para reorientá-la de modo que essa perspectiva atente para a racialização obrigatória e determinante das relações de poder em nossa margem, podemos caracterizar o conflito em termos de pertencimento/não-pertencimento à raça com poder decisório-jurídico, deslocando a questão para o racismo como fonte originária de violências e definidor de lugares transmitidos como herança. Nesse caminho, emerge de pronto o confronto racial e o monopólio do poder (des)criminalizante nas mãos da branquitude, dominante e quase hegemônica na definição da sentença pré-determinada.

Em termos de (não)criminalização do racismo, a lição de Alessandro Baratta sobre imunidade penal é uma importante chave, pois desmistifica a costumeira afirmação de que somos "o país da impunidade" (por desenhar a seletividade penal) e corrobora, com auxílio da perspectiva criminológica antirracista, a análise estrutural da impunidade branca por meio da imunização criminal:

---

392 Para Baratta (2011, p. 111), essa equação se resume à "[...] linha de interpretação da relação entre os detentores do poder de decidir e os sujeitos submetidos a tal poder, relação baseada precisamente sobre a estratificação e o antagonismo entre grupos sociais."

> A imunidade, e não a criminalização, é a regra no modo de funcionamento deste sistema. Imunidade e criminalização são realizadas geralmente pelos sistemas punitivos segundo a lógica das desigualdades nas relações de propriedade e poder. A sociologia jurídico-penal e a experiência cotidiana demonstram que o sistema direciona sua ação principalmente às infrações praticadas pelo segmento mais frágil e marginal da população; que os grupos poderosos na sociedade possuem a capacidade de impor ao sistema uma quase que total impunidade das próprias ações criminais.[393]

Programada (desde sempre) para manter a lógica racista inabalável enquanto impulsiona (sempre mais) a máquina de triturar corpos negros pela distribuição "igual" dos lugares de *ré/u* e *julgador/a*, a branquitude, com o poder de dizer o direito em suas mãos, determina a condenação normal(izada) de corpos negros, definindo, em termos de crimes raciais, o que (e o que não) é crime de racismo, quem é (e quem não é) racista, e, no fim das contas, se existe (ou não) racismo.

O Direito Penal desigual, nesse plano, é transformado em instrumento a serviço da branquitude, que possui como direito irrenunciável a não culpabilização de seu racismo. Dá-se, desse modo, uma imunização criminológica por seus pares a partir do "pacto narcísico"[394] que traduz o *second code antinegro*, esvaziando a tutela constitucional "idealizada" ao comungarem do pensamento monolítico que naturaliza toda manifestação do racismo, transformando crimes raciais em "vitimismo", "imaginação", "paranoia" ou "mania de perseguição". Essas táticas fazem do nosso racismo um crime perfeito, como salienta Kabengele Munanga,[395] por não haver materialidade (provas, vestígios ou indícios), autoria, lesão ou mesmo vítimas.

Nesse sentido, se corpos negros são alvos da *seletividade racial* que forma a "clientela" do sistema punitivo e das "balas (nunca) perdidas", corpos brancos (ou lidos como tal) se revestem de uma imunidade racial que tangencia a proteção constitucional/legal "projetada" sem desestabilizar dogmas punitivistas. Assim, vivências negras são violentadas com a inviabilização estrutural das possibilidades de responsabilização de autores de crimes raciais, mantendo a funcionalidade

---

393 BARATTA, 1993, p. 49-50.

394 BENTO, 2002, p. 43.

395 YOUTUBE. Polêmicas Contemporâneas #30 | Kabengele Munanga | 'Racismo – O Crime Perfeito'. Canal TVE Bahia, 14 ago. 2019. Disponível em: https://www.youtube.com/watch?v=l_f6c86WFjs. Acesso em: 21 jul. 2022.

daquela *"dualidade perversa"* ofertada ao povo negro como sucedâneo da cidadania assegurada pelo Direito Penal brasileiro, apontada por Nilo Batista.[396]

Estabelecidas estas linhas, não é demais reafirmar que não estou defendendo a criminalização do racismo como um "uso alternativo do direito penal". Primeiramente, porque sou abolicionista. Em segundo lugar, porque toda reforma de um sistema punitivo racista significa racismo reformulado. Além disso, a preocupação com a distinção prática dos crimes raciais diz respeito à desconstrução dogmática sobre o racismo enquanto pedagogia antirracista. E, enfim, porque, em termos de sanção penal, com exceção dos crimes praticados através das redes sociais, a resposta antipunitiva é a mesma (reclusão de um a três anos).

Mesmo assim, o desejo (in)contido de prisão de um/a racista, que ecoa forte em vários contextos e alimenta a ilusão de punição igual, não condiz com a realidade penal, uma vez que, mesmo que haja uma condenação pelo cometimento do crime de injúria racista ou racismo não haverá prisão. Muitas são as manobras jurídicas que impedem que a branquitude seja rebaixada à negridão (tratada como o povo negro). Em geral, salvo raríssima exceção, a pena privativa de liberdade será substituída por penas restritivas de direito, nos termos do art. 44 do Código Penal, caso o processo não seja suspenso condicionalmente, seguindo as disposições do art. 89, da Lei nº 9.099/96.

Pensando nas questões fundacionais do Direito Penal, seus pilares estruturados na filosofia iluminada, sobressai o princípio da humanidade derivado do Contrato Social, que estabelece limites punitivos face à arbitrariedade do Estado absoluto, reconhecendo, assim, direitos inerentes à pessoa humana. É imperioso sublinhar que aqui estamos diante de um contexto colonial, então, a construção do direito estatal de punir foi definido pelo (e para o) reconhecimento da humanidade branca como baliza para contenção e redução da subjetividade nas punições.

Enquanto a humanização consolidava a Europa, fabricando a imagem de um processo "civilizatório" celebrado em declarações e lições dogmáticas, a desumanização negra mantinha e assegurava a consolidação de estruturas coloniais e Estados racistas. Um contexto legalizado sob o discurso de um humanismo que se (re)cobre de branco (nem sempre tão claro), fazendo da negação do racismo o princípio geral do

---

396 BATISTA, N. 2002, p. 152.

Direito Penal Brasileiro, cuja finalidade se encontra na perpetuação do controle racial enquanto dissimula (se é que isso é possível) a predominância branca.

Contrapondo essa característica, o princípio geral de um Direito Penal Antirracista se assenta no reconhecimento, resgate e reparação da humanidade negra (re)negada. Ou seja, na constatação de que o Direito Penal se estrutura, em verdade, no *princípio da desumanidade,* resultante do Contrato Racial, que se revela como dispositivo conscientizador da racionalidade jurídico-discursiva legalizadora e legitimadora de um sistema punitivo fundado na necropolítica. Sua sobrevivência, portanto, depende da instrumentalização do racismo para a produção de genocídios, de violências, violações e opressões raciais.

Considerando todas as artimanhas brancas para descriminalizar na prática e despenalizar as manifestações racistas, acredito que seja fundamental substituir o *princípio da igualdade*, que possui fundamento jurídico no pensamento *aristotélico*[397] e fundado na lei da desigualdade,[398] pelo *princípio da desigualdade racial* como metodologia de resistência, de confronto e demolição das bases racistas do Direito Penal, o empurrando para uma encruzilhada onde, cercado por epistemes negras, não há outro caminho que não a exposição de sua natureza colonial. Disso resulta sua deslegitimação enquanto instrumento neutro de punição, traçando o percurso para sua ilegalidade.

Esse princípio não se refere, obviamente, à confirmação das desigualdades raciais produzidas por saberes brancos cientifizados (racismo científico), mas ao contrário, refuta a igualdade jurídica. O estranhamento contido nessa ideia orienta a recuperação de toda a história do racismo, de todos os discursos e legitimações que constituíram e

---

397 Seguindo as primeiras lições dogmáticas sobre a igualdade, para variar, somos empurrados ao "berço da razão", onde nos deparamos, acriticamente, com Aristóteles que, retoricamente, ensina que a igualdade consiste em tratar igualmente os iguais e desigualmente os desiguais, na exata medida de sua desigualdade. Porém, o princípio da desigualdade racial é expresso pelo mesmo filósofo em seu tratado "Fisiognomía", que segundo Carlos Moore (2007, p. 57) é: "[...] racialmente determinista, fixando qualidades e defeitos morais do ser humano segundo critérios baseados puramente no fenótipo. Entre esses, "a cor demasiado negra é a marca dos covardes", enquanto "a cor rosada naturalmente enuncia as boas disposições". Nesse contexto, a designação genérica dos africanos como *etiop* ("cara queimada") não pode ser esquecida."

398 MBEMBE, 2017, p. 34.

reproduziram tantas dimensões de violência racial, as quais o direito colonial e o arcabouço jurídico colonizante que ele sustenta escondem e legitimam, sob a primazia da igualdade, que historicamente tutela a branquitude e suas manifestações racistas raciais inomináveis.

Nesse sentido, o *princípio da desigualdade racial* é uma confissão do racismo ontológico do Direito Penal, enquanto *jus puniendi* colonial, comprovando que se trata de um dispositivo racista, no mínimo indireto. Através dele se mantêm a dominação e o controle racial a título de "imparcialidade", que traduz a bandeira igualitária em um instrumento de branqueamento, instituído por regras hermenêuticas.

A compreensão de tais premissas jus-afrocentradas depende de sua articulação com o *direito à identidade negra diaspórica*, sem o qual são esvaziadas de sentido. Assim, são compreendidas complexidades que se atrelam, em maior ou menor grau, à cosmogonia que aqui se diversifica e encontra legitimidade, exatamente, na constituição do povo negro, resultante de outros direitos encruzilhados, daí sua potência enunciativa, subversiva, criativa e reivindicadora, como territorialidade, memória, ancestralidade e resistência, que jamais podem ser desconsiderados.

Além de falsear os princípios conceitualmente (im)postos, o arcabouço antijurídico, composto pelos fundamentos afrocentrados, invalida as bases sustentadoras do Direito Penal colonial, isto é, os princípios que integram a *ideologia da defesa racial*, esboçada a partir das lições de Alessandro Baratta, que assenta o conteúdo da ideologia da defesa social na filosofia dominante e no saber comum (*every day theories*) produzido pelas agências de controle informais.

Racializando os princípios elencados pela Criminologia Crítica,[399] considerando aportes filosóficos epistemicidas e o pensamento racista comum, esboço princípios afrocêntricos que fundamentam o Direito Penal Antirracista ao expor o racismo consolidado na ausência das

---

399 Para melhor compreensão da *ideologia da defesa racial*, é preciso considerar a ideologia da defesa social, integrada pelos seguintes princípios: *1) Princípio da legitimidade*: o Estado é legítimo a reprimir a criminalidade, produzida por alguns indivíduos, reprovando e condenando seus comportamentos desviantes, reafirmando valores e normas sociais; *2) Princípio do bem e do mal*: o criminoso e o crime são o mal e a sociedade o bem; *3) Princípio da finalidade ou da prevenção*: a pena não tem apenas a função de retribuição, mas de prevenir crimes; e, *4) Princípio do interesse social e do delito natural* – os delitos representam ofensas a interesses fundamentais, comuns a todos os cidadãos. Cf.: BARATTA, 2011, p. 42.

sanções estatais em relação aos crimes raciais, afrontando a ideologia branca através das seguintes premissas:

- *Princípio da ilegitimidade* : um Estado racista não busca a repressão de crimes raciais, criminalização da branquitude e reprovação de suas manifestações ilícitas. Muito ao contrário, reafirma o compromisso e a necessidade de assegurar práticas racistas como instrumentos de dominação racial, como condição de sua própria existência. Um Estado racista sobrevive da violência colonizante;

- *Princípio do mal disfarçado de bem*: o confronto eterno e etério do *mal vs. bem* possui fundamentos no pensamento judaico-cristão ocidental que se manifesta no racismo religioso, pregando a demonização e inimização do corpo negro que deve ser catequizado. Assim, busca-se substituir sua *belicosidade ancestral* e potência insurgente pela subserviência e crença ilimitada de que toda violência racial não passa de mera "provação" para a conquista da salvação da alma embranquecida. Essa também é a fonte de reeleituras no sentido mocinho *vs.* bandido que fundamentam o genocídio e a criminalização da raça negra. Esse princípio é fundacional da Igreja Católica[400] (bem como das neopetencostais), da Criminologia racista-positivista, passando pela guerra racista declarada "contra às drogas", sem esquecer a defesa dos "cidadãos de bem";[401]

- *Princípio da finalidade ou da preservação*: a não penalização da branquitude não tem (ou não tem somente) a função de preservar o seu direito natural de ser racista, bem como os demais direitos atrelados aos pilares da estrutura estatal colonial. Esse princípio volta-se também para a preservação, conservação da ordem racial, por meio da garantia da subcidadania negra, controlando, via Direito Penal, o acesso aos direitos e garantias afrocentradas

---

400 Nunca é demais lembrar que a Igreja Católica foi fundamental para a escravização negra, de modo que não é exagero afirmar que sem ela não haveria escravização.

401 "Cidadão de bem" (*The Good Citizen*") era um informativo do grupo supremacista branco estadunidense Ku Klux Klan (KKK), ainda existente e que espancava, linchava, estuprava, esfolava, enforcava, queimava, assassinava, (dentre muitas outras práticas coloniais), corpos negros, em nome de seu deus e da família tradicional colonial branca. Assim, qualquer semelhança com o ódio racial e as práticas racistas do "cidadão de bem" brasileiro não é, de modo algum, mera coincidência ou exagero.

fundamentais. Assim, ainda há aqui a função de motivação de comportamentos racistas;

- *Princípio do desinteresse racial:* os crimes raciais não ofendem ou lesionam interesses fundamentais de sociedades racista, já que são demostrações inequívocas dos interesses, objetivos e desejos da branquitude. Por isso, a responsabilização de atitudes racista interessam aos povos racializados, violentados e violados historicamente (negro e indígenas). Somente uma parcela muito pequena da branquitude é comprometida, verdadeiramente, com a responsabilização de seus atos – e não se exime das (auto)críticas.

Enquanto tais princípios se orientam à desconstrução do Direito Penal a partir da memória de suas violências, *o direito à identidade negra diaspórica* é sucedâneo de nossa herança ancestral, agenciando, através da resistência negra, epistemologias e aportes filosóficos africanos e afro-brasileiros, saberes vivos e vivenciados nos terreiros. O direito penal antirracista reconstrói, reorienta e redimensiona as encruzas racistas nas quais somos encurralados e empurrados à morte colonial, reivindicando modos de vidas e existências contracoloniais, já que a morada de Exú "nos possibilita a transgressão dos regimes de verdade mantidos pelo colonialismo."[402]

Cruzando passos, saberes, vivências e resistências coletivas, epistemologias negras jurisdicionais são despachadas nas encruzas, ressignificando o corpo e o campo jurídico, pluralizando suas dimensões que confluem para confrontar o racismo dogmatizado.

> O Direito Achado na Encruza se propõe a pensar o Direito e a justiça para além do positivismo legal, da dogmática jurídica e do sistema colonizador e de manutenção dos privilégios sociais e políticos, ou seja, propõe-se a pensar o Direito de maneira mais complexa e mais próxima a realidade social e de luta brasileiras, a partir do loci enunciativo da diáspora africana.[403]

Substituindo o punitivismo e a exclusão, premissas coloniais elementares de sociedades racistas, os caminhos para a *justiça afrodiaspórica* são abertos pela preservação e corporificação da filosofia *ubuntu*. Enquanto seu fundamento, as orientações coletivas ancestrais propiciam a concepção de uma responsabilização inclusiva, incorporando ao quilombismo direitos naturais gestados na diáspora onde a vida negra é

---

402 RUFINO, 2019, p. 18.

403 RAMOS, 2019, p. 34-35.

(re)organizada em termos políticos, jurídicos e sociais, conforme as estipulações de cosmogonias contracoloniais. Durante as *giras* e *xirês*, as manifestações de *Orum* revelam e determinam uma justiça que garante e tutela nosso direito à (re)existência, não limitada às lutas diárias por sobrevivência, mas voltada à vivência plena e bem-viver.

Nesse sentido, os Conselhos ancestrais - instituições afrodiaspóricas que deliberam sobre os rumos e estratégias subversivas diante das (des) ordens racistas - solidificam tribunais onde a ancestralidade é autoridade suprema e o genocídio negro condenado. Assim, Themis (que tem seus olhos vendados porque voltada à direção correta, assim, ela pode desferir golpes à vontade na certeza de não atingir quem não deve) é destituída e deslegitimada pela (re)produção e exploração do epistemicídio que certifica a supremacia branca no campo jurídico, atributos do modelo de (in)justiça racial cujas decisões pronunciarão sempre mais racismo, sempre mais mortes negras, por necessidades vitais de manutenção da estrutura e garantia de perpetuação dos direitos coloniais.

Insurgindo-se contra a juridicidade branca que consolida e emoldura diversas manifestações do sistema de controle racial, formais ou informais, a demanda por resgate e reconhecimento de fontes jurídicas ancestrais, verdadeiros candeeiros antijurídicos (que iluminam e expõem o racismo dogmatizado e sua imparcialidade, sinônimo de genocídio), é arriada em terreno antinegro sob clamores de seu potencial de combustão para a construção de um ordenamento que incendeie as *plantation's* jurídicas.[404] Limpando a propriedade colonial(izante) que descredibiliza epistemes de matriz africana a título de primitividade, escravizando-as sob grilhões "civilizatórios", a construção de uma justiça assentada em epistemes afro-brasileiras é anunciada aqui feito o trovão vindo da pedreira, o Palácio da Justeza Afrodiaspórica.

Assim, reclamando minha herança ao poder devastador que transforma palavras em centelhas incandescentes no combate às injustiças raciais, Xangô, o guardião do ordenamento jurídico *orunico,* é invocado a bradar sentenças implosivas, forjadas no magma da resistência que amalgama lutas coletivas pela liberdade. Sua presença é (pre)sentida e se manifesta pelas luzes ancestrais que iluminam a razão negra indolente, legado que sustenta uma justiça regida pelo *Obá* (rei) de *Oyó*.

---

404 SIMAS; RUFINO, 2018

Mestre Didi e Juana Elbein dos Santos ensinam que Xangô (Ṣàngó) é princípio civilizatório - assentado na continuidade atemporal que entrelaça axé (àṣẹ) e *arkhé* (que imprime sentidos, força, direção e presença à linguagem contracolonial) - , estruturador político e detentor do poder de realização que traz consigo a concretude e plenitude do devir da humanidade; pode ser violência incontrolável, impulso destrutivo, mas também é sociabilidade, criatividade e amorosidade reconstrutora de algo totalmente novo, pois é:

> [...] baluarte e esperança, está nos altares, nos peji, nos odù, nas danças, cantos e invocações. Está no âmago, na emoção do consciente e do inconsciente do egbé, na continuidade atemporal da comunalidade, na poética essência do povo. [...] Para quem é testemunha e participante privilegiada[o], escrever sobre Ṣàngó não é apenas um exercício acadêmico. É acreditar na utopia de que o ser humano é viável.[405]

Tendo a sociedade *yorubá* como característica e base de seus processos de sociabilização a oralidade (valor civilizatório africano), a palavra é essência e instrumento de compartilhamento da força vital (axé) que sustenta (também no sentido de alimento) a vida em suas dimensões. É também princípio da lei ancestral que institui e consolida o Código Moral do qual Xangô é o guardião. Por isso, a verdade é princípio *yorubá* constitucional, a mentira (essência do *epistemicídio* e *semiocídio*) é sua grande inimiga e o mentiroso um transgressor perigoso por deformar, invalidar e anular os preceitos sociais que estruturam e protegem a coletividade e suas relações harmônicas, internas e externas.

O poder responsabilizante e pedagógico de Xangô sobre o mentiroso é evidenciado por Sidnei Nogueira ao lecionar sobre sua epistemologia, que assim se fundamenta:

> 1) *Ori ni òdodo ti gbé* – É sobre a cabeça que se carrega a justiça;
> 2) *Òkúta ni agbara rẹ* – A rocha é sua força. Ṣàngó é o amálgama, a aglutinação, a fusão por meio da equidade; no interior da rocha, tudo se torna igualmente rocha;
> 3) *A gamela de Ṣàngó é seu reino de Oió* – A gamela de Ṣàngó é uma metáfora ao seu reino de Oió, onde cada Edun Ará e demais rochas acomodadas representam uma família edificada e protegida por sua justiça;
> 4) *Ọba da ina pẹlu awọn egingun èké* – Ṣàngó faz fogueira com os ossos do mentiroso. Um dos maiores Éèwọ de Ṣàngó é a mentira, não a morte. Ṣàngó pune severamente o mentiroso e depois se afasta. Ṣàngó tem respeito pela morte e asco pela mentira e pelo mentiroso; e,

---

405 SANTOS; SANTOS, 2016, p. 74.

5) *Eniti o purǫko ni gba ębǫ àwúre* – O mentiroso não receberá as bençãos da oferenda.[406]

Estruturando sua justiça sobre a cabeça, Xangô faz do homem não apenas seu sustentáculo, mas determina que a justiça só pode ser proferida com a razão – que se assenta no *okan* (coração) e se materializa no *orí* (cabeça). A justiça de Xangô é movida e motivada por forças aglutinatórias que absorvem os impactos do dano causado ao distribuí-lo na tessitura social. Nesse sentido, a responsabilização reverbera na coletividade o *múnus* da assunção da responsabilidade individual (repercussão geral do princípio da verdade), de modo equânime e proporcional, ao promover a conscientização e a reafirmação de valores e ideais, abrindo possibilidades de novos caminhos reparatórios.

Uma sentença produzida e proferida nos moldes do processo de (trans)formação da rocha que sustenta o grande *Obá*, isto é, oriunda do equilíbrio representado no processo de fusão provocado pela lava e de solidificação do amálgama que condensa e finda o movimento de expansão da igualdade que apenas inclui, jamais exclui. Tal processo é manifestado no movimento responsabilizante da fusão que sintetiza o procedimento (fato e razões), da qual a sentença (solidificação) é resultante.

Assim, resplandeço e (re)potencializo a juridicidade quilombista através de um complexo e sofisticado sistema de racionalidade. A verdade é exposta a golpes de *Oxês* (machados de lâminas duplas que representam esse modelo de justeza), deixando transparecer, de modo inquestionável e irremediável, as práticas racistas e antinegras escamoteadas em discursos falaciosos e (des)igualizantes. Expressando fatores que operam no momento do ato judicante – isto é, equilíbrio, imparcialidade, e ponderações – diante das demandas jurídicas, já que não se voltam apenas em uma direção, os *Oxês* são o símbolo da justiça de Xangô, sopesando, em cada lâmina, as questões/razões relacionadas aos fatos.

É o *Alafim de Oyó* a autoridade máxima em termos judicantes em diáspora. Senhor da razão aglutinante e rigoroso diante de infrações, seu poder ilimitado jamais se manifesta injustamente, de modo desproporcional ou desgovernado, pois, mesmo em sua realeza, o "*senhor do fogo oculto*" se prostra à razão e reverencia o discernimento e a razoabilidade entre os danos causados e suas decisões. Estas são conduzidas

---

406 NOGUEIRA, 2021.

pela sabedoria ancestral vinda de Oxalá, ensinando que todo processo deve ser diligente, mormente por traçar destinos de vidas (e não números, incorporação da objetificação colonial). Assim, Xangô, sabedor que poder sem prudência é autoritarismo e que caminhar também é marchar, inviabiliza qualquer sinal de tirania em seus julgamentos. Condenando ou absolvendo, sempre julgará com equilíbrio, buscando a resolução, sem renegar qualquer humanidade.

Essa postura é demonstrada em um de seus *itans*, que nos conta que, em uma determinada guerra, Xangô se viu diante de um inimigo que tinha como ordem imperativa a aniquilação de seu exército. Assim, cada soldado que tombava, não era feito prisioneiro, mas barbaramente assassinado e destroçado. Um a um, os soldados de Xangô foram sendo vencidos e, ao final de seguidas batalhas, seus corpos mutilados formaram uma pilha no pé da montanha, de onde ele tudo acompanhava. O genocídio de seu povo e as atrocidades contra seus guerreiros provocaram a ira do grande *Obá* que, com fúria, brandiu seus *Oxês* na pedra onde estava, provocando fagulhas que logo se transfiguraram em raios, caindo, sem clemência, feito chuva sobre seus inimigos.

Ao final daquela guerra, os comandantes de seu exército clamavam por vingança e desejavam que os inimigos sobreviventes tivessem o mesmo tratamento que seus guerreiros tiveram. Xangô, no entanto, consciente de que os soldados inimigos apenas cumpriram ordens, proferiu uma sentença de caráter retributivo dirigida apenas a seus líderes, punidos com a condenação traduzida na tenacidade de relâmpagos, enquanto os soldados sobreviventes foram responsabilizados consoante suas ações e decisões. Nesses termos, como eles não tiveram escolha, a não ser cumprir ordens, sob pena de serem, eles próprios, mortos, os antigos inimigos foram libertos e, maravilhados com o veredito de Xangô, formatado na equanimidade, probidade e dignidade que concretizam uma segurança jurídica inabalável, passaram a segui-lo.

O Orixá guerreiro aniquila injustiças através de seu compromisso inarredável com a verdade desferida por seus *Oxês*. Por isso, é cediço que se deve pedir *maleme*[407] e clamar a misericórdia de Xangô (o que não significa, em absoluto, ausência de responsabilização), pois, ao pedirmos sua justiça, seremos também cobrados por nossos atos, falhas e mentiras. "Quem deve, paga, quem merece recebe", diz um provér-

---

407 Perdão, piedade.

bio *yorubá* que sintetiza a representação dos machados empunhadas por Xangô, que atua orientado por justeza, não por medo da lâmina voltada contra si, mas por reconhecer na lei do pertencimento a razão responsabilizante, decretando que uma justiça inclinada, pré-determinada apenas para um lado, expressa somente a injustiça!

De acordo com as lições de Ildásio Taváres, os dois *Oxês* expressam as oscilações, dicotomias e ambivalências envoltas em julgamentos, resolvendo os conflitos polarizados sem jamais sectarizar, buscando a conciliação entre o *inocente* x *culpado, bem* x *mal*:

> Símbolo supremo de vida, de realeza do negro, de luta, de tenacidade e de erotismo Xangô, sem dúvida, figura como o intenso fogo que alimentou a resistência escrava, que aqueceu, que temperou, que vivificou e solidificou a coesão negra [...], energia incontrolável do magma que, reprimido por camadas e camadas de terra, um dia rebenta num terremoto, eclode como vulcão, como haveria de eclodir o negro brasileiro um dia, apesar da repressão.[408]

Orientação à (re)conciliação que reflete as disposições e práticas decorrentes e lastreadas pela lei do pertencimento que fundamenta relações horizontalizadas (manifestadas nas rodas que representam a circularidade – outro valor civilizatório africano), que inclui Xangô e ordena sua justiça, fazendo com que a pessoa condenada reencontre o sentido bom de sua existência, o caminho de sua natureza.[409] Executando a resolução entre direções opostas e conflituosas, simbolizadas nos *Oxês*, signos da geminialidade e sinônimo da dualidade encrustada em nossa humanidade (o homem como ponto de equilíbrio entre suas facetas, boa e má), Xangô enfatiza as possibilidades simétricas ou assimétricas inerentes em nossas relações sociais.

Expressão do processo responsabilizante afrodiaspórico, a dualidade como característica humana impõe, sem muita dificuldade, a negação de ideais que circulam sobre certezas ou, no caso de nosso sistema de injustiça racial, uma verdade absoluta que motiva grande parte dos integrantes de todas as agências de controle, sejam formais ou informais. Assim, os princípios da diferença, da não outrificação por posições/pensamentos opostos e da individualidade (não do individualis-

---

408 TAVARES, 2002, p. 68-69.

409 Essa característica humana é expressa na *Canção dos Homens*. YOUTUBE. Canção dos homens. Canal Talita Losan, 2015. Disponível em: https://www.youtube.com/watch?v=5D9ZOaOArj0. Acesso em: 22 jul. 2022.

mo) estão tutelados juridicamente, fundamentos de uma democracia afro-brasileira.

Ivan da Silva Poli ensina que os *Oxês* (dois machados simétricos, de lâminas duplas e sustentado no homem, estabelecendo a humanidade como centro de sua justeza, ou com dois gêmeos – um em cada lado abaixo de suas lâminas),[410] demonstram a concepção de um poder que não é baseado em relações de opressão, submissão e violências, pois fundamentado na ancestralidade que determina o (res)estabelecimento do equilíbrio no reencontro, alianças entre opostos, ou seja, vínculos conciliatórios.

> Os gêmeos, ou a simetria do homem que se encontra no centro do oxé, pode representar também o equilíbrio existente (ou ideal, que deveria existir) no poder duplo que se instalou em Oyó entre os Ala fins a partir de Xangô (que também tinha origem materna em invasores dos povos nupe e ba ribá) e a sociedade Ogboni, que era o conselho popular que representava o poder do povo autóctone descendente somente do ancestral mítico de llê I fé (Odudua). Em outro contexto, segundo estes critérios criados pelo princípio da gemelaridade e simetria, o oxé de Xangô simbolicamente também representa o equilíbrio do poder duplo do rei divinizado pelo Orum (o Alafim) e a sociedade Ogboni, que representava o poder terreno (doAiê). Outro fato relevante é que o próprio Oraniã (avô de Xangô e primeiro Alafim) tem a pele simetricamente pintada de branco e preto, o que já prenunciava este conceito de poder duplo de Oyó em harmonia, legitimado na figura do próprio ancestral mítico.[411]

Um dos principais pressupostos para a construção de um direito responsabilizante afrodiaspórico, estabelecido e extraído do arcabouço jurídico *orunico*, é o princípio da não polarização entre bem e mal, tendo em vista que o próprio sentido da vida humana é a possibilidade de ser bem e/ou mal, característica criada por Exú,[412] compartilhada conosco pelas trocas diárias, e ordenada por Xangô, concepção muito distinta da ideia colonial/racista hipócrita que autoriza a autoidentificação como *bem*, etiquetando seus *outrificados* como *mal*. Nesse sentido, importa dizer, ainda, que a liberdade de ser decorre de escolhas atreladas ao livre arbítrio, que é respeitado por *Olorum*, não havendo qualquer "punição

---

410 Por isso Xangô é conhecido como "Senhor dos Gêmeos". Importa salientar que o nascimento de gêmeos em sociedades africanas possui significado distinto, representando bons e maus presságios.

411 POLI, 2019, p. 40.

412 GÓES, 2020, p. 90-112.

divina" por manifestações de vontade, seja qual for sua inclinação, apenas responsabilização.[413]

Em sua jurisdição, segundo seus *itans*, não é a vingança ou a retribuição do mal pelo mal que comanda suas ordens, mas um sentimento cingido na probidade e equidade – princípios que são exigidos de um rei –, preceitos que regem a justiça afrodiaspórica, desprezando e abominando a possibilidade de haver qualquer tipo de seletividade. Nessa cosmopercepção de justiça, nem mesmo Xangô foi isento/imunizado; a sanção responsabilizante recaiu sobre o próprio *Obá iná* (rei do fogo) quando, seduzido e deslumbrado com seus poderes, lançou raios que destruíram a cidade de *Oyó*, matando uma parcela de sua população, seus súditos.[414]

A desolação invade e transborda o corpo humano de Xangô, a vaidade – imponente e orgulhosamente expressada como característica relacionada à sua realeza – é substituída pela vergonha, acometido e consumido por um profundo *banzo,* já não havia motivos para continuar em *Aiyê.* O arrependimento foi a motivação da sentença da morte física e a redenção obrigou o Rei de *Oyó* a cumprir sua ordem. Foi assim que, ao reconhecer que a desistência de sua existência terrena era o caminho a seguir, Xangô se libertou de seu *ará*, retomando sua forma essencial e retornando à massa originária. Enquanto Orixá volta ao *Orum*, retorno que seus inimigos se apressam a definir como morte, porém, "o rei não se enforcou" (*Obá ko so*), não morreu e nem poderia; também não sumiu no chão, pois o buraco que marcou o local da partida do grande *Obá* resultou do relâmpago que retrata o movimento de regresso.

A justiça afrodiaspórica regida por Xangô é organizada a partir do princípio da responsabilidade (com)partilhada, pois o desvio em muitas sociedades africanas representa uma falha coletiva (ao contrário de sociedades colonizadas que entendem como "erro"), portanto, não exclusiva do indivíduo. Dessa maneira, a responsabilidade não pode ser jogada somente sobre a pessoa que se desviou de sua natureza; ela não pode ser simplesmente punida (muito menos com fúria vingativa), sem que também a coletividade não reveja sua postura, relação, deveres e cuidados com aquela pessoa (*múnus coletivo*). Dito de outro modo, o desvio é momento de reflexão, do indivíduo e da coletividade, possibi-

---

413 OGBEBARA, 2018, p. 54.

414 PRANDI, 2001, p. 245 e 260.

litando (re)avaliação, aprimoramento e evolução, em vários sentidos, de valores, além da (re)afirmação de seus laços.

Isso significa que o ideário punitivo estruturado sobre a culpa individual(izada) é extirpado do código ancestral de Xangô que, apesar de sua nobreza, é parte da coletividade, impedindo a ilusão de uma "verdade real", pois não busca absolutismos. Daí o comedimento e responsabilidade que recai sobre ele mesmo em seus julgamentos – não sendo a ameaça de uma das lâminas do Oxê o único fator levado em consideração. Isto é, não se trata apenas de receio, mas de respeito, de zelo, princípios que se entrecruzam nesse modal judicante contracolonial que rechaça a culpabilidade de cariz cristã, responsável por atrelar salvação a remissão.

Na sistemática colonial punitivista, o ato de culpar se projeta em termos de expiação por meio da violência, sob a qual subjaz o arrependimento, fator de ponderação no momento das sentenças judiciais (e cuja ausência, não observação, ou entendimento de falsidade pela/o julgador/a significa a manifestação da natureza maléfica/delinquencial). A dor produzida pela expiação, exigida pela sociedade, é a materialização do terror que é sua base e elo, servindo para reforçar o pacto eterno com Deus que sabe, vê, ouve, julga e condena "tudo e todos". Aquele que contraria seus mandamentos deve ser severamente punido, sobretudo pelo "mau exemplo", legitimando, assim, punições rigorosas e sem proporção com o desvio pela afronta às normas.

O modelo de justiça afrodiaspórico não é, de modo algum, patriarcal, machista ou falocêntrico. Muito ao contrário, pois sua lógica só encontra sentido e completude na presença de Oyá (chamada por Xangô de Iansã pois ela era tão linda e radiante quanto o entardecer), com quem Xangô possui uma relação de complementariedade e (inter)dependência. É que, a depender da intensidade, desejo e presença de Iansã (se brisa suave ou tornado), uma pequena centelha pode ser transformada um em incontrolável incêndio, ou o processo inverso, quando Iansã representa a razão que aplaca, apazigua e acalma as chamas de Xangô.

Quando Xangô é seduzido pelo egoísmo em deter o poder do fogo com exclusividade, Oyá lhe ensina que, sem partilha, o conhecimento se transforma em dominação, violência e injustiça. Essa lição é ilustrada pelo *itan* no qual Xangô pede para Iansã buscar para ele um preparo em terras vizinhas que, após ser ingerido, lhe permitiria lançar chamas pela boca e ela foi em busca da poção. Entretanto, ao ter em suas mãos o poder do fogo, Oyá desobedece às instruções e engole um pouco do pó, se tornando a única mulher a dominar o fogo. Xangô, ao saber que o poder das chamas não era só seu, ficou furioso, mas logo entendeu que sem dividir suas conquistas com Oyá, ele jamais seria Xangô.

A razão negra é gestada e parida pelas mulheres negras, que nos ensinam o significado de nossa existência, o sentido e os caminhos do bem viver, cabendo a nós, homens negros, rompermos as prisões coloniais-patriarcais que nos imobilizam enquanto corpo-coletivo, quebram os vínculos coletivos – extirpando o afeto, forja de elos inquebrantáveis –, substituídos pelo individualismo que demanda opressão, uma dinâmica colonial que nós reproduzimos. Sem possibilitar acesso equânime às mulheres negras, o homem negro jamais será detentor de qualquer poder legítimo, eis que tal poder, consentido na exata medida para nos dominar, apenas expressará a violência branca machista responsável por assegurar o orgulho antinegro em açoitar e violar mulheres negras.

É com Oyá, portanto, que Xangô compartilha seus domínios elementares (fogo e raios), o poder das palavras incandescentes, o trono do Palácio da Justiça e sua vida, já que é em Iansã que Xangô encontra segurança para guerrear ou se desarmar e se despir de toda armadura, encontrando em seu colo proteção, acalanto e dengo, podendo ser, então, o Rei de *Oyó* ou o Xangô-menino. Oyá é sua companheira inseparável não só nas batalhas, haja vista que, quando Xangô cumpriu sua sentença, ela decidiu também abandonar seu *ará* para ficar ao lado do *Alafim* em *Orum*, foi quando ele percebeu o tamanho do amor de sua Iansã e que, quando a *gira*[415] gira, não é qualquer um/a que suporta.

Desde então, o ensinamento virou fundamento e os laços comunitários, transmitidos pela socialização, caracterizam um valor civilizatório africano responsável pela formação de personalidades voltadas à segurança da coletividade e construção de um humanismo que "[...] revela que a sociedade propõe a superação, pela consciência da realidade

---

415 *Gira*, aqui, não se refere às sessões ou reuniões da Umbanda, mas à filosofia de quintal, cantada nas rodas de samba e encontrada no samba *Quando a gira girou*, composição de Claudinho Guimarães, que ficou conhecida na voz de Zeca Pagodinho, mas que pode ser ouvida na voz do compositor no álbum *Quintal do Pagodinho 3*. Para entender o contexto proposto, acesse: YOUTUBE. Claudinho Guimarães - Quando A Gira Girou. Canal Zeca Pagodinho, 2015. Disponível em: https://www.youtube.com/watch?v=dTq4_yy3J_0. Acesso em: 22 jul. 2022.

existencial, das limitações materiais e instrumentais, harmonizando o homem com as práticas sociais suficientes."[416] Saberes que estão presentes na justiça declarada nos domínios de Xangô, pois consciente de que a razão provem, em verdade, do coração, não busca-se uma (impossível) isenção dos sentimentos humanos e sentidos humanitários. Por isso há mais facilidade em reconstituir os laços que são alinhavados com afeto, o que não pode ser confundido com ausência de rigor na responsabilização.

Incarnando a própria liberdade por se manifestar no vento, Oyá muda, radicalmente, os rumos judicantes, pois, como lecionam Lívia Sant'Anna Vaz e Chiara Ramos:

> Com um olhar atento e empático, a Orixá da Justiça empunha sua espada para abrir caminhos rumo à igualdade na diferença e, consequentemente, na própria realização da Justiça. Oyá guerreia pela liberdade de ser diferente. E é essa diferença que deve estar na balança da justiça na hora da decisão. Se a magistratura brasileira se entende como escrava da lei, pois considere o que diz a lei maior, a Constituição da República Federativa do Brasil, que estabelece o pluralismo como princípio fundamental e a luta contra o racismo e todas as demais formas de discriminação como objetivo a ser alcançado por TODOS os órgãos da República.[417]

Devastando os planos práticos e conceituais de justiça branca e ampliando seus limites, Iansã mostra que o fundamento da liberdade negra são as mulheres negras, manifestação de nossas raízes, gestoras de nossa civilidade e protetoras do ser-negro. Isso significa que, sem a participação efetiva delas e em seus termos, teremos apenas outra tentativa de controle racial, através do apagamento e silenciamento de vozes negras, por intermédio também dos homens negros cooptados, corrompidos e comprometidos com a tutela da branquitude.

Embasada no quilombismo como modelo estruturante de uma democracia pluriversal e em filosofias (rea)firmadas por nossa ancestralidade, a justiça afrodiaspórica não se dicotomiza ou se divide por gêneros, ou qualquer outra forma hierarquizante, sinônimo de outrificação. Ela não segue, por óbvio, a lógica dicotômica ocidental instituída e oficializada pela ideologia cristã, um *contra-axé* que se volta para o rompimento dos nossos elos existenciais, a interrupção do movimento circular fundante do comunitarismo e o impedimento da partilha de saberes e do próprio

---

416 LEITE, 1995, p. 108.

417 RAMOS; VAZ, 2021, n.p.

axé. Assim, não se pode conceber que tal modelo de sistema de justiça contracolonial seja entendido como sistemas apartados, uma justiça de Oyá ou uma justiça de Xangô.

Tal pensamento, embebido na (ir)racionalidade colonial, motivado e voltado à disputa, e, portanto, ao conflito, não permite que a primazia da complementariedade demonstre como a questão de justiça é, sobretudo, uma questão coletiva. Como princípio fundamental afrodiaspórico, a complementariedade forja os elos de um amor ancestral que conduz, independentemente do caminho escolhido, à (re)conexão e interdependência entre Xangô e Oyá, eis que ambos sabem que inexiste justiça no individualismo e *orientam* a reparação de vínculos fissurados, através da força de uma união mais que perfeita e que, por isso, é indissolúvel mesmo pelo tempo ou espaço.

A justiça representada e pronunciada pelo *casal do dendê* se manifesta no fervor da reciprocidade, no zelo, na proteção mútua, na extensão do ser que se reconhece no outro não outrificável, mas como quem se percebe diante de si, no dengo que repele qualquer opressão, se fazendo libertação, declamando e concretizando *ubuntu*. Lívia Sant'Anna Vaz e Chiara Ramos, iluminando as sombras epistemicidas jurídicas e arrasando áreas nas quais apenas brotam dogmas colonizantes (arrancados pela raiz), lecionam sobre as vinculações entre compartilhamento de saberes e poderes-afeto, reciprocidade e multipotencialidade ancestrais, heranças de Oyá, que rompe com violências e subjugações coloniais/racistas/patriarcais, ao partilhar com Xangô o "trono da *justiça afrodiaspórica pluriversal*".[418]

Sobre um modelo de justiça representado e regido por Xangô, construído, portanto, na lei do pertencimento, Lívia Sant'Anna Vaz e Chiara Ramos estabelecem:

> A justiça de Xangô não cabe numa cosmovisão ocidental/colonial. Ela enxerga, ouve, fala, sente e, a partir dessa cosmopercepção, julga conforme a lei do pertencimento. Xangô distribui com equidade e decide com esteio na pluriversalidade, como membro integrante da sua comunidade. Ele não precisa de esforços hercúleos para fazer justiça, não julga de cima para baixo, porque sabe que é parte da sua coletividade, que também o compõe. Sendo assim, Xangô julga em roda com seus pares – o que em nada prejudica a sua missão e o seu poder de decisão –, posição que lhe permite enxergar as interseccionalidades, tornando-o apto para julgar com justiça e justeza.

---

418 VAZ; RAMOS, 2021, p. 276.

Não há, portanto, espaço para outrificação na justiça de Xangô que, sabedor da sua missão cármica, não se esquiva da sua responsabilidade, sendo ele próprio alvo da sua justiça. Por isso mesmo, quando julga, o faz sob a lâmina afiada do seu próprio machado. Ao empunhá-lo e erguê-lo para julgar injustamente, seria ele o primeiro a ser degolado pelo gume certeiro apontado para o seu pescoço.

A missão cármica de Xangô nos remete ao julgamento com responsabilidade; à capacidade de julgar seus pares e, portanto, de enxergar-se como parte da comunidade. Por isso, ele julga como se estivesse julgando a si próprio. O seu machado de dois gumes sintetiza em si a lei do retorno, segundo a qual aquela/e que julga será também alvo de julgamento pelas injustiças que comete ao julgar. Ao pensarmos a justiça de Xangô, questionamos se a magistratura brasileira está preparada para julgar sob a mira da lâmina do oxé.[419]

Considerando todas as violências que se aglutinam e são materializadas por nossa justiça, e lembrando do conflito estampado no 4º mandamento do advogado, inscrito pelo jurista uruguaio Eduardo Juan Couture Etcheverry,[420] risco outro ponto *jusquilombista:* se nossa justiça é instituída e formatada por um Direito Penal colonial/racista, temos então, em verdade, um sistema de injustiça racial perfeitamente harmônico e livre de conflitos, já que relaciona teorias brancas e práticas antinegras (mantidas mesmo quando as teorias são antirracistas).

Assim, pergunto a você: qual é/será sua postura diante dessa justiça "universal" que se consolida e se perpetua através de um Direito Penal necropolítico, genocida, feminicida (principalmente de mulheres negras), epistemicida, semiocida, branqueante, assimilacionista, instrumento de anulação, dominação, opressão, silenciamento e apagamento?

Qual é, afinal, seu dever perante esse Direito e a justiça de Themis? Qual é seu compromisso em relação ao sistema de injustiça que tutela a branquitude e que, de uma maneira ou de outra, você também integra? Continuar manuseando saberes coloniais e colonizantes? Lutando pela conservação da estrutura epistêmica e jurídica branca em proteger o

---

419 VAZ; RAMOS, 2021, p. 282.

420 Jamais esquecerei a primeira vez que ouvi o ensinamento: minha formatura. A graduação do primeiro filho, dentre seis, de uma família negra, pobre, moradora de um dos morros de Florianópolis/SC, que ingressou e concluiu o curso de Direito, em uma universidade particular, graças ao PROUNI (*Programa Universidade Para Todos*). A lição, não restrita à advocacia, diz: *"Teu dever é lutar pelo Direito, mas no dia em que encontrares em conflito o direito e a justiça, luta pela justiça."*

monopólio e exclusividade da branquitude em dizer o que é direito, qual seu conteúdo, limites, interpretações válidas e legítimas, e quem, afinal, tem direito a ter direitos nesse país?

Ou nós construímos, de forma coletiva, uma democracia plurirracial que tenha como pilar um sistema de justiça que tutele e fomente a pluriversalidade, bem como as múltiplas cosmopercepções que se entrecruzam de forma complementar, repercutindo o direito fundamental à igualdade em sermos e existirmos em nossas diferenças, ou continuaremos a ser o que sempre fomos: uma democracia antinegra. E, nesse conflito, não há conciliação possível; ou se está do lado do Quilombo (e se aquilomba para conquistar a sua liberdade também) ou da Casa Grande (lutando pela reforma e ampliação de senzalas, nas quais você também está acorrentado). De que lado você está?

WO NSA DA MU A

Democracia

Saudades das Tuas noites
fogueiras que eu não vivi
Palmares, Estado Negro...
(vivo pensando em ti)
Como não estar
Na podridão do Mangue
nas ratazanas da zona
na multidão de bucetas infectas
como não estar no barulho da britadeira
Na comida azeda na marmita fria
como não estar na fome do meu filho
Já nascido com jeito de morte
como não estar no lixo das madames
no cheiro da gordura da pia
nas bostas dos barões boiando na latrina
como não estar no trem lotado, no barraco caindo
No camburão na porrada nos dentes
no lodo do fundo de cada cela
Como, se tudo isso sou eu?
Quilombos, meus sonhos
sofro de uma insônia eterna de viver vocês
Vivo da certeza de renascê-los amanhã,
Se um distinto senhor vier me dizer
para não pensar nessas coisas
vou ter de matá-lo
com um certo prazer.
Por menos que conte a história
Não te esqueço meu povo
Se Palmares não vive mais
Faremos Palmares de novo.

José Carlos Limeira, **Quilombos**

CONSIDERAÇÕES INFINDÁVEIS

É necessário não esperar mudanças a partir do sistema, mas sim começar a mudança a partir de nós mesmos enquanto educadores, nos questionando, principalmente, quando se é um descendente de africano. Quanto podemos contribuir para que o ser humano negro ou negro-mestiço resgate sua auto-estima, o gostar de ser negro, o não ter vergonha de ser negro, o não querer ser aquilo que ele nunca vai ser – branco! É preciso não ter vergonha de suas origens e ir em busca da história que ainda não foi escrita [...] dos valores que precisam ser resgatados no sentido da construção de um mundo futuro, com justiça, equilíbrio e harmonia em face de suas diversidades étnicas, culturais e sociais; isso tem que começar a partir o lugar em que estamos no mundo.

Makota Valdina Pinto, *Meu Caminhar, Meu Viver*

Da seletividade racial à imunidade racista, o Direito Penal demonstra a eficácia e funcionalidade pragmática do sistema de controle que tutela a arquitetônica racista e o *apartheid* à brasileira. Decorrente das regras que conjugam o realismo marginal racial, caracterizado pelo genocídio e punitivismo antinegros e a não criminalização branca, resta evidente que nossa democracia é racista (principalmente agora, em tempos de pós-democracia racial) e (re)produz um arcabouço jurídico colonizante que, assim como suas matrizes eurocêntricas, é indefensável!

Essa sentença deriva das análises raciais afrocentradas sobre comportamentos da branquitude a partir das suas reações em relação a suas práticas racistas tipificadas como crimes, isto é, racismo (art. 20 da Lei nº 7.716/89) e injúria racista (art. 140, § 3º, do Código Penal). Manejando a ideologia branca assentada na discursividade apr(e)endida nos locais monocráticos de produção de saber por "excelência", o racismo inominável é reproduzido pela doutrina, amplificando discursos racialmente nulos com fins de petrificação dos lugares ocupados na sistemática penal. Assim, o entendimento supremo sobre a radicalidade e complexidade das tramas raciais que instituem a branquitude são desprezadas, declarando a extinção do racismo brasileiro com a mentira jurídica da abolição, sem qualquer influência em nossa realidade cotidiana.

Problematizando a (quase) ausência de condenações por crimes raciais, contraposta à hegemonia branca dogmatizada, justificadora da costumeira desqualificação do racismo para injúria racista (quando muito), (a)firmo que as diferenças entre os tipos penais (reproduzidas incansavelmente até ganharem o *status* de verdade), são estratégias jurídicas que descriminalizam, na prática, manifestações racistas, seja por ação ou omissão, legitimando o racismo antinegro por meio da farsa da prevenção geral negativa.

Nesses termos, a inversão do direito de punir se mostra como um direito da branquitude à não acusação/responsabilização, esvaziando a tutela constitucional que aponta para um direito à não desumanização da negritude, que tem seus limites demarcados pelas cláusulas necropolíticas do Contrato Racial. O "combate" à prática do racismo se manifesta em sentido contrário, como um anticombate legalizado, mantendo inalterado o peso racista determinante na balança da injustiça de Themis que pende, quase sempre, para a absolvição da branquitude e condenação dos corpos negros à violência estrutural sistemática.

Aqui exponho o (anti)Direito Penal Antirracista para a conscientização do monopólio branco sobre fontes, conteúdo, parâmetros e limites jurídicos de um sistema de (in)justiça colonial, deslegitimando sua razão fundante, através da denúncia do epistemicídio que faz do Direito Penal também um instrumento de controle informal. Esse arcabouço jurídico é resultado de um saber filosófico racista, que inferioriza e primitiviza outros saberes a ponto de ignorá-los enquanto conhecimentos válidos, mantendo a dependência em relação a conhecimentos colonizantes, utilizados como armas universais em prol do conservadorismo racial.

No campo do acesso à justiça através do sistema punitivo, suas respostas perante manifestações racistas demonstram que a única segurança jurídica que o povo negro pode esperar é a que tutela a branquitude, evidenciando um sistema de injustiça racial que não fornecerá nenhuma solução para combater o racismo que não reforce o próprio racismo. É aqui que risco o ponto abolicionista afrocentrado, o único manuseio possível do Direito Penal (cuja crise congênita expõe sua falácia e falência, tornando-o um *embuste penal*),[421] é o desmascaramento de seu racismo ontológico que programa a seletividade racial, resultando em necropolítica, genocídio, semiocídio e epistemicídio e encarceramento.

Assim, confrontando esse Direito Penal antinegro, a invocação do direito a ter direitos do povo negro e, portanto, de bens cuja relevância é ignorada pela estrutura monopolizada pela branquitude (e, por conseguinte, para ela) é uma estratégia para demonstrar sua natureza colonial e seus estreitos limites excludentes. Evidencio, nesse sentido, a necessidade urgente da construção de um sistema de responsabilização que seja eficaz e efetivo no combate ao racismo, em toda sua amplitude, único caminho para uma democracia verdadeira, eis que, uma democracia monocromática será sempre uma fachada para o autoritarismo branco (modernização da monarquia escravagista).

Quando falo em não enfrentamento do racismo não significa que as tensões raciais foram esquecidas no Brasil. Muito pelo contrário, já que o silenciamento e negação do racismo, e suas inúmeras consequências, denotam que o problema nunca foi o racismo antinegro, mas a própria negritude, cuja solução foi o projeto de embranquecimento. Capturando corpos e almas moldadas à resignação e esfacelamento de seu legado ancestral, neutraliza-se seu potencial emancipatório, sua politização subversiva, na tentativa de apagar fagulhas que podem ensejar uma nova revolta preta. Tal estratégia da branquitude ainda continua em vigor e funcional.

Ana Luiza Flauzina frisa a importância de se entender a criminalização das práticas racistas enquanto blindagens institucionais, uma vez que, paradoxalmente, as tipificações conferem uma imagem restritiva do racismo em âmbitos privados, isto é, limitadas às manifestações interpessoais, o que finda por imunizar o "sistema de justiça". Por isso o Direito Penal não é percebido como um espaço perpetuador do racismo, apesar de ser gestado e gerido por ele, pois, da mesma forma que o sistema ao qual se integra, não existe Direito Penal sem racismo e por essa razão "a abertura do campo penal não oferece qualquer possibilidade efetiva de quebra das

---

421 ZAFFARONI, 1991, p. 15.

práticas racistas, não as alcança de fato e quando as reconhece dilui o aspecto racial num espectro mais amplo de discriminação".[422]

Ao contrapor os pleitos penais e não penais,[423] Thula Pires evidencia que o objetivo de parcela do movimento negro e da sociedade que apoia a criminalização é a redução e erradicação das desigualdades raciais brasileiras, porém, a tipificação das manifestações racistas, que evoluem e se dinamizam nos exatos termos da sociedade, não é a única forma de dar voz a essa demanda. Assim, Thula questiona: *se a criminalização não é a única forma de contemplar as exigências de respeito e igualdade, por que então, foi exatamente por essa vertente que a elite política brasileira resolveu contemplá-la?*

Ora, se a função primordial do sistema penal é determinar condutas desviantes e quem são as pessoas desviantes, definindo quais vidas merecem respeito e quais são as ameaças e lesões ao bem comum,[424] a branquitude demonstra que as práticas racistas não são desvios. Nos termos da ideologia da branquitude, o desvio comportamental é a insurgência negra, sua irresignação à submissão, à opressão racial. Não sendo a dignidade negra um bem a ser tutelado pelo Estado, por questões lógicas, proteger a dignidade negra é atentar contra a branquitude e seus direitos naturalizados por seu sistema jurídico, cujo objetivo "[...] é negar ao negro a possibilidade de autodefinição, subtraindo-lhe os meios de identidade racial. Embora na realidade social o negro seja discriminado exatamente por causa da sua condição racial e de cor, negam a ele, com fundamentos na lei, o direito de autodefesa."[425]

A criminalização do racismo na dimensão exclusivamente individual/interpessoal é uma estratégia branca para desorganizar e desarmar uma das maiores populações negras do mundo, promovendo uma imagem ilusória de combate e intolerância a essa prática violenta, fazendo da

---

422 FLAUZINA, 2016, p. 78.

423 Elenca a autora: "1) a obrigatoriedade do ensino de história das populações negras na construção de um modelo educacional contra o racismo e a discriminação; 2) a garantia do título de propriedade das terras ocupadas por comunidades quilombolas; 3) a previsão de ações compensatórias relativas à alimentação, transporte, vestuário, acesso ao mercado de trabalho, à educação, à saúde e aos demais direitos sociais; 4) liberdade religiosa; e, 5) a proibição de que o Brasil mantivesse relações com os países que praticassem discriminação e que violassem as Declarações de Direitos Humanos já assinadas e ratificadas pelo país." Cf.: PIRES, 2013, p. 253.

424 PIRES, 2013, p. 223.

425 NASCIMENTO, 2016, p. 94.

pessoa racista "o" problema. Assim, enquanto, gritamos "fogo nos racistas", mirando a execção e não a regra de uma estrutura antinegra, a branquitude, seu sistema de controle e, sobretudo, a Casa Grande, seguem à salvo das chamas das justeza negra.

Considerando que a Criminologia é um saber de encruzilhadas, reside nela um potencial não apenas desordeiro diante das amarrações brancas epistemizadas, mas de criação e multiplicidade de direitos abertos nos passos cruzados por inúmeras trajetórias. Manifesta-se, então, uma dimensão jurídica que é incorporada como agência negra para o acesso a direitos e construção de uma justiça que não apenas reconheça e tutele as demandas de meu povo, mas que se constitua sobre seus saberes.

No ritmo dos atabaques que ressoam no campo jurídico, as batucadas filosóficas afrodiaspóricas anunciam o Direito Penal Antirracista e, com ele, as profundas ligações simbióticas de nosso sistema de (in)justiça com o racismo em suas múltiplas incorporações. É, então, sobre preceitos ancestrais, expressões jurídicas de epistemologias contracoloniais manifestadas pelo *Ser-negro diaspórico*, que a *Constituição Quilombista* desfaz aquele status jurídico de anulação enquanto instrumento colonial de dominação, reclamando a demolição do complexo colonial por meio do (re)conhecimento e (re)construção do(s) mundo(s) sobre nossas raízes e epistemes que traçam um projeto político coletivo e plural desde a ancestralidade refratária à modernidade, eis que não outrificante.

Sendo a encruzilhada ponto de (re)encontros (muitas vezes determinados em *Orum*), onde existências múltiplas são incorporadas, é lá que estabeleço a dimensão cosmológica fundamental na constituição política do povo negro, sujeito coletivo de direitos afrodiaspóricos. É também na encruzilhada que se firmam as bases jurídicas para um modelo de justiça que combata o racismo antinegro através de epistemologias que *denigrem*[426] espaços jus-dogmáticos. Abrem-se caminhos para a disputa de narrativas e conhecimentos não compreendidos nos estreitos limites do binarismo colonial, propondo "pensar o Direito e a justiça para além do positivismo legal, da dogmática jurídica e do sistema colonizador e de manutenção dos privilégios sociais e políticos".[427]

---

426 Etimologicamente, o verbo *denegrir* significa *tornar negro*, revelando o racismo a partir de um sentido pejorativo. Entretanto, como estratégia política de ressignificações, enegrecer é sinônimo de conquista de lugares e promoção de saberes afrocentrados.

427 RAMOS, 2019, p. 17.

Um Direito Penal Antirracista demanda o (re)conhecimento de aportes epistemológicos sistematizados na descolonização (rompimento com o pacto colonial/racista/genocida e comprometimento com a destruição/demolição/implosão de suas estruturas), iniciado pela desconstrução do próprio *ser colonizado* que introjetou o uso da violência como via única para o reconhecimento social e o desejo insaciável de objetificar e se apropriar de tudo alcançável, um processo que pressupõe a desordem mundial para reconstruí-lo a partir da transformação dos coadjuvantes em protagonistas de sua própria história.[428]

Seguindo os passos de quem abriu caminhos para arrebentar as correntes epistemicidas que sustentam o sistema de (in)justiça racial monopolizado pela branquitude, é preciso disputar o campo consciente de que se trata de um jogo de cartas marcadas. Assim, entramos na roda com mandingas jurídicas[429] para evidenciar, ainda mais, os limites narcísicos normativos, dogmáticos e judiciais, reconhecendo a dignidade humana negra desde suas perspectivas e fundamentos, fechando seu corpo epistemológico com a juridicidade devida.

Movimentar a roda (anti)jurídica com princípios e direitos mandingos é assentar as bases para um pluriversalismo jurídico que incorpora práxis circundadas por valores civilizatórios africanos, protegidos em territorialidades reconstruídas, quilombos judicantes que nos convocam a incendiar estruturas antinegras. É preciso, então, estabelecer a reconexão contracolonial que ressignifica todo arcabouço legal a partir da compreensão de suas funções reais e dinâmicas.

---

428 FANON, 1968, p. 26-27.

429 Em terreno racista, *mandinga*, sinônimo de magia negra, possui conotação pejorativa que projeta repulsa, instrumento psicológico colonialista de despotencialização, branqueamento. Na *pedagogia malandreada*, entretanto, a reconceituação é movimento estratégico libertador que inverte investidas epistemicidas em contragolpes antirracistas desconcertantes, na malemolência abusada de um miudinho bem sambado Cf.: GÓES, 2020, p. 104. Assim, *mandinga* aqui faz remessa ao legado do Império Mandinga; à insurgência *malê* (islã em *yorubá*), quando as mandingas (patuás, amuletos, pequenas bolsas de couro) serviam de proteção e continham informações codificadas que transitavam, entre quilombos e senzalas, sobre os levantes; e, à malandragem da capoeira, a magia que fecha o corpo, o jogo que enfeitiça o oponente, distrai e desfere golpes inesperados e inexplicáveis, a experiência que surpreende com os fundamentos da Capoeira Angola que encanta na ginga de quem finge que vai e não vai, e quando se vê, já está voltando; que avança, sem precisar de chão. Enfim, a magia negra que cria estratégias de ataque, que sorri de modo sedutor enquanto dá a rasteira.

Em espaços onde existências e corporeidades destroem prisões coloniais que tentam imobilizá-las através da aplicação de critérios racistas, cientifizados e/ou dogmatizados, a estratégia é a permanente e ininterrupta defesa de modelos genocidas/eurocêntricos como únicos possíveis. É como reage a branquitude diante do invólucro místico afixado sobre modelos afrocêntricos estruturados no *ubuntu* e no comunitarismo, na tentativa de sua descredibilização, invisibilização e inviabilização.

As *filosofias de rodas negras,* que resistiram aos infindáveis ataques epistemicidas, provam com vivências concretas suas validades normativas ao ditarem fundamentos e mobilizações que protegem a dignidade humana negra, sendo fontes jurídicas cujo reconhecimento em diáspora é inquestionável, consolidando um conjunto de conhecimentos que, ao lado dos saberes indígenas, rompem a hegemonia branca e conduz a "[...] novas possibilidades de justiça que se afirmem no horizonte da própria sobrevivência das pessoas envolvidas nesse contexto. Existe um convívio múltiplo de sistemas jurídicos nessas sociedades e é este aspecto que devemos analisar para a afirmação de uma justiça e de um direito de caráter plurijurídico."[430]

Em termos de um modelo de justiça afrodiaspórico, o bem jurídico tutelado é a coletividade, pois a dignidade é reconhecida, *a priori,* em relação ao grupo, de modo que, qualquer lesão ao indivíduo reflete no grupo, e vice-versa. Com efeito, na cosmopercepção de matriz africana, o corpo é sempre plural, representando a coletividade constituída pelo passado, presente e futuro, interconectando os planos imaterial e material, formando laços comunitários fortes entre orixás, ancestrais, humanos e natureza, através da circularidade do axé (força vital), demarcando a inexistência de existências e mundos segregados.[431]

Agenciando, então, princípios negros fundamentais, o Direito Penal Antirracista é mandinga jurídica que movimenta epistemologias ancestrais insurgentes ao invocar Xangô que, ao contrário Themis (perante a qual temos que ter muito cuidado ao pedir justiça já que sob os golpes de sua espada são as nossas cabeças que rolam, enquanto nossos corpos servem de (contra)peso para o (des)equilíbrio de sua balança), observa atentamente nosso realismo marginal racial. Iluminando as injustiças sistêmicas e domínios coloniais com seus raios, o rei de *Oyó* deixa

---

430 SÃO BERNARDO, 2018, p. 63.

431 FLOR DO NASCIMENTO, 2016.

transparecer manifestações racistas escamoteadas nas premissas do Direito Penal que não apenas legitima a violência antinegra do Estado brasileiro, mas concretiza o sonho embranquecedor.

Com suas teorias, princípios fundamentais e direitos universais, a branquitude nos fala em igualdade, mas só vemos desigualdade já que essa igualdade é entre ela e para ela; fala em segurança pública enquanto vivemos o terror racial que nos faz alvos de manifestações genocidas; fala em proteção de bem jurídicos relevantes e nos submete ao epistemicídio e ao memoricídio; fala em dignidade humana, vivenciamos a desumanização; fala em liberdade enquanto luta para nos manter cativa(o)s; fala em civilização, mas testemunhamos a barbárie "humanista" fundada na destruição.

O Direito Penal racista, então, é revelado como o (per)curso da hipocrisia branca, desmascarada por mandamentos insurgentes que se manifestam como golpes de *Oxês*, muito bem *ori*entados diante das mentiras do sistema de (in)justiça. É, portanto, sobre esse sólido solo dogmático, composto por nossos corpos e fertilizado, através dos séculos, com nosso sangue, que a branquitude tenta esconder sua natureza criminosa. A legalização da segurança branca e sua supremacia judicante se operam através dos crimes raciais que ela comete diariamente e, por "omissão", é coautora, ratificando, assim, o pacto narcísico.

Diante do compromisso inarredável com a verdade, o *alafim* da justiça afrodiaspórica, em seu julgamento, nos encarrega de executar sua sentença, determinando e motivando nossa reação através de uma desobediência jurídica afrocentrada, sustentada na pedreira moldada pelo magma que produz fendas no solo dogmático-racista. Xangô incorpora o arcabouço (anti)jurídico imprescindível ao projeto de nação quilombista, decretando um pluralismo jurídico brasileiro, a partir de suas limitações, em consonância com os ditames democráticos pluriversais de Palmares, cumprindo, assim, as disposições constitucionais estabelecidas no art. 9º da Convenção Interamericana contra o Racismo, a Discriminação Racial e Formas Correlatas de Intolerância.[432]

De *Orum* à *Aiyê*, a humanidade é reconduzida pela primazia da coletividade, pertencimento, não-outrificação, autocuidado e cuidados com as crianças, antipatriarcado – demonstrado no matriarcado vivenciado

---

432 "Os Estados Partes comprometem-se a garantir que seus sistemas políticos e jurídicos reflitam adequadamente a diversidade de suas sociedades, a fim de atender às necessidades legítimas de todos os setores da população, de acordo com o alcance desta Convenção."

nos barracões, terreiros, *ilês* e pelo próprio Xangô que divide com Oyá o poder dos raios e tem com ela uma relação de interdependência – e proteção integral do meio-ambiente (morada dos orixás). Epistemologias antigenocidas inerentes à identidade negra diaspórica, descredibilizadas e sentenciadas ao esquecimento por (re)potencializar nossa resistência e alimentar a chama eterna da liberdade, fundamentada na epistemologia do Oxê e outros princípios ancestrais que alteram radicalmente as relações entre existências (i)materiais, já que são opostas às bases do projeto branco de um mundo autofágico, autodestrutível.

Nos pontos afrojurídicos aqui riscados, o Direito Penal Antirracista integra a justiça imparcial e não seletiva de Xangô, que orientado pela busca da justeza – força matriz de julgamentos em rodas que se embasam na igualdade, pertencimento e proteção –, sustenta um modelo de responsabilização pautado na coletividade, conforme o mandamento *ubuntu*. Estabelecido, portanto, como premissa judicante, o modo relacional de pertencimento ao todo (excluindo a estigmatização, a outrificação, a individualidade e o punitivismo que decorre da culpabilidade cristã, fundada na questão de mérito), temos uma responsabilidade no movimento mútuo de deveres. Isto é, não apenas interpessoal ou do indivíduo para com o coletivo, mas da coletividade perante o indivíduo, princípio indispensável para entender o desvio individual como falha coletiva.

Nesses termos, (re)negando o contrato social branco (concretização do pacto narcísico da branquitude e portador de falsas promessas), pensado a partir da exclusão, escravização e desumanização, o direito penal antirracista se assenta em um *Contrato Quilombista* - com força e legitimidade para anular aquele acordo branco. Por ser constituído na liberdade, na possibilidade de experiências plurais da humanidade e no pertencimento a uma coletividade irrestrita é que, manifestando sua essência afrodiaspórica, o *Contrato Quilombista* se expande, abriga e acolhe como roda.

Assim, complemento o projeto de Estado Nacional Quilombista ao (rea)firmar as bases para um arcabouço jurídico desde seus fundamentos, que respeite, cumpra e tutele todos os princípios e propósitos sobre os quais o *Quilombismo* se estabelece,[433] resiste e é projetado como futuro utópico. Não no sentido endeusado pela branquitude, colocado como horizonte que só nos faz caminhar (sem rumo certo e cansar), mas como resgate de uma construção sólida e concreta, que renega o

---

433 NASCIMENTO, 2019, p. 305.

romantismo, pois nossos caminhos nos circundam, se envolvem e se entrelaçam em vivências fundamentadas em *sankofa*.

A herança palmarina se apresenta não apenas como a única expressão verdadeira da nossa democracia, como ensina o preto velho Abdias Nascimento, ou como "berço da nacionalidade brasileira" nas sábias palavras da preta velha Lélia Gonzalez. Deixa também como legado ancestral do Estado negro uma concepção de sociedade multiétnica contracolonial, formada por mocambos que detinham a autonomia necessária para "preservar formas de vida e cosmosensações distintas, mas que passavam a performar – através da busca por liberdade e bem viver – um povo, palmarino/palmarista, quilombola, americano".[434]

A liberdade estrutural constituinte do estado que conciliou modelos e dinâmicas jurídico-políticas que representavam e respeitavam a diversidade de seu povo, entrelaçando soberania e autonomia, me permitem afirmar, mesmo que de modo introdutório[435], que para além de um modelo de democracia multirracial, Palmares foi a semente de um projeto de estado democrático e plurinacional, cujo crescimento e florescimento foram interrompidos, mas nunca destruídos, pela branquitude.

Sejamos nós, os Oxês do grande *Obá*, executoras/es da sentença condenatória antirracista que cairá como um raio sobre o sistema de justiça racista. Façamos do Direito Penal Antirracista fundamento de uma sociedade comprometida com a liberdade ao (con)firmar o *Contrato Quilombista* que abre caminhos para o resgate e retomada da herança de Palmares, e constituição de um plurinacionalismo brasileiro, a exemplo de outros estados *amefricanos*, construção coletiva somente possível de mãos dadas com os povos indígenas.

Cumpra-se sua decisão quilombista, pois estamos arrancando nossos anéis das mãos brancas e, a cada dia em maior número, aos pés de Xangô, cumprindo a profecia negra de Mãe Aninha.

KAÔ, KABIESILE!

---

434 PIRES, 2021, p. 307.

435 Retornando ao início do livro, confirmo sua gênese exúnica infinalizável que será retomada na minha tese de doutorado, onde desenvolverei melhor, e mais apropriadamente, os conceitos de Contrato Quilombista e o projeto palmarino de estado democrático plurinacional.

Ele avisou
O chão tremeu em Oyó,
Onilé avisou, que a Terra ia gemer
Seu oxé ia descer, e a terra tremeu...
Ele avisou,
Kaô kabecilê, meu pai Xangô
Kaô kabecilê, meu pai Xangô
Ele avisou,
Relampejou, lá no céu de Aruanda,
Oxum chorou, porque a natureza chora
Chora mas as preces de Olorum
Faz soar o adarrum
Pra toda a tristeza embora,
Obaluaê, caminhando sobre a terra
Pra curar toda ferida,
Me cubra com suas palhas
Kaô Xangô, a justiça que não falha
Kaô Xangô, a justiça que não falha
Ele avisou...

Dudu Kadência, *Ele avisou*

SANKOFA

Se wo were fi na wo sankofa a yenkyi

Não é tabu voltar para trás e recuperar o que você perdeu

REFERÊNCIAS

AKOTIRENE, Carla. *Interseccionalidade*. São Paulo: Sueli Carneiro; Pólen, 2019.

ALEXANDER, Michelle. *A nova segregação*: racismo e encarceramento em massa. São Paulo, 2017.

ALMEIDA, Silvio Luiz de. *O que é racismo estrutural? Belo* Horizonte: Letramento, 2018.

APPIAH Kwame Anthony. *Na casa de meu pai*: a África na filosofia da cultura. Tradução Vera Ribeiro. Revisão de tradução Fernando Rosa Ribeiro. Rio de Janeiro: Contraponto, 1997.

ARENDT, Hannah. *Eichmann em Jerusalém*: um relato sobre a banalidade do mal. São Paulo: Ed. Companhia das Letras, 1999.

ASANTE, Molefi Kete. Afrocentricidade como Crítica do Paradigma Hegemônico Ocidental: Introdução a uma Ideia. *Ensaios Filosóficos*, Volume XIV– Dezembro/2016.

ASSOCIAÇÃO NACIONAL DAS DEFENSORAS E DEFENSORES PÚBLICOS. Entenda as diferenças de injúria racial e crime de racismo. Disponível em: https://www.anadep.org.br/wtk/pagina/materia?id=40295. Acesso em: 26 mar. 2021.

BARATTA, Alessandro. *Criminologia crítica e crítica do Direito Penal*: introdução à sociologia do Direito Penal. 6. ed. Rio de Janeiro: Revan Instituto Carioca de Criminologia, 2011.

BARATTA, Alessandro. Direitos humanos: entre a violência estrutural e a violência penal. *Fascículos de Ciências Penais*, Porto Alegre, n. 2, p. 44-61, abr./jun. 1993.

BARATTA, Alessandro. Ética e pós-modernidade. *In:* KOSOVSKI, Ester (Org.). *Ética na comunicação*. Rio de Janeiro: Mauad, 1995. p. 133-156.

BARROS, André; PERES, Marta. Proibição da maconha no Brasil e suas raízes históricas escravocratas. *Revista Periferia*, vol. III, n. 2, 2011.

BATISTA, Nilo. *Introdução crítica ao Direito Penal brasileiro*. 12 ed. Rio de Janeiro: Revan, 2011.

BATISTA, Nilo. Os sistemas penais brasileiros. *In:* ANDRADE, Vera Regina Pereira de. (Org.) *Verso e reverso do controle penal*: (des)aprisionando a sociedade da cultura punitiva. Florianópolis: Fundação Boiteux, 2002.

BENTO, Maria Aparecida Silva. Branqueamento e branquitude no Brasil. *In*: BENTO, Maria Aparecida Silva; CARONE, Iray. (Orgs.). *Psicologia social do racismo*: estudos sobre branquitude e branqueamento no Brasil. Petrópolis: Vozes, 2002.

BERNARDO JR., Lucio. Documento final do Encontro de África e a Diáspora. Câmara dos Deputdos, 3 dez. 2013. Disponível em: https://www2.camara.leg.br/atividade-legislativa/comissoes/comissoes-permanentes/credn/noticias/documento-final-do-encontro-de-africa-e-a-diaspora. Acesso em: 26 fev 2022.

BERTÚLIO, Dora Lucia de Lima. *Direito e relações raciais*: uma introdução crítica ao BITENCOURT, Cezar Roberto. *Código Penal comentado*. 7. ed. São Paulo: Saraiva, 2012.

BITENCOURT, Cezar Roberto. *Tratado de Direito Penal*: dos crimes contra a pessoa. 12. ed. rev e ampl. São Paulo: Saraiva, 2012. v. 2.

BITTENCOURT, Julinho. Ucrânia: refugiados loiros de olhos claros têm prioridade; africanos são discriminados. Disponível em: https://revistaforum.com.br/global/2022/2/27/ucrnia-refugiados-loiros-de-olhos-claros-tm-prioridade-africanos-so-discriminados-110744.html. Acesso em: 27 fev. 2022.

BULLARD, Robert. Ética e racismo ambiental. *Revista Eco 21*, ano XV, n.º 98, janeiro/2005. Disponível em: CAPEZ, Fernando. *Curso de Direito Penal, parte especial*: arts. 121 a 212. 18. ed. atual. São Paulo: Saraiva, 2018. v. 2.

CAMPOS, Walter de. *A Lei Afonso Arinos e sua repercussão nos jornais (1950-1952)*: entre a democracia racial e o racismo velado. 156 f. Tese (Doutorado em História) – Faculdade de Ciências e Letras, Universidade Estadual Paulista "Júlio de Mesquita Filho", Assis, 2016.

CARDOSO, Lourenço. *O branco diante a rebeldia do desejo*: um estudo sobre a branquitude no Brasil. 2014. Tese (Doutorado). Universidade Estadual Paulista Júlio de Mesquita Filho, 2014.

CARNEIRO, Edison. *O quilombo dos Palmares*. São Paulo: WMF Martins, 2011.

CARNEIRO, Sueli. *A Construção do Outro como Não-Ser como Fundamento do Ser*. Tese (Doutorado) – Programa de Pós-Graduação em Educação, Universidade de São Paulo, São Paulo, 2005.

CARNEIRO, Sueli; CURY, Cristiane. O poder feminino no culto aos orixás. *In*: NASCIMENTO, Elisa Larkin (Org.). *Guerreiras de Natureza*: Mulher negra, religiosidade e ambiente. São Paulo: Selo Negro, 2008. p. 129-156. (Coleção Sankofa: matrizes africanas da cultura brasileira)

CASTRO, Lola Aniyar de. *Criminologia da libertação*. Tradução de Sylvia Moretzsohn. Rio de Janeiro: Revan, 2005.

CASTRO-GÓMES, S.; GROSFOGUEL, R. (Ed.). *El giro decolonial*: reflexiones para una diversidad epistémica más allá del capitalismo global. Bogotá: Siglo del Hombre Editores; Universidad Central; Instituto de Estudios Sociales Contemporáneos; Pontificia Universidad Javeriana; Instituto Pensar, 2007.

CENTRO DE ESTUDOS DE SEGURANÇA E CIDADANIA. MINISTÉRIO PÚBLICO: GUARDIÃO DA DEMOCRACIA BRASILEIRA? Disponível em: https://cesecseguranca.com.br/livro/ministerio-publico-guardiao-da-democracia-brasileira/. Acesso em: 15 ago. 2022.

CENTRO DE ESTUDOS DE SEGURANÇA E CIDADANIA. RETRATOS DA VIOLÊNCIA – CINCO MESES DE MONITORAMENTO, ANÁLISES E DESCOBERTAS. Disponível em: https://cesecseguranca.com.br/textodownload/retratos-da-violencia-cinco-meses-de-monitoramento-analises-e-descobertas. Acesso em: 15 ago. 2022.

CÉSAIRE, Aimé. *Discurso sobre a negritude*. Tradução de Ana Maria Gini Madeira. Belo Horizonte: Nandyala, 2010.

CÉSAIRE, Aimé. *Discurso sobre o colonialismo*. Tradução de Cláudio Willer. Ilustração de Marcelo D'Salete. Cronologia de Rogério Campos. São Paulo: Veneta, 2020.

CIDH. Corte Interamericana de Direitos Humanos. Relatório n. 66/06, Caso 12.001. *Simone André Diniz vs. Brasil*. Disponível em: http://www.cidh.org/annualrep/2006port/brasil.12001port.htm. Acesso em: 13 abr. 2021.

COMISSÃO INTERAMERICANA DE DIREITOS HUMANOS. Relatório n. 66/06, de 21 de outubro de 2006, Caso 12.001. Simone André Diniz vs. Brasil. Disponível em: http://www.cidh.org/annualrep/2006port/brasil.12001port.htm. Acesso em: 13 abr. 2021.

CONSELHO NACIONAL DE JUSTIÇA. Conheça a diferença entre racismo e injúria racial. Disponível em: https://www.cnj.jus.br/conheca-a-diferenca-entre-racismo-e-injuria-racial. Acesso em: 26 mar. 2021.

CONSELHO NACIONAL DE JUSTIÇA. Perfil Sociodemográfico dos Magistrados Brasileiros - 2018. Disponível em: https://www.cnj.jus.br/wp-content/uploads/conteudo/arquivo/2018/09/49b47a6cf9185359256c22766d5076eb.pdf. Acesso em: 20 jul. 2022.

CONSELHO NACIONAL DE JUSTIÇA. Perfil sociodemográfico dos magistrados brasileiros. Brasília: CNJ, 2018. Disponível em: https://www.cnj.jus.br/wp-content/uploads/2019/09/a18da313c6fdcb6f364789672b64fcef_c948e694435a52768cbc00bda11979a3.pdf. Acesso em: 17 ago. 2022.

CONSELHO NACIONAL DE JUSTIÇA. Pesquisa sobre negros e negras no Poder Judiciário. https://www.cnj.jus.br/wp-content/uploads/2021/09/rela-negros-negras-no-poder-judiciario-150921.pdf. Acesso em: 20 jul. 2022.

CUNHA PAZ, Francisco Phelipe. Memória, a Flecha que Rasura o Tempo: reflexões contracoloniais desde uma filosofia africana e a recuperação das memórias usurpadas pelo colonialismo. *Problemata: International Journal of Philosophy*. v. 10, n. 2, p. 147-166, 2019.

CUNHA, Rogério Sanches. *Manual de Direito Penal:* parte especial (arts. 121 ao 361). 8. ed. rev., ampl. e atual. Salvador: JusPODIVM, 2016.

D'URSO, Luiz Flávio Borges. Racismo é diferente de injúria racial. Disponível em: https://www.migalhas.com.br/dePeso/16,MI245234,61044-Racismo+e+diferente+de+injuria+racial. Acesso em: 9 fev. 2021.

DAVIS, Angela Y. *A democracia da abolição:* para além do império, das prisões e da tortura. Rio de Janeiro: DIFEL, 2009.

de Janeiro: Contraponto Editora, 1997.

DOMINGUES, Thereza; AMBROZIO, Leonilde. Água e Fogo em *Et les chiens se taisaient* de Aimé Césaire. *Revista Letras*, v. 30, dez. 1981. Disponível em: https://revistas.ufpr.br/letras/article/view/19385. Acesso em: 29 mar. 2021.

ELBEIN DOS SANTOS, Juana. *Os Nagô e a Morte:* Padê, Asèsè e o culto Égun na Bahia. 11. ed. Petrópolis: Vozes, 2002.

FANON, Frantz. *Em defesa da Revolução Africana.* São Paulo: Raízes da América, 2018.

FANON, Frantz. *Os Condenados da Terra.* Tradução de José Laurêncio de Melo. Rio de Janeiro. Civilização Brasileira, 1968.

FANON, Frantz. *Pele negra, máscaras brancas.* Tradução de Renato da Silveira. Salvador: EDUFBA, 2008.

FANTÁSTICO. Exclusivo: 83% dos presos injustamente por reconhecimento fotográfico no Brasil são negros. G1, 21 fev. 2021. Disponível em: https://g1.globo.com/fantastico/noticia/2021/02/21/exclusivo-83percent-dos-presos-injustamente-por-reconhecimento-fotografico-no-brasil-sao-negros.ghtml. Acesso em: 20 jul. 2022.

FANTÁSTICO. Grupos neonazistas crescem 270% no Brasil em 3 anos; estudiosos temem que presenÇa on-line transborde para ataques violentos. Globo, 16 jan. 2022. Disponível em: https://g1.globo.com/fantastico/noticia/2022/01/16/grupos-neonazistas-crescem-270percent-no-brasil-em-3-anos-estudiosos-temem-que-presenca-online-transborde-para-ataques-violentos.ghtml. Acesso em: 19 jul. 2022.

FLAUZINA, Ana Luiza Pinheiro. As fronteiras raciais do genocídio. *Revista de Direito da Universidade de Brasília,* Brasília, v. 1, n. 1, p. 119-146, jan./jun. 2014.

FLAUZINA, Ana Luiza Pinheiro. *Corpo negro caído no chão:* o sistema penal e o projeto genocida do Estado brasileiro. 2006. 145 f. Dissertação (Mestrado em Direito)-Universidade de Brasília, Brasília, 2006.

FLOR DO NASCIMENTO, Wanderson. Aproximações brasileiras às filosofias africanas: caminhos desde uma ontologia ubuntu. *Prometeus,* edição especial, ano 9, n.º 21, p. 231-245, dez., 2016.

FLOR DO NASCIMENTO, Wanderson. Da necropolítica à Ikupolítica. *Revista Cult – Dossiê Filosofia e macumba,* ano 23, n. 254, fevereiro de 2020a.

FLOR DO NASCIMENTO, Wanderson. *Entre apostas e heranças:* Contornos africanos e afro-brasileiros na educação e no ensino de filosofia no Brasil. Rio de Janeiro: NEFI, 2020b.

FLOR DO NASCIMENTO, Wanderson. O fenômeno do racismo religioso: desafios para os povos tradicionais de matrizes africanas. *Revista Eixo,* Brasília-DF, v. 6, n. 2, 2017.

FLOR DO NASCIMENTO, Wanderson. *Olojá:* Entre encontros – Exu, o senhor do mercado. *Das Questões,* v. 4, n. 1, 27 set. 2016.

FLOR DO NASCIMENTO, Wanderson. *Ori:* a saga atlântica pela recuperação das identidades usurpadas. *In:* SOUZA, Edileuza Penha de. *Negritude, Cinema e Educação.* Belo Horizonte: Mazza, 2007.

FLORES, Joaquín Herrera. *A (re)invenção dos Direitos Humanos.* Florianópolis: Fundação Boiteux, 2009.

FÓRUM BRASILEIRO DE SEGURANÇA PÚBLICA. Anuário Brasileiro de Segurança Pública. 2 ago. 2022. Disponível em: https://forumseguranca.org.br/anuario-brasileiro-seguranca-publica. Acesso em: 17 ago. 2022.

FOUCAULT, Michel. *Vigiar e punir:* nascimento da prisão. 41. ed. Petrópolis: Vozes, 2013.

FRANCO, Afonso Arinos de Melo. *A escalada.* Rio de Janeiro: José Olympio, 1965.

FREYRE. Gilberto. *Nordeste:* aspectos da Influência da cana sobre a vida e a paisagem do nordeste do Brasil. Global: São Paulo, 2013.

GÓES, Luciano. *130 anos de (des)ilusão:* a farsa abolicionista em perspectiva desde olhares marginalizados. Belo Horizonte: Editora D'Plácido, 2018.

GÓES, Luciano. *A "tradução" de Lombroso na obra de Nina Rodrigues:* o racismo como base estruturante da Criminologia Brasileira. Rio de Janeiro: Revan, 2016.

GÓES, Luciano. Ebó criminológico: malandragem epistêmica nos cruzos da Criminologia da Libertação Negra. *Boletim do Instituto Brasileiro de Ciências Criminais,* v. 29, p. 15-18, 2021.

GÓES, Luciano. Padê de Exú abolicionista: insurgência negra por um abolicionismo penal afrodiaspórico. *In*: ALVES, Míriam Cristiane; JESUS, Olorode Ògìyàn Kálàfó Jayro Pereira de. (Orgs.). *A Matriz Africana:* epistemologias e metodologias negras, descoloniais e antirracistas. Porto Alegre: Rede Unida, 2020. p. 90-112. v. 2.

GOMES, Nilma Lino. Movimento Negro e Educação: Ressignificando e Politizando a Raça. *Educ. Soc.,* Campinas, v. 33, n. 120, p. 727-744, 2012.

GONÇALVES, Victor Eduardo Rios. *Direito Penal Esquematizado:* Parte Especial. 6. ed. São Paulo: Saraiva, 2016.

GONZALEZ, Lélia. A categoria político-cultural de amefricanidade. *Tempo Brasileiro,* Rio de Janeiro, n. 92/93, jan./jun.1988.

GONZALEZ, Lélia. Racismo e sexismo na cultura brasileira. *Revista Ciências Sociais Hoje,* Anpocs, 1984, p. 223-244.

GROSFOGUEL, Ramón. Para descolonizar os estudos de economia política e os estudos pós-coloniais: transmodernidade, pensamento de fronteira e colonialidade global. *Revista Crítica de Ciências Sociais,* p. 115-147, 2008.

HALL, Stuart. A identidade cultural na pós modernidade. Tradução Tomaz Tadeu da Silva, Guacira Lopes Louro. 11. ed. Rio de Janeiro: DP&A, 2006.

HALL, Stuart. Identidade Cultural e Diáspora. *Revista do Patrimônio Histórico e Artístico Nacional,* n. 24, p. 68-75, 1996.

HERCULANO, Selene. O clamor por justiça ambiental e contra o racismo ambiental. *Revista de Gestão Integrada em Saúde do Trabalho e Meio Ambiente*; v. 3, n. 1, jan/abril, 2008.

HOOKS, bell. Intelectuais Negras. *Revista Estudos feministas.* n. 2, vol. 3, 1995.

HOOKS, bell. *Olhares Negros:* raça e representação. São Paulo: Editora Elefante, 2019.

http://ambientes.ambientebrasil.com.br/educacao/textos_educativos/etica_e_racismo_ambiental.html. Acesso em: 27 jun 2020.

https://raquelrolnik.files.wordpress.com/2013/04/territc3b3rios-negros.pdf. Acesso em 27 jul. 2020.

HULSMAN, Louk. CELIS, Jaqueline Bernart de. *Penas perdidas:* o sistema penal em questão. Tradução de Maria Lúcia Karan. Rio de Janeiro: Luam, 1993.

IBGE. História Cunhatai, Santa Catarina. Disponível em: https://cidades. ibge.gov.br/brasil/sc/cunhatai/historico. Acesso em 14 jan. 2022.

JESUS, Damásio E. de. *Direito Penal:* parte especial. São Paulo: Saraiva, 1995.

KILOMBA, Grada. *Memórias da plantação:* episódios de racismo cotidiano. Rio de Janeiro: Cobogó, 2019.

LARA, Silvia Hunold. (Org.) *Ordenações Filipinas.* São Paulo: Companhia das Letras. 1999. v. V.

LEITE, Fábio. Valores civilizatórios em sociedades negro-africanas. *África: Revista do Centro de Estudos Africanos*, São Paulo, 18-19 (1): 103-118, 1995/1996.

LENZA, Pedro. *Direito Penal esquematizado:* parte especial. São Paulo: Saraiva, 2011.

MACHADO, Adilbênia Freire. Ancestralidade e encantamento como inspirações formativas: Filosofia africana e práxis de libertação. *Revista Páginas de Filosofia*, v. 6, n. 2, p.51-64, jul./dez. 2014.

MALDONALDO-TORRES, Nelson. *Sobre la colonialidad del ser: contribuciones al desarrollo de un concepto. In*: CASTRO-GÓMES, Santiago; GROSFOGUEL, Ramón. *El giro decolonial:* reflexiones para una diversidad epistémica más allá del capitalismo global. Bogotá. Siglo del Hombre Editores; Universidad Central; Instituto de Estudios Sociales Contemporáneos y Pontifi cia Universidad Javeriana; Instituto Pensar; 2007.

MALOMALO, Bas'Ilele. "Eu só existo porque nós existimos": a ética Ubuntu. Entrevista. Trad.: Moisés Sbardelotto. *Revista do Instituto Humanitas Unisinos*, ed. 353, ano X, p. 19-22, 2010. Disponível em: http://www.ihuonline.unisinos. br/artigo/3691-bas%E2%80%99ilele-malomalo. Acesso em: 1 abr. 2021.

MATHIAS, Maíra. Racismo ambiental. Disponível em: http://www.epsjv.fiocruz.br/ noticias/dicionario-jornalistico/racismo-ambiental. Acesso em 11 jul. 2021.

MBEMBE, Achille. Crítica da razão negra. Tradução de Marta Lança. Lisboa: Antígona, 2014.

MBEMBE, Achille. *Necropolítica.* 2. ed.. São Paulo, N-1 Edições, 2018.

MBEMBE, Achille. *Políticas da Inimizade.* Lisboa: Antígona, 2017.

MELOSSI, Dario; PAVARINI, Massimo. *Cárcere e fábrica:* as origens do sistema penitenciário (séculos XVI-XIX). 2 ed. Rio de Janeiro: Revan, 2010.

MICHAELIS. Tolerar. Disponível em: https://michaelis.uol.com. br/busca?id=poO1M. Acesso em: 20 jul. 2022.

MILLS, Charles. *The Racial Contract.* Nova York: Cornell University, 1997.

MOORE, Carlos. *Racismo e sociedade:* novas bases epistemológicas para entender o racismo. Belo Horizonte: Mazza Edições, 2007.

MOREIRA, José Adilson. *Racismo Recreativo.* São Paulo: Sueli Carneiro; Polém, 2019.

MOURA, Clóvis. *Rebeliões da Senzala:* quilombos, insurreições, guerrilhas. 3. ed. São Paulo: Editora Anita Garibaldi, 2014.

MUNANGA, Kabengele. *Negritude:* usos e sentidos. 3. ed. 1. reimp. Belo Horizonte: Autêntica, 2015, Coleção Cultura Negra e Identidades.

MUNANGA, Kabengele. Território e territorialidade como fatores constitutivos das identidades comunitárias no Brasil: caso das comunidades quilombolas. *In:* NOGUEIRA, João Carlos; NASCIMENTO, Tânia Tomázia do. (Orgs.) *Patrimônio cultural, territórios e identidades.* Florianópolis: Atilènde, 2012 (p. 132-144).

NASCIMENTO, Abdias. *O genocídio do negro brasileiro:* processo de um racismo mascarado. 3. ed. São Paulo: Perspectivas, 2016.

NASCIMENTO, Abdias. *O negro revoltado.* 2. ed. Rio de Janeiro: Nova Fronteira, 1982.

NASCIMENTO, Abdias. *O Quilombismo.* 2. ed. Brasília/Rio de Janeiro. Centro de Estudos Afro-Orientais /Editora da Universidade Federal da Bahia EDUFBA, 2002.

NASCIMENTO, Beatriz. *Uma história feita por mãos negras:* relações raciais, quilombos e movimentos. Organização de Alex Ratts. Rio de Janeiro: Zahar, 2021.

NASCIMENTO, Elisa Larkin. *O tempo dos povos africanos:* suplemento didático da linha do tempo dos povos africanos. Brasília: IPEAFRO – SECAD/MEC – UNESCO, 2007.

NASCIMENTO; Elisa Larkin. (Org.). *Afrocentricidade:* uma abordagem epistemológica inovadora. São Paulo: Selo Negro, 2009.

NIANE, Dijibril Tamsir. *Sundjata ou A Epopeia Mandinga.* São Paulo: Editora Ática, 1982.

NJERI, Aza. Reflexões artístico-filosóficas sobre a humanidade negra. *Ítaca,* Rio de Janeiro, n. 36. Rio de Janeiro, 2020. p. 164-226, 2020.

NKOSI, Deivison. *O pênis sem o falo: algumas reflexões sobre homens negros, masculinidades e racismo.* In: BLAY, Eva Alterman (org.). Feminismos e masculinidades: novos caminhos para enfrentar a violência contra a mulher. São Paulo: Cultura Academica, 2014.

NOGUEIRA, Sidnei. *Intolerância religiosa.* São Paulo: Sueli Carneiro; Pólen, 2020.

NOGUEIRA, Sidnei. Lições epistemológicas de Ṣàngó. São Paulo, 17 out. 2021. Instagram: @professor.sidnei. Disponível em: https://www.instagram.com/p/CVJPGXSPJeV/. Acesso em 7 nov. 2021.

NOGUERA, Renato. Ubuntu como modo de existir: elementos gerais para uma ética afroperspectivista. *Revista da ABPN,* v. 3, n.º 6, p. 147-150, fev., 2012.

NOTÍCIA PRETA. Sistema de reconhecimento facial do Ceará inclui foto de Michael B. Jordan como suspeito de chacina. Disponível em: https://noticiapreta.com.br/sistema-de-reconhecimento-facial-do-ceara-inclui-foto-de-michael-b-jordan-como-suspeito Acesso em: 7 jan. 2022.

NUCCI, Guilherme de Souza. *Código Penal Comentado.* 13. ed., Editora Revista dos Tribunais: São Paulo, 2013.

NUCCI, Guilherme de Souza. Leis Penais e Processuais Penais Comentadas. 5. ed. rev. atual. e ampliada. São Paulo: Ed. RT, 2010.

NUCCI, Guilherme de Souza. *Manual de Direito Penal.* 16. ed. Rio de Janeiro: Forensse, 2020.

NUNES, Pablo. Novas ferramentas, velhas práticas: reconhecimento facial e policiamento no Brasil. *In:* RAMOS, Silvia (Coord.). *Retratos da Violência – Cinco meses de monitoramento, análises e descobertas.* Rede de Observatórios da Segurança – CESeC, 2019.

ODS - Sédoc. https://documents-dds-ny.un.org/doc/UNDOC/GEN/N05/496/42/PDF/N0549642.pdf?OpenElement. Acesso em: 15 ago. 2022.

OGBEBARA, Awofa. *Igbadu:* a cabaça da existência: mitos nagôs revelados. 2. ed. 5. reimp. São Paulo: Pallas, 2018.

OLIVEIRA, Eduardo David de. Filosofia da ancestralidade como filosofia africana: Educação e cultura afro-brasileira. *Revista Sul-Americana de Filosofia e Educação,* n. 18, p. 28-47, maio/out. 2012.

OLIVEIRA, João Pablo Trabuco de. *O racismo ambiental no cárcere brasileiro:* retratos do genocídio negro contemporâneo na Penitenciária Lemos Brito. 109f. 2020. Dissertação (Mestrado) – Faculdade de Direito, Universidade Federal da Bahia, Salvador, 2020.

OYĚWÙMÍ, Oyèrónkẹ́. *The invention of women:* making an African sense of western gender discourses. Minneapolis: University of Minnesota Press, 1997.

PAVAN, Milena. As diferenças entre Racismo e Injúria Racial. Portal Geledés, 28 abr. 2016. Disponível em: https://www.geledes.org.br/as-diferencas-entre-racismo-e-injuria-racial. Acesso em: 18 mar. 2021.

PDF NEWSPAPER 2.6. Disponível em: https://pdf.fivefilters.org. Acesso em: 10 jun. 22.

PIEDADE, Vilma. *Dororidade.* São Paulo: Nós, 2017.

PIOVESAN, Flávia. *Direitos Humanos e o Direito Constitucional Internacional.* 18 ed. rev. e atual. São Paulo: Saraiva, 2018.

PIRES, Thula Rafaela de Oliveira. *Criminalização do Racismo entre política de reconhecimento e meio de legitimação do controle social dos não reconhecidos.* 2013. 323f. Tese (Doutorado) – Pontifícia Universidade Católica do Rio de Janeiro, Departamento de Direito.

PIRES, Thula Rafaela de Oliveira. Direitos humanos traduzidos em pretuguês. *I Seminário Internacional Fazendo Gênero 11 & 13thWomen's Worlds Congress* (Anais Eletrônicos), Florianópolis, 2017.

PIRES, Thula Rafaela de Oliveira. Legados de Liberdade. *Revista Culturas Jurídicas* , v. 8, núm. 20, mai./ago, p. 291-316, 2021.

POLI, Ivan da Silva. *Antropologia dos Orixás:* a civilização yorubá a partir de seus mitos, seus orikis e sua diáspora. 2. ed. Rio de Janeiro: Pallas, 2019.

PORTAL GELEDÉS. Disponível em: https://www.geledes.org.br. Acesso em: 21 jul. 2022.

PORTAL GELEDÉS. Ingjúria Racial x Racismo. 7 nov. 2011. Disponível em: https://www.geledes.org.br/injuria-racial-x-racismo/?gclid=CjwKCAjw9MuCBhBUEiwAbDZ-7q-4jtZWiU9uVcKXkBYPL0gzNOWkBsbVozaIz8-nkt4xtcTA3-sUSRoCyTQQAvD_BwE. Acesso em: 19 mar. 2021.

PORTAL GELEDÉS. Isso é racismo? Ou seria injúria racial? 13 abr. 2013. Disponível em: https://www.geledes.org.br/isso-e-racismo-ou-seria-injuria-racial. Acesso em: 19 mar. 2021.

PRANDI, Reginaldo. *Mitologia dos Orixás*. 1. ed. 29. reimp. São Paulo: Companhia das Letras, 2001.

racismo. 1989. Dissertação (Metrado em Direito) – Universidade Federal de Santa Catarina, Florianópolis.

RAMOS, Alberto. Guerreiro. *Introdução crítica à sociologia brasileira*. Rio de Janeiro: Editorial Andes Ltda., 1957.

RAMOS, Chiara; VAZ, Lívia Sant'Anna. Oyá: a Justiça é uma mulher negra. Disponível em: https://www.cartacapital.com.br/artigo/oya-a-justica-e-uma-mulher-negra. Acesso em: 3 set. 2021.

RAMOS, Luciana de Souza. *O direito achado na encruza:* territórios de luta, (re)construção da justiça e reconhecimento de uma epistemologia jurídica afro-diaspórica. 422f. Tese (Doutorado em Direito) – Faculdade de Direito, Universidade de Brasília, Brasília, 2019.

RAMOSE, Mogobe Bernard. A ética do ubuntu. Tradução de Éder Carvalho Wen. *In*: COETZEE, Peter H.; ROUX, Abraham P.J. (eds). *The African Philosophy Reader*. Nova York: Routledge, 2002, p. 324-330.

RAMOSE, Mogobe Bernard. A importância vital do "Nós". Entrevista. Tradução de Luís Marcos Sander. *Revista do Instituto Humanitas Unisinos*, ed. 353, ano X, p. 8-9, 2010. Disponível em: http://www.ihuonline. unisinos.br/artigo/3688-mogobe-ramose. Acesso em: 18 jul. 2022.

RAMOSE, Mogobe Bernard. Sobre a legitimidade e o estudo da filosofia africana. Tradução Dirce Eleonora Nigo Solis, Rafael Medina Lopes e Roberta Ribeiro Cassiano. In: *Ensaios Filosóficos*, v. IV, 2011.

RESENDE, Rodrigo. Relatório da CPI aponta que população negra foi mais atingida durante a pandemia. Disponível em: https://www12.senado.leg. br/radio/1/noticia/2021/10/29/relatorio-da-cpi-aponta-que-populacao-negra-foi-mais-atingida-durante-a-pandemia. Acesso em: 6 mar. 2022.

RIBEIRO, Ronilda. *Alma Africana no Brasil:* os Yorubás. São Paulo: Editora Oduduwa, 1996.

RISÉRIO, Antonio. Racismo de negros contra brancos ganha força com identitarismo. Folha de S.Paulo, 15 jan. 2022. Disponível em: https://www1.folha.uol.com.br/ilustrissima/2022/01/racismo-de-negros-contra-brancos-ganha-forca-com-identitarismo.shtml. Acesso em: 20 jul. 2022.

RODRIGUES, Nina. *Os africanos no Brasil*. Rio de Janeiro: Centro Edelstein de Pesquisas Sociais, 2010.

ROLNIK, Raquel. Territórios negros nas cidades brasileiras. *Revista de Estudos Afro-Asiáticos*, n.º 17, set. 1989. Disponível em: https://raquelrolnik.wordpress.com/1989/09/16/territorios-negros-nas-cidades-brasileiras-2/. Acesso em 07 jun. 2022.

RUFINO, Luiz. *Pedagogia das Encruzilhadas*. Rio de Janeiro: Mórula Editorial, 2019.

RUFINO, Luiz; SIMAS, Luiz Antonio. *Fogo no mato:* a ciência encantada das macumbas. Rio de Janeiro: Mórula, 2018.

SAAD, Luísa. *"Fumo de Negro"*: a criminalização da maconha no pós-abolição. Salvador: EDUFBA, 2019.

SANTOS, Antônio Bispo dos. As fronteiras entre o saber orgânico e o saber sintético. *In*: OLIVA, Anderson Ribeiro; CHAVES, Marjorie Nogueira; FILICE, Renísia Cristina Garcia; NASCIMENTO, Wanderson Flor do. (Orgs). *Tecendo redes antirracistas*: Áfricas, Brasil, Portugal. Belo Horizonte: Autêntica, 2019.

SANTOS, Antônio Bispo dos. *Colonização, Quilombos:* modos e significações. Brasília: INCTI/UnB, 2015.

SANTOS, Christiano Jorge. *Crimes de preconceito e de discriminação*: Análise Jurídico Penal da Lei n.º 7.716/89 e aspectos correlatos. São Paulo: Max Limonad, 2001.

SANTOS, Ivair Augusto Alves dos. *Direitos humanos e as práticas de racismo*. Brasília: Câmara dos Deputados, Edições Câmara, 2013.

SANTOS, Joel Rufino dos. *O que é racismo*. São Paulo: Abril cultural: Brasiliense, 1984. (Coleção primeiros passos)

SANTOS, Juana Elbein dos; SANTOS, Deoscoredes Maximiliano dos (Mestre Didi Asipa). *Sàngò*. Salvador: Corrupio, 2016.

SANTOS, Natália Neris da Silva. *A voz e a palavra do Movimento Negro na Assembleia Nacional Constituinte (1987/1988):* um estudo das demandas por direitos. 205f. Dissertação (mestrado) – Escola de Direito de São Paulo da Fundação Getulio Vargas, 2015.

SANTOS, Sales Augusto dos; SANTOS, João Vitor Moreno dos; e BERTÚLIO, Dora Lúcia. *O processo de aprovação do Estatuto da Igualdade Racial, Lei n.º 12.288, de 20 de julho de 2010*. Brasília: INESC, 2011.

SÃO BERNARDO, Augusto Sérgio dos Santos de. *Kalunga e o direito:* a emergência de uma justiça afro-brasileira. 245 f. Tese (doutorado Multi-institucional e Multidisciplinar em Difusão do Conhecimento) – Universidade Federal da Bahia. Faculdade de Educação, Salvador, 2018.

SÃO BERNARDO, Augusto Sérgio dos Santos de. *Xangô e Thémis:* estudos sobre filosofia, racismo e Direito. Salvador: Ed. J. Andrade, 2016.

SILVA JÚNIOR, Hédio. A intolerância religiosa e os meandros da lei. *In*: NASCIMENTO, Elisa Larkin (Org.). *Guerreiras de Natureza:* mulher negra, religiosidade e ambiente. São Paulo: Selo Negro, Coleção Sankofa: matrizes africanas da cultura brasileira, 2008, p. 169-188.

SILVA, Petronilha Beatriz Gonçalves e. *Entre o Brasil e a África:* construindo conhecimento e militância. Belo Horizonte: Mazza Edições, 2011.

SILVA, Tarcízio. Linha do Tempo do Racismo Algorítmico: casos, dados e reações. Blog do Tarcízio Silva, 2019. Disponível em: https://tarciziosilva.com.br/blog/destaques/posts/racismo-algoritmico-linha-do-tempo. Acesso em: 3 mar. 2021.

SILVA, Tarcízio. Racismo algorítmico: entre a (des)inteligência artificial e a epistemologia da ignorância. 2020. Disponível em: https://www.select.art.br/racismo-algoritmico. Acesso em: 3 mar. 2021.

SILVA, Tarcízio. Reconhecimento Facial na Bahia: mais erros policiais contra negros e pobres. 2019. Disponível em: https://tarciziosilva.